D1756783

MERCHANT TAYLORS' SCHOOL FOR GIRLS

Crosby

LIBRARY BOOK

Presented by

Miss J P Oliphant

Date November 20.04

COLLECTION POÉSIE

MARGUERITE YOURCENAR

de l'Académie française

La Couronne
et la Lyre

POÈMES
TRADUITS DU GREC

GALLIMARD

Merchant Taylors' Girls' School Library

© *Éditions Gallimard, 1979.*

PRÉFACE

I. *Une traduction faite pour soi seul.*

Les traductions de poèmes grecs anciens qu'on va lire
ont été composées en grande partie pour mon plaisir,
au sens le plus strict du mot, c'est à dire sans aucun
souci de publication. Il en est de même des notices, brèves ou longues, qui les précèdent, et ont été d'abord des
informations assemblées ou des évaluations tentées
pour moi seule. En traduisant ces poèmes, ou fragments
de poèmes, ma démarche ne différait en rien de celle
des peintres d'autrefois, dessinant d'après l'antique ou
brossant une esquisse d'après des peintures de maîtres
antérieurs à eux, pour mieux se pénétrer des secrets de
leur art, ou encore de celle du compositeur retravaillant
de temps à autre un passage de Bach ou de Mozart pour
en jouir et s'enrichir de lui.

Certaines de ces traductions sont contemporaines des
diverses ébauches de *Mémoires d'Hadrien*, et surtout des
années 1948-1951, durant lesquelles fut repris et termi-
né ce livre. La fréquentation de quelques poètes de peu
antérieurs à l'empereur, de quelques uns même de ses
contemporains, et d'autres, beaucoup plus anciens,
mais dont on sait qu'il appréciait les œuvres, était de
ma part l'application d'une recette que j'ai donnée ailleurs : reconstruire dans la mesure du possible la bibliothèque du personnage qui nous occupe, ce qui est enco-

9

re l'une des meilleures manières de nous renseigner sur la sensibilité d'un homme du passé. D'autres groupes de poèmes furent traduits dans des périodes de délassement ou d'attente, durant l'intervalle entre la fin d'un livre et le début d'un autre, ou encore au cours d'une convalescence, ou de loisirs au coin du feu ou dans un jardin. Les trois quarts de ce travail étaient donc accomplis lorsque je me suis aperçu qu'il pourrait peut-être intéresser quelques personnes. J'eus alors à cœur de combler des lacunes, de donner à des notes prises pour mon usage une portée plus générale, au risque d'y insérer des précisions superflues sans doute pour plus d'un lecteur, mais parfois utiles à d'autres, moins renseignés. « Faites comme si je ne savais pas », est le meilleur conseil que puisse suivre un écrivain qui s'adresse à tous.

Car il va sans dire que ce livre ne s'offre ni aux philologues, ni aux enseignants, qui n'en ont pas besoin, et pas même spécialement à l'étudiant en grec, qui dispose de textes soigneusement annotés et traduits pour la plupart dans des collections universitaires ou scolaires. J'ai pensé plutôt au lecteur ayant su un peu de grec, mais l'ayant oublié, ou n'en sachant pas, et peu tenté de lire en traduction les cinq volumes de l'*Anthologie Palatine* ou les dix-huit pièces qui nous restent d'Euripide, mais curieux néanmoins de cette poésie d'une autre époque et d'un autre monde, curieux aussi de ce qui a changé ou n'a pas changé entre temps dans la sensibilité humaine, et intéressé par cet effort de transvaser un poème grec antique en un poème français qui soit le plus possible un poème. Mon espoir serait de donner à ce lecteur le goût de se composer à soi-même un choix plus complet, de comparer mes traductions à d'autres, tant françaises qu'étrangères, parvenant ainsi, par leurs divergences mêmes, à une notion plus juste de l'original, et, suprême joie, de lui faire franchir l'énorme distance qui sépare une langue qu'on ne sait pas d'une langue dont on sait quelques mots, en s'achetant un dictionnaire et une grammaire.

II. *Douze siècles et quelque cent dix poètes.*

Le choix qui suit s'ouvre sur l'aubade merveilleuse (dans l'original s'entend) des poètes ioniens du VIIᵉ et du VIᵉ siècle, bruyant et harmonieux chant d'oiseaux. Il s'achève sur quelques poètes de l'époque de Justinien. Doutant de mes forces, au lieu d'essayer de traduire assez d'Homère et d'Hésiode pour donner au moins une idée de leurs œuvres, j'ai préféré n'en offrir, en guise de prélude, que quelques phrases isolées, enrichies, comme d'une précieuse patine, de l'émotion et du respect avec lesquels elles ont été redites au cours des siècles suivants, espèces de leitmotive de la sensibilité grecque jusqu'à la fin du monde antique. En guise d'épilogue, j'ai mis de même, à la fin du livre, deux douzaines environ d'épigrammes chrétiennes s'échelonnant du VIᵉ siècle au Xᵉ de notre ère. Entre le prélude et l'épilogue, douze siècles plus ou moins, qui vont à peu près de la construction du premier Parthénon archaïque à l'érection de Sainte-Sophie, quelque trente-six générations bougeantes et changeantes, mais durant lesquelles s'établit tant bien que mal un équilibre instable entre le chant et la poésie écrite, entre la nature et la cité, la foi aux dieux et le scepticisme, entre le goût passionné de la vie et l'interrogation amère sur la vie.

Le temps : si long qu'il soit, n'oublions pas qu'il couvre moins d'un tiers de celui où le grec a été et est encore langue vivante. Par le haut, Homère et Hésiode, sommet neigeux et rocheux contrefort, servent de frontière : grands poètes placés à l'extrême bord de l'époque où l'écriture en Grèce daignera s'occuper d'autres choses que des listes de chaudrons et de trépieds du Linéaire B[1]. Comme tout massif montagneux, ils sont peu faciles à évaluer à distance : on a cru pendant plus de deux mille ans en un seul Homère, poète suprême ; puis, vers la fin du XVIIIᵉ siècle, comme Wolf et son école, en un groupe mal défini de poètes imbriqués les uns dans les autres ; hier en deux seulement, le Maître de *L'Iliade* et le Maître de *L'Odyssée*, comme le veut une hypothèse plus récente. Hésiode se dédouble au moins en généalogiste des dieux dans la *Théogonie* et en collectionneur de proverbes paysans dans *Les Travaux et les Jours*. Leurs dates aussi ont été débattues et le seront encore[2]. Derrière eux, les Musées et les Orphées mythiques. Plus loin encore, dans ce monde minoen que nous pouvons désormais supposer protogrec, puisque des individus y portaient déjà des noms helléniques, les rythmeurs dont nous ne savons rien, les auteurs d'hymnes aux déesses charmeuses de serpents ou porteuses de colombes et de chansons à boire des banquets de Knossos.

Par le bas, à l'époque où finit cette série d'extraits, la ligne de démarcation fait penser à une rive plate où terre et eau se confondent : les mêmes poètes, dans la Byzance de Justinien, tournent encore de petits vers « à l'antique » et fabriquent de pieux morceaux qui sentent

---

1. Le Linéaire B est la plus récente des deux écritures crétoises, déchiffrée seulement vers 1955 par l'archéologue anglais Michael Ventris, et dont on s'est aperçu qu'elle transcrivait déjà *du grec*. Il semble toutefois qu'elle ait servi uniquement à des notations de type utilitaire. Voir John Chadwick, *Le Déchiffrement du Linéaire B*, Gallimard, 1972.
2. On place maintenant Homère vers le milieu du IXᵉ siècle, et même un peu plus tard, peu avant l'établissement de l'ère des Olympiades (776 avant notre ère). Des poèmes hésiodiques, *Les Travaux et les Jours* (fin ou milieu du IXᵉ siècle) antidaterait la *Théogonie* d'environ cent ans. Hérodote, né vers 484, situait Homère et Hésiode à peu près quatre siècles avant lui.

déjà leur Moyen Âge orthodoxe. Durant huit siècles encore, leur succéderont les patients copistes de manuscrits antiques, du moins de ceux qui avaient échappé à la censure monacale, les auteurs d'abrégés et de florilèges, les lettrés imitant la facture des « bons modèles » de temps révolus, pendant que poussent vigoureusement des poésies populaires d'essence différente au pied du grand chêne quasi sec. Mais la diaspora grecque du XVe siècle dispersera les glands du vieil arbre dans le terreau de la Renaissance. Plus tard encore, la Grèce du XIXe siècle, devenue une nation, s'efforcera de se reconstituer une langue littéraire, et, tandis que s'entremordent « puristes » et partisans de la langue du peuple, surgit la lignée des poètes « néo-grecs », Palamas, Sikélianos, Cavafy, Kazantzakis, Séféris, qui se rattachent au monde antique par une série de lignes tantôt sinueuses et tantôt brisées. Les poètes présentés ici ne se situent dans leur perspective véritable qu'en tenant compte de ces commencements et de ces suites.

Le lieu : l'habitude chez nous fait sentir la Grèce comme petite. « Petite et sacrée », dit Cocteau qui, de tous les poètes du XXe siècle, s'est, par moments et comme par un admirable élan d'acrobate, rapproché le plus du mythe grec. Même s'il s'agit de la Grèce continentale et de son archipel d'îles, la définition est peu exacte. Qui connaît la Grèce sait comment se déploient pour le voyageur, par delà les plissements de montagnes, les plaines basses, les hauts lieux, les vallées resserrées par leur goulot de rochers, les caps subdivisés en longs doigts trempant dans la mer, et quelle étendue agitée par le vent sépare entre elles ces îles dont chacune est un monde à soi. Mais, outre cette Grèce proprement dite, il faut compter aussi avec cet immense empire grec jamais organisé, accru ou rétréci selon les époques, où l'on a parlé et *pensé* grec. À sa plus grande extension, ce monde cimenté seulement par la langue et quelques notions communes s'est étalé des bords de l'Inde à ceux de la Scythie, et de la mer Rouge à la Gaule. L'aire du poète, la seule qui nous concerne ici, est moins vaste, telle que nous la connaissons. Elle va pourtant d'Alexandrie au Bosphore et de Cyrène à la Sicile. Les côtes de l'Asie Mineure et ses îles, elles, seront dès avant Homère et jusqu'à l'Islam domaine grec, en esprit sinon toujours en fait, et d'elles nous viennent quelques uns des plus grands ou des plus exquis poètes helléniques.

Tout choix de poèmes est d'abord esthétique, et doit l'être. Mon but, néanmoins, était d'insister surtout sur la variété des sujets et des personnes à chaque moment de ces douze siècles, sur la motilité qui fait de cette Antiquité tour à tour ionienne, dorienne, attique, alexandrine et gréco-romaine un monde moderne, à quelque époque de l'histoire qu'elle soit placée. « La poésie grecque ? » me disait un jour un homme de goût. « Je ne connais que des poètes grecs. » Et certes, on peut, ou mettre en évidence le fil qui relie entre eux ces représentants d'une race ou d'une culture, ou au contraire ce que chacun de ces individus a d'unique. La première méthode a d'ordinaire prévalu chez nous. Les querelles entre partisans des Anciens (catégorie où l'on fourrait pêle-mêle Hésiode et Ménandre, sans parler d'Horace et de Lucain) et sectateurs des Modernes, suivies du long débat Classiques-Romantiques, vain partout et interminable en France, puis d'affrontements idéologiques et scolaires où l'hellénisme était mis en cause, ont contribué à créer une série de stéréotypes de la Grèce : « heureux climat, où les beaux-arts ont atteint leur perfection », « terre classique, éloignée de tout romantique excès », « berceau de la pensée libre et de la démocratie », bientôt remplacé (beaucoup plus à droite) par un « haut lieu de l'intelligence », rempart contre on ne sait quel Orient vénéneux et vague. Et enfin, le plus ignare de tous, une Grèce « païenne », âge d'or du plaisir des sens tel qu'il n'a nulle part existé. En fait, l'étonnante richesse de la Grèce, et de la poésie que la Grèce nous a laissée, est que les expériences les plus diverses y ont été tentées, et que ses poètes en ont enregistré une bonne part.

Cette variété s'affirme dès le début : à Tyrtée et à sa *Marseillaise* de l'âge du bronze, qui du moins n'invite pas, comme la nôtre, à abreuver les sillons du « sang impur » de l'ennemi, répond vite la désinvolture d'Archiloque et d'Alcée, bons soldats, mais peu soucieux de leurs boucliers abandonnés en plein combat. L'ardeur de Sappho diffère de l'enjouement d'Anacréon, l'aménité de Solon de la rigueur de Théognis et de la splendeur de Pindare. La triade Eschyle-Sophocle-Euripide se résout en trois hommes aussi différenciés que possible, chacun occupé, à sa façon, par les mêmes grands problèmes : l'être humain en face de l'ordre ou du désordre universels, la justice face à la vengeance, la Loi non écrite face à l'État, ou tout simplement la composition d'une bonne pièce pour le concours des Grandes Dionysies. Alceste et Hippolyte contrebalancent les courtisanes et les adolescents faciles de l'*Anthologie*. Le velouté de Théocrite fait ressortir la sécheresse de Callimaque. Des épitaphes d'esclaves, les vers composés par Léonidas de Tarente pour un petit garçon qui pleure sa bonne, les dernières paroles d'un domestique iranien requérant les rites funéraires de son pays, indiquent ce que furent, dans les meilleurs des cas, les rapports entre maîtres et serviteurs[1]. Le cri d'indignation d'Alcée de

---

1. Mais rappelons-nous le fragment récemment retrouvé de Ménandre (*La Périnthienne*) où le maître mécontent menace du feu son esclave, et, pour corser la plaisanterie, fait apporter des fagots dans la cour. Bonne farce, certes, qui finit par des rires, mais la peur de l'esclave a été authentique.

Messénie devant les cadavres de la bataille de Cynoscéphales ; les touchantes épitaphes d'enfants ou d'animaux familiers, le plaidoyer passionné d'Empédocle en faveur des bêtes livrées au boucher, la pitié de Méléagre pour une génisse sacrifiée nous prouvent que l'âme antique n'était pas « rude et vaine » comme l'a dit étourdiment un de nos bons poètes, ou du moins, tout comme la nôtre, ne l'était pas toujours. Les vers faciles d'un yachtman qui aime les plaisirs de la mer sont à mettre en regard des pathétiques épitaphes de noyés, lieux communs parfois sublimes ; les grandes méditations de Cléanthe et de Proclus, l'une stoïque, les deux autres néo-platoniciennes, à côté de la plainte en justice d'un proxénète d'Hérondas dont on a, à l'en croire, brûlé l'enseigne et malmené les « chères filles ». Il faut de tout pour faire un monde, et même un monde grec.

Les notices précédant chaque poète tendent surtout, on le verra, à replacer l'auteur dans son temps. Je suis souvent restée sur ma faim, durant la lecture de « choix » tant français qu'étrangers, où le compilateur se contentait pour chaque poète d'une date, parfois de deux, accompagnée quand il le fallait d'un point d'interrogation, et, tout au plus, de la mention du lieu d'origine. Sans partager la tendance contemporaine à s'intéresser à l'homme plus qu'à l'œuvre, je crois que quelques précisions sur l'auteur et son temps aident à « situer » ces poèmes plongés si avant dans le passé. Je vois bien ce qui se met en travers d'un tel soin : presque aucun des renseignements que nous possédons, quand par hasard il s'en trouve, n'est vérifiable. (Ils ne le sont pas toujours davantage quand il s'agit de contemporains.) Néanmoins, j'ai transcrit le peu que nous aient laissé, sur chaque poète, des commentateurs, tantôt de son propre temps, tantôt, et fréquemment, de date plus récente, et recueillant, d'une ouïe plus ou moins fine, des propos souvent fort confus. Bien des fois nous tombons ainsi dans la légende ou le mythe tout purs, ou, pis encore, dans l'équivalent des ragots d'une salle de rédaction ou d'un salon littéraire d'aujourd'hui. Néanmoins, même si Simonide n'était pas avare, ni Sophocle trop porté sur l'amour, et si Empédocle n'a jamais ressuscité un mort, ces bavardages font partie de la réputation du poète, et nous instruisent sur son public, sinon sur lui.

L'œuvre aussi a une histoire, peu connue du lecteur non spécialisé. On ne peut trop rappeler que les grands ouvrages du passé nous sont parvenus grâce à quelques manuscrits, toujours tardifs par rapport à l'époque où florissait le poète en question, presque toujours peu nombreux, parfois uniques[1], toujours déparés par les omissions ou les bévues du copiste, exposés à tous les hasards, depuis les rats et la moisissure jusqu'aux grattages et au bûcher. Le lecteur sait vaguement que le zèle des érudits de la Renaissance, contemporains, par bonheur, de la découverte de l'imprimerie, a donné à ces grands rescapés un sursis qui jusqu'ici a duré cinq siècles. Il sait moins que les quelques fragments que nous ayons d'œuvres perdues nous sont parvenus éparpillés dans la prose d'autres écrivains grecs, tels que Platon ou Plutarque, ou conservés par des anthologistes de basse époque, comme Stobée, des collectionneurs de faits et

1. L'exemple type est l'*Anthologie Palatine*, découverte seulement au début du XVIIe siècle dans le Palatinat (de là son nom) et publiée en 1607. Ce recueil d'environ quatre mille épigrammes (c'est à dire courts poèmes), rangées par sujet et non par auteur, va du VIe siècle avant notre ère à la pleine époque byzantine ; elle contient aussi les préfaces en vers d'autres *Anthologies* perdues. Le fatras y pullule, mais l'exquis et l'admirable y abondent aussi. Cette *Anthologie* dite *Palatine* semble en gros formée sur celle de Céphalas (Xe siècle), dont on ne connaissait jusque là que le nom. Les lettrés des générations précédentes avaient dû se contenter de l'*Anthologie* beaucoup plus maigre du moine byzantin Planude (XIVe siècle).

17

de dits curieux, comme Athénée, ou encore des lexicographes et des grammairiens byzantins montant en
épingle un mot rare déjà millénaire ou une clause illus-
trant une règle de syntaxe. C'est surtout le cas pour les
maigres débris des grands lyriques du vɪe siècle, mis à
part les textes sur papyrus retrouvés en Égypte ou ailleurs depuis moins de cent ans. Mais ces papyrus, eux-
mêmes d'époque tardive, n'ont été déchiffrés que grâce
au labeur de paléographes et de philologues conjectu-
rant un mot à l'aide de deux ou trois lettres aux trois
quarts effacées, suggérant entre crochets un bouche-
trou plausible, ou laissant tels quels les vides impossibles à combler qui béent entre les phrases[1].

Comme pour mieux signaler l'étendue de ce naufrage[2], j'ai mentionné au moins certains des titres de nombreuses tragédies dont nous ne possédons rien, et donné de préférence, dans la partie consacrée aux grands
dramaturges athéniens, des fragments de pièces perdues. Çà et là, j'ai tenté de montrer la variété des vues
érudites concernant tel ouvrage, *Les Dionysiaques* de
Nonnos par exemple, ou, à propos des diverses recensions de l'œuvre de Théognis, d'indiquer comment un
traducteur, ou un lecteur, raisonnablement lettré, mais
nullement spécialiste du sujet, peut, tant bien que mal,
se faufiler entre les interprétations des doctes. L'impression qui ressort est que rien, dans les sciences du passé

1. On trouvera ici au bas de chaque fragment le nom du commentateur ou du lexicographe qui nous l'a conservé, et, pour les papyrus
ou les inscriptions déchiffrés à notre époque, celui de la recension qui
les a diffusés pour la première fois. Le nom et l'emplacement des
manuscrits célèbres n'ont, au contraire, été donnés que par exception. Une brève note en fin de volume indique les éditions modernes
dont je me suis servie.
2. Il n'est pas dit, d'ailleurs, que tous les bâtiments méritaient d'ar-
river au port. Sauf peut-être dans le cas de Sappho, les découvertes de
ces dernières cent années n'ont que peu enrichi l'idée que nous nous
faisions de la poésie grecque.

pas plus que dans les sciences dites exactes ou dites naturelles, n'est jamais complètement ni définitivement acquis.

« Toutes les formations sont périssables », disait le Bouddha mourant. Et le Marc Antoine de Shakespeare comparait sa vie aux agglomérations de nuages qui se font, se défont, et se reforment pour se défaire encore en plein ciel. C'est un spectacle fascinant de voir de la sorte se faire et se défaire les grands thèmes et les grandes formes poétiques au cours de douze siècles. Allons d'abord au plus immédiatement visible : à la forme. La lyrique chorale, épanouie autour des sanctuaires et dans l'entourage des princes, s'éteint vers la fin du Vᵉ siècle ; le théâtre, fleur de la terre attique, reste lié dans son essor vertigineux et sa fin rapide aux gloires et aux revers de l'impérialisme athénien[1] ; avec Ménandre, les amples structures de l'Ancienne Comédie se réduisent déjà aux proportions de la maison bourgeoise qu'était devenue l'Athènes de son temps. Vers l'époque où s'établit l'usage de la « langue commune », monnaie d'échange d'un monde devenu cosmopolite, un clivage se fait dans la littérature poétique : l'avenir sera aux œuvres polies dans le silence du cabinet, parfois volontairement teintées d'archaïsme, aux poèmes épico-romanesques dont la vogue, pas plus que chez nous celle du roman d'aventures, ne passera jamais tout à fait ; à l'odelette ou à l'élégie qu'imiteront plus tard Horace et

1. Il ne s'ensuit pas qu'on n'ait pas continué d'écrire pour la scène au moins jusqu'au milieu du IIᵉ siècle. Lycophron, auteur de l'amphigourique poème intitulé *Alexandra*, est donné comme ayant composé dix-neuf tragédies. Nous connaissons aussi les noms de quelques poètes comiques après Ménandre. Mais les grands moments du théâtre ont pris fin.

Properce ; aux saynètes de la vie populaire lues ou jouées devant un public de dilettantes, et que seul emplit tout à fait de son souffle le génie de Théocrite ; enfin, et surtout, à l'épigramme, qui de longue date a cessé d'être une inscription sur la pierre, mais où s'incisent en quelques lignes une émotion, une pensée, quand ce n'est pas un jeu d'esprit ou un lieu commun. Nous ne sommes plus, comme nous l'étions avec l'ode pindarique et le théâtre, dans le domaine de la musique, mais dans celui des arts plastiques : d'une part, l'équivalent littéraire de fresques décoratives jetées avec brio sur d'amples surfaces ; de l'autre, celui de la ciselure et de la glyptique, du détail fixé une fois pour toutes en contours exquis. À la poésie chantée ou psalmodiée a succédé la poésie récitée ou lue.

L'érotique aussi se modifie insensiblement au cours des siècles. « L'amour grec », mélange d'admiration pour l'adolescent considéré comme la fleur même de la beauté humaine, de désir charnel, et, en principe au moins, de tendresse protectrice de l'aîné pour le plus jeune, de fidélité du plus jeune pour l'aîné, ou de l'amitié héroïque entre camarades du même âge, consacré peut-être à l'origine par d'antiques pratiques rituelles[1], trouve sa plus haute expression poétique de l'*Iliade Tragique* d'Eschyle à l'*Hylas* et à *L'Aimé* de Théocrite ; l'ode de Pindare pour le jeune Théoxène de Ténédos en constituerait l'éclatant sommet. Ce thème sort à peu près de la littérature avec les derniers soubresauts de la Grèce libre ; de vagues échos en subsistent, à peine audibles, dans une épigramme d'Antipater de Sidon, une autre d'Alphée de Mitylène, ou dans quelques vers de l'empereur Hadrien, là comme partout grécissime.

---

1. Les inscriptions érotiques du temple de Théra, en l'honneur de danseurs ayant participé aux danses sacrées, remontent en partie au VIIIe siècle.

Par ailleurs, après comme avant et pendant cette période d'exaltation passionnée, nous avons le désir ou le badinage pédérastiques tels qu'on les trouvait déjà chez Anacréon, et tels qu'ils persisteront jusqu'à ce que des coutumes devenues répressives obligent le poète à se taire sur ce sujet pendant quelques siècles[1].

Abordons maintenant les vers célébrant des femmes. Archiloque avait dressé l'image d'une ravissante *koré* archaïque, dans ce qui était sans doute un poème d'amour ; Alcman avait chanté, de façon, il est vrai, plus paternelle qu'amoureuse, les belles filles de Sparte ; Anacréon n'était pas insensible à la belle « jouant avec

---

1. Les poèmes homériques sont en dehors du plan de cet ouvrage, mais il faut néanmoins souligner, sur ce point comme sur tous les autres, l'entière chasteté d'Homère. Achille et Patrocle sont amis, sans plus, bien que leur ardent attachement et surtout la douleur presque démente d'Achille à la mort de son camarade fassent irrésistiblement penser à l'amour. Zeus a enlevé Ganymède, à cause de sa beauté, pour servir d'échanson aux Olympiens ; on ne nous dit rien d'autre. Hélène est traitée par Pâris en épouse, en bru par Priam, et aussi respectée que les autres belles-filles du vieux roi. L'union de Zeus et d'Héra, à même la terre d'où naissent des fleurs, est une *hiérogamie*, puissamment charnelle, certes, mais d'où tout détail érotique est absent. *L'Odyssée* n'est pas plus explicite, l'aventure galante d'Arès et d'Aphrodite n'étant qu'un ajout d'époque plus tardive. La volonté divine retient Ulysse auprès de Calypso et de Circé, dont il est plutôt l'époux temporaire que l'amant. Hélène rendue à Ménélas est considérée comme une digne épouse ; on ne nous montre pas les privautés des prétendants avec les servantes. La seule « nuit d'amour » de ces deux poèmes est celle d'Ulysse avec Pénélope après son retour au foyer, et l'intervention miraculeuse de la vierge Athéné, qui prolonge cette nuit sainte, la sacralise en quelque sorte.

Il y a là, semble-t-il, convention épique, et il serait imprudent d'en conclure quoi que ce soit quant à la société du temps. Les mémorialistes de notre XVIIᵉ siècle nous renseignent sur la liberté de mœurs et de langage de l'époque, mais les conventions de la scène tragique font d'Hermione, de Bérénice, de Monime, des fiancées et jamais des amantes, au sens complet de ce mot, et cela en dépit de la passion dévastatrice toujours présente chez Racine. Même Phèdre ne se déclare que quand elle croit son mari mort et pourrait lui donner Hippolyte comme successeur. Certaines grandes époques littéraires sont conventionnellement chastes, comme la nôtre se fait un cliché de l'érotisme

une balle d'or », à la cour de Polycrate, probablement jeune esclave chargée de divertir les convives. Mais c'est vers la fin du Ve siècle que la prostituée de luxe, ou du moins la femme facile, gardant jusqu'à un certain point sa liberté de choix, mais entretenue par de riches protecteurs, devient l'objet d'une sorte de marivaudage poétique et passionné, dont le plus bel exemple est sans doute l'épigramme « sur le miroir de Laïs » attribuée à Platon. Bien plus tard, Méléagre de Gadara, qui avait presque assurément sur ce point des modèles alexandrins, laisse dans la volupté s'insinuer la tendresse : les vers pour la courtisane Héliodore, « l'Amour fait femme », semblent imprégnés de vraies larmes[1]. Rufin, plus tardif, parle aux filles avec une désinvolture à la Maupassant. Un interdit pèse sur l'adultère partout ailleurs que dans les légendes des temps héroïques : sans les bons mots d'Aristophane, confirmés par les plaidoyers d'avocats athéniens en faveur de maris bernés, on croirait presque à l'entière chasteté conjugale des Grecques de l'Antiquité. Le même interdit pèse au théâtre sur la séduction des jolies filles de naissance honnête : les filles mises à mal, qui abondent dans les comédies de Ménandre, ont d'ordinaire succombé à un viol (souvent au cours d'une cérémonie religieuse nocturne), ce qui laisse au moins leur vertu intacte. *La Magicienne*, de Théocrite, où il est question, non d'une professionnelle de la sorcellerie, mais d'une pauvre fille de petite condition qui s'efforce de ramener à elle un amant volage, donne une idée plus franche des mœurs populaires ; j'en dirai autant d'une épigramme de Nicarchus, tout petit poète

---

1. L'amour grec et la vogue des hétaïres ne sont pas sans faire penser aux *Contes d'amour des Samouraïs* et au rôle joué par les courtisanes de haut vol dans le Japon du XVIIe siècle, plus formaliste encore et plus strictement codifié. En Grèce au moins, la prose fait parfois déchanter : le sophiste Athénée a conservé quelques mots d'esprit des plus huppées de ces filles : ils sont fort dépourvus de sel attique.

grec de l'époque romaine, où l'on voit un beau garçon un rien souteneur quitter sa belle en lui conseillant de « travailler », et qui accepterait de temps en temps un petit cadeau.

Une fois seulement, dans une épigramme d'un certain Diotime de Milet, au lieu des esclaves barbus en charge de jeunes garçons, nous entendons une vieille bonne aboyer, comme le feront jusqu'à nos jours les vieilles bonnes, contre un suiveur qui couve des yeux sa belle petite ; une maritorne byzantine ronfle à souhait dans le lit qu'elle partage avec sa maîtresse et où s'est glissé le galant : le monde des fabliaux et des bons contes de l'avenir est en voie de gestation. Tardif aussi, mais sorti probablement des couches les plus antiques de la poésie populaire, on voit émerger le thème qu'on pourrait appeler d'Héro et de Léandre, l'histoire de deux amants innocents et beaux séparés par des parents injustes et se retrouvant dans la mort, en un sens le plus subversif de tous, puisqu'il témoigne d'une révolte contre l'autorité familiale encore indiscutée.

Il serait très faux de tirer des notations qui précèdent une notion de l'infériorité de la femme grecque, basée sur nos propres vues de la condition féminine. Le peuple qui a donné à l'intelligence le visage d'Athéna, au courage et à la fidélité celui d'Antigone, à la vision prophétique celui de la Cassandre d'Eschyle, n'a pas méprisé la femme. Mère, épouse, sœur, maîtresse de maison, prêtresse, les poètes l'honorent, et la courtisane, on l'a vu, a sa dignité à elle. Le respect dont les Grecs ont entouré leurs poétesses, Sappho en particulier, et plus tard les amies et les disciples féminins de philosophes, montre que la liberté pour la femme de penser et de s'exprimer existait, encore que peu de femmes aient pu ou voulu la prendre. Sauf dans quelques rares cas, la femme est évidemment prisonnière de la famille, mais, mis à part les deux ou trois domaines spécialisés de la politique (où la famille et la tribu jouent d'ailleurs un grand rôle), du sport, et des amours dégagées de tout souci de procréer, l'homme l'est presque autant. Néanmoins, Sophocle, en qui se décèle une tendre complaisance envers la femme, a décrit à deux reprises le sort malheureux de la jeune épouse quittant les siens pour subir dans le gynécée la tyrannie des femmes plus âgées et celle de coutumes domestiques différentes, contre lesquelles l'époux lui-même ne peut rien. À l'époque byzantine, Agathias, brave homme, rédige la plainte des filles bien élevées contristées de grandir en huis clos sans se mêler aux jeux de leurs frères. Mais il serait naïf de ne pas voir que, dans ces contraintes mêmes, la femme de « bonne maison » a trouvé des éléments de sécurité, voire des preuves de « rang » dont tirer vanité. Les filles et les femmes du peuple échappent par la force des choses à ces sujétions aristocratiques ou bourgeoises, qui ne s'imposent ni aux ouvrières des champs de Théocrite ni à la tisserande en chambre évoquée par Apollonius. Au début du IVe siècle, Ménandre donne d'un repas de famille, avec Papa qui grommelle et Bonne-Maman qui fait au fils aîné des cajoleries bébêtes que celui-ci reçoit avec une politesse ennuyée, un croquis qui conviendrait encore à une famille « bien » d'aujourd'hui[1].

Vrais ou faux, et en un sens tous sont vrais, les dieux sont vus à travers l'amour, l'espoir ou la crainte qu'ils

1. Le plus difficile à accepter dans le portrait de la famille grecque par Ménandre est l'exposition du nouveau-né par la fille mère ou par le mari (souvent d'accord avec l'épouse), au cas où l'enfant eût encombré le foyer. La coutume semble avoir été courante dans l'Athènes du IVe siècle : les spectateurs de la Nouvelle Comédie, en tout cas, l'acceptaient sans broncher.

inspirent, parfois même le désir, dans un monde où l'union entre humains et personnes divines avait été crue possible, et même fréquente, au début des temps. Nous, pour qui une longue tradition de mythologie ornementale affadit la Fable, et qui imaginons volontiers les dieux grecs d'après des figurations déjà tardives, avons peine à comprendre combien les raides *xoana* primitifs ont été sentis comme des *réceptacles de forces*, analogues aux poupées d'envoûtement ou aux simulacres des processions de l'Espagne, idoles au sens fort du mot, c'est à dire visions, taillées du mieux qu'on peut dans le bois ou dans la pierre, chargées chacune de charismes bien à soi, comme les Vierges noires des cryptes de nos cathédrales. C'est aux poètes qu'il faut s'adresser pour voir avec des yeux d'hommes de l'époque ces figures de la force et de l'impétuosité divines : l'Aphrodite de Sappho, traînée par des colombes, étincelante de sourires, ourdisseuse de ruses ; l'Apollon d'Alcée, ramené du nord par des cygnes, réchauffant Délos après une série de longs hivers et de froids étés. Mais tandis que les dieux de l'Inde sont restés d'énormes entités cosmiques, pour qui la forme humaine n'est qu'une forme parmi des milliers d'autres, la Grèce a vite enfermé ses dieux dans une apparence analogue à la nôtre, et qui n'en diffère que par sa perfection même. Zeus-Taureau n'est plus senti que comme un déguisement. D'autre part, le héros grec, homme et mortel par définition, se voit revêtu d'une beauté quasi divine, accrue encore, si possible, par une nuance de pathétique déniée aux dieux. Le Pélops de Pindare, implorant dans le danger un majestueux Poseidon qui est à la fois son amant et le terrible Seigneur des flots, n'est pas moins noble que son tempétueux protecteur. Une amitié fraternelle lie, dans le drame d'Euripide, Hippolyte et Artémis, même si, aux dernières affres, la déesse située hors du monde de la mort doit se séparer de son protégé né pour mourir. Il y a, dirait-on, inégalité de condition et unité de nature entre le dieu et l'homme.

Un tel rapprochement est précaire. Ces dieux trop voisins de nous perdaient, en quelque sorte, leur redoutable irresponsabilité divine : jugés en hommes, et par des hommes, certains de leurs comportements ne s'expliquaient plus. De bonne heure, quelques esprits plus lucides que les autres se sont demandé avec Théognis pourquoi Zeus laisse triompher l'injustice. Les héros des tragédies se posent les mêmes questions, et n'obtiennent pour réponse que les pieuses platitudes du chœur. L'obliquité est un aspect permanent de la nature des choses, mais Apollon, claire Conscience de l'homme, annonçant pour Achille un destin fortuné, et omettant de dire qu'il le tuerait lui-même devant Troie, risquait de sembler aux spectateurs d'Eschyle tout simplement perfide ; Artémis quittant Hippolyte à l'agonie paraissait insensible. Il en allait de même des grandes fables de l'union entre mortels et immortels. Ces embrassements de Tout à travers toutes les formes devenaient de galants exploits désapprouvés des moralistes. Euripide doute, mais vénère encore ; une génération plus tard, Hippias, ancien élève de Socrate, dans le fragment qui nous reste d'une tragédie perdue, prête à l'un de ses personnages des vues de héros voltairien sur les dieux, simples inventions utiles au bon ordre des sociétés[1]. Les grosses plaisanteries d'Aristophane n'avaient pas tiré à conséquence, tant que régnait une profonde notion du

1. N'oublions pas toutefois qu'avec Hippias nous sommes dans les cercles « cultivés » et « intellectuels » du temps. Au niveau bourgeois, les personnages de Ménandre, contemporains d'Épicure, restent à l'aise dans leur petite foi et leur petit scepticisme, et ce type de bienséant conformisme se prolongera sans effort pendant plus de six siècles. Au niveau populaire et paysan (mot d'où sortira le mot païen), le vieux tuf religieux, probablement antérieur à « l'Antiquité grecque » elle-même, subsistera inchangé jusque sous le couvert du christianisme orthodoxe.

sacré : le rire, un peu partout, fait partie du rite. Mais le badinage des poètes et leurs légers sarcasmes érodent à la longue les légendes divines. L'Éros d'Apollonius n'est qu'un fripon qui joue aux osselets avec Ganymède, et triche. Le bel adolescent grave de Praxitèle en qui respirait tout le sérieux de la volupté se subdivise dans les odelettes anacréontiques en une multitude d'*Amorini*, déjà pareils à ceux qui gigotent sur les trumeaux de notre XVIIIe siècle.

Les poètes nous renseignent aussi sur la veine mystique, plus secrète, qui a de tout temps irrigué la religion olympienne. Les Bacchanales et les mystères orphiques étaient venus très tôt d'Asie par le carrefour thrace. Bien plus tard, l'exil d'Euripide en Macédoine, terre semi-barbare, nous vaut l'extase lyrique des *Bacchantes*. Entre temps, des vers inscrits sur lames d'or et placés dans les tombes avaient servi aux initiés d'itinéraires pour l'autre monde ; Empédocle qui, dans son poème *De la nature*, avait tracé la voie à la physique de Lucrèce, versifiait, dans son poème *Des Purifications*, la plainte de l'âme en proie à travers le temps à des transformations infinies, vision très proche, qu'il le sût ou non, de celle des *Sutras* bouddhiques[1]. Platon, dans les quelques su-

---

1. Des rapprochements avec la pensée orientale risquent de gêner des esprits habitués à considérer la Grèce en vase clos. Mais n'oublions pas que si, pour nous, la Grèce antique représente la pointe avancée d'une Europe encore plus plongée dans l'obscurité, pour l'Inde, les Yavanas (c'est ainsi que les Hindous appelaient les Ioniens) représentaient au contraire l'extrême frange de l'Asie. En fait, les missions bouddhiques envoyées par Asoka vers l'Égypte, la Cyrénaïque, la Syrie, la Macédoine et l'Épire ne se mirent en route que vers 365 avant notre ère, et nous ignorons tout de leurs points d'arrivée et des résultats obtenus. C'est trop tard, certes, pour expliquer les analogies entre la pensée de l'Inde et celle des présocratiques, dont Empédocle est l'un des derniers représentants, ou avec les grandes rêveries de l'orphisme. Mais nous sommes forcés, ou de postuler des pénétrations par des chenaux que nous ne connaissons pas, bien plus anciennes que la fracassante percée d'Alexandre, ou de supposer à l'esprit humain la faculté d'édifier spontanément, sur diffé-

perbes épigrammes laissées sous son nom, n'a pas mis sa métaphysique, mais Cléanthe, second patriarche de la secte stoïque, en un morceau qui est un document plutôt qu'un chef-d'œuvre, décrit, non pas tout à fait le dieu indifférencié d'Empédocle, pareil au Brahman non manifesté de l'Inde, mais un Zeus abstrait, à la fois pur esprit et ordre des choses. Le bref poème d'Antipater de Sidon en l'honneur d'Hipparchie, compagne du cynique Cratès, permet d'entrevoir quelque chose de la grandeur de la secte, et de ses adeptes volontairement scandaleux, disant non aux décences de la vie humaine, et parfois à la vie tout court. Dans l'*Hippolyte* d'Euripide, auquel il faut toujours en revenir quand on touche aux zones profondes de la religiosité antique, Thésée reproche à son fils d'être un sectateur d'Orphée, végétarien et prétendu chaste, type d'ascète sans doute suspect à l'auditoire du poète. Enfin, quelques épigrammes mentionnent le bonheur ressenti par les participants aux processions et aux drames sacrés d'Éleusis, initiations en masse, qui, si secrets qu'en fussent les rites, jamais divulgués, font plutôt songer aux grandes cérémonies orthodoxes ou catholiques, où l'émotion individuelle se fond dans l'émotion collective.

À part Adonis, aimé en Grèce de longue date (mais l'image que s'en font les poètes est aussi tendrement romanesque qu'elle le sera, une vingtaine de siècles plus tard, dans l'*Adone* de Marini ou dans *Vénus et Adonis* de Shakespeare), les versificateurs de type « littéraire » semblent assez peu touchés par la vogue des cultes nouveaux qui fleurirent dans les milieux cosmopolites de l'âge alexandrin et romain, et dont la trace abonde au contraire dans les arts plastiques. On ne trouve guère davantage, chez eux, de vieilles légendes grecques ac-

rents points du lieu et du temps, de complexes constructions mentales quasi identiques, ce qui fait aussi difficulté.

commodées au goût mystique à la mode, comme le sont, sur les sarcophages ou dans les stucs gréco-romains, les Arianes et les Sapphos devenues symboles de l'âme en proie au divin[1]. Toutefois, à un niveau semi-littéraire, ces ferveurs nouvelles s'accusent dans toute une série de fabrications liturgiques, les *Hymnes Orphiques*, qui ne sont pas d'Orphée, laissent passer jusqu'à nous les sons, les lumières, et même les odeurs (par la mention de parfums rituels) de petits conventicules où se donnait libre cours une piété adultérée de magie ; dans les *Chants Sibyllins*, qui ne sont pas des Sibylles, mais dont le titre même témoigne chez leurs auteurs de l'intérêt contemporain pour les formes archaïques du sacré ; dans les « oracles » composés par des desservants de dieux étrangers ou par des mystagogues. Mais les regains de dévotion et de mysticité viennent trop tard. Aux questions que leur fait poser Julien l'Apostat, soucieux de rénover leur sanctuaire, les prêtres de Delphes répondent, sans plus, par quelques vers désolés : « Les lauriers sont coupés ! » Un peu plus tard, le grammairien Palladas, grand poète à ses heures, rit jaune à l'idée de statuettes de dieux envoyées à la fonte, ou s'effare, sentant passer sur lui un souffle de fin de monde.

Un siècle après le cri d'horreur de Palladas, dans un monde ayant définitivement pris le tournant, deux byzantins bien installés dans la religion nouvelle semblent de prime abord peu différents de leurs devanciers païens. Lettré, juriste, égrillard à ses heures, scatologique parfois, mais toujours avec un parfum de moralisme, Agathias fait penser à un homme de robe de notre XVIIe siècle : il traita d'amours mythologiques en neuf livres, que nous n'avons plus, et composa quelques belles épigrammes chrétiennes, qui subsistent encore. Son

---

1. L'*Ariane* de Catulle, et son *Attys*, calqués sans doute sur des modèles alexandrins, sont aussi plus littéraires que mystiques.

contemporain Paul le Silentiaire, sceptique raffiné, exquis quand il s'abandonne à sa fièvre sensuelle et romanesque, a laissé un poème sur l'illumination du dôme de Sainte-Sophie : document unique, mais guère plus dévot que ce qu'un littérateur d'aujourd'hui produirait sur un spectacle « son et lumière » dans une cathédrale. Et pourtant, quelque chose a changé, dans le fond sinon dans la forme. Avec les épigrammes chrétiennes d'Agathias, dures et strictes comme les angles d'un cristal, nous sommes loin du monde organique de l'Antiquité païenne, de ses souples flexions, de ses tensions suivies de voluptueuses détentes : le mythe désagrégé a fait place au dogme. L'érotisme énervé de Paul est lui aussi un signe des temps changés ; il trahit des conflits que ses prédécesseurs ne connaissaient pas[1].

Sans vin pur, sans autels, sans hymnes, sans guirlandes,
La Mort est le seul dieu qui ne veut pas d'offrandes,

a dit sombrement Eschyle. Mais les morts d'Homère en voulaient, eux, avides du sang noir qui leur rendait momentanément la chaleur et l'apparence de la vie. Ces spectres assoiffés, que nous retrouvons aujourd'hui encore, *vroukolaques*, dans les villages grecs, sortent assez vite de la poésie « littéraire ». Il en va de même des hurlements et des contorsions des pleureuses, si importants dans Eschyle et dans l'antique peinture de vases, et qui

1. Peut-être pourrait-on donner comme exemple de ce changement une de ses « jouissances », assez semblables à celles de nos poètes du temps de Maynard ou de Théophile, où Paul exhorte sa maîtresse aux abandons du plaisir : « Peu m'importe qui me surprend contre ton sein, / Et me voit t'enlacer et de toi me repaître, / Qui que ce soit, un étranger, ou un voisin, / Ou bien (grands dieux !) ma propre femme, ou bien un prêtre. » Cet accent de défi, jamais discernable chez un poète antique, est chrétien, ou déjà postchrétien.

ont longtemps persisté, en Grèce, dans les veillées funèbres de la vie réelle. La littérature adoucit tout cela. Le dieu barbu et musclé (Mort en grec est du masculin), qui rôde autour des tombes nouvellement ouvertes, et que subjugue un moment l'Hercule d'un drame d'Euripide, s'amollit et prend la forme du bel adolescent, frère de l'Amour, cher aux sculpteurs hellénistiques. Minos, juge des morts, n'inspire à Callimaque que des jeux d'esprit ; Charon, passeur du Styx, devient chez Bianor, par une fantaisie charmante, le bon vieux nautonier auquel on confie tendrement un enfant trépassé. En somme, il ne semble pas que le Voyage, le Jugement, et les rétributions d'outre-tombe aient jamais eu, pour la Grèce classique, les mêmes terreurs que dans d'autres civilisations, chrétiennes ou non chrétiennes. Tout comme les peintres de lécythes blancs et les marbriers du Céramique, les épigrammatistes, du VIe siècle avant notre ère au IIe siècle de celle-ci, choisissent de montrer, non l'horreur de la mort, mais la mélancolie de ne plus vivre, l'adieu discret du mari à l'épouse, du père au fils, de l'ami à l'ami.

Mais l'hédonisme jusque dans la mort n'est pas la seule attitude grecque, il s'en faut de beaucoup. Si la douceur de vivre est une notion hellénique, l'horreur de la vie l'est aussi. Le mieux est de ne pas naître, proclame avec son habituelle âcreté Théognis, ou du moins de mourir jeune, « et de laisser sur nous le sol noir se tasser », et l'heureux Solon, placé par les Grecs parmi les sept Sages, estimait déjà que le soleil n'éclaire dans sa course que des infortunés. Dans Euripide, une vieille esclave, songeant sans doute aux nouveau-nés qu'elle a emmaillotés et aux morts qu'elle a cousus dans leur suaire, marmonne pensivement : « Sait-on si la mort, au lieu d'être le pire des maux, n'est pas le plus grand des biens ? » L'attirail mythologique de la Mort diminue, mais la veine mystique et la veine nihiliste continuent à couler dans la littérature hellénistique du trépas, tantôt distinctes, et tantôt conjointes. Callimaque met de tout dans ses épitaphes : le deuil simple d'un père à la mort de son fils, le dégoût de Timon le Misanthrope, aussi écœuré par les morts que par les vivants, le suicide d'un enthousiaste après avoir lu le *Phédon*. Mais un assombrissement s'est fait. La jeunesse, la beauté, l'amitié-amour, l'héroïsme, l'équilibre parfait de l'esprit et du corps gardaient leur juste prix pour Solon, Théognis ou Pindare, même si leur verdict final sur la destinée humaine consistait à voir dans l'homme « le rêve d'une ombre ». Ces ingrédients essentiels de l'idéal grec se dévalorisent. Palladas a des vers sur les moiteurs et les viscosités du déduit charnel qui font prévoir à la fois les diatribes contre la chair des sermons du Moyen Âge et nos propres romans de la nausée. Ce corps né d'un spasme, sujet à périr dès que l'air cesse d'emplir deux orifices du visage et qu'une main bâillonne le troisième, parqué comme un bœuf dans l'étable des jours, attendant le boucher, lui paraît prouver l'inanité de toute foi en l'âme immortelle. Un imitateur du pieux Proclus, au contraire, croit en l'âme, mais l'exhorte à quitter cette masure indigne d'elle. Il y avait un pas de plus à faire, et c'est un chrétien, au moins de nom, qui le fait. Pour Paul le Silentiaire, lisant d'un œil distrait une épitaphe sur un tombeau, mort et vie se confondent dans une même vacuité : Le rien répond au rien. « Mais qui parle, et à qui ? Autant vaudrait nous taire. »

C'est un lieu commun de dire que les Grecs n'ont guère senti la nature, épris qu'ils étaient de l'humain. En fait, l'homme grec est *encore* dans la nature : il n'a pas lieu de s'émouvoir tragiquement sur elle, comme nous qui l'avons assassinée. Au début du moins, son acuité sensorielle est celle d'un animal bien à l'aise dans son habitat. Homère est sans égal dans sa perception du bond des fauves, de l'attitude paisible ou alarmée des troupeaux, des bougées subites de l'eau et du feu, des saisons qui fécondent ou dépouillent la terre. Dans *L'Odyssée*, la mer est vue sous tous ses aspects, terrifiants ou sauvagement doux. On a beaucoup dit que les Grecs n'aimaient pas la mer ; ils l'aimaient en marins, c'est à dire avec l'exacte connaissance de ses dangers. Les lyriques du VIe siècle abondent en paysages pleins de sources et de fleurs que Sappho décrit avec sa délicatesse de femme. Trois ou quatre grands textes suffisent à réfuter cette prétendue indifférence à l'égard du milieu naturel : les vers fameux sur « le rire infini des flots marins » du *Prométhée* d'Eschyle, le chœur de Sophocle sur la beauté des bocages de Colone, celui des oiseaux dans Aristophane, merveilleusement bruyant de chants et de coups d'ailes, qui ne prend toute sa résonance que pour un lecteur aimant les oiseaux. Mais il est vrai que le Grec tend à donner à la nature forme humaine, ou plutôt divine. La Déméter de Théocrite n'est pas que la déesse des récoltes : elle *est* la récolte et le fécond été. Il suffit de nommer le Centaure et l'Hamadryade pour entendre bruire les feuilles. La Sirène sinueuse porte en elle la mer. Jusqu'à la fin de l'Antiquité, le poète ne peut parler d'un bocage ombreux où faire la sieste, ou d'une source, froide comme neige, où se désaltérer après une longue course, sans qu'on devine aussitôt la présence sacrée d'une Nymphe.

Sacrés aussi sont les événements familiers qui ouvrent et ferment les périodes de travail rustique ; on n'oublie pas « l'aigre cri du héron qui revient en avril », rappelant à Théognis son domaine perdu. Mais plus encore que tel objet naturel ou tel site, c'est le dynamisme même de la nature que perçoit le poète grec : météores au ciel, souffles du vent sur terre et sur mer, remous des eaux, mouvement ascendant ou déclinant des constellations, vol plané des grands rapaces. La foudre de Zeus n'est pas pour Pindare qu'un accessoire de théâtre, et il a sûrement observé des aigles. La pleine lune de l'été brille comme nulle part ailleurs dans les vers de Sappho pour Anactoria ; nuit et crépuscule fourmillant d'étoiles servent de fond aux sublimes épigrammes de Platon pour Aster vivant et pour Aster mort. « Je suis fils de la terre et du ciel étoilé », proclame l'initié orphique, « moi aussi, j'appartiens au ciel. » Cette appartenance n'a jamais été mieux exprimée que par une épigramme attribuée à Claude Ptolémée, où l'astronome contemplant les astres possède, ce faisant, sa portion de l'infini et de l'immortalité. Enfin, très souvent, en particulier chez Léonidas de Tarente, l'évocation d'une nature amicale, mais pauvre, et chiche de ses dons, rejoint la notion de sagesse modeste, d'acceptation tranquille de l'ordre des choses.

La politique règle et dérègle à tel point nos vies, que nous prêtons avidement l'oreille à ses moindres échos chez ces hommes du passé. On en trouve moins qu'on ne pourrait le croire. Certes, Tyrtée fait son métier de barde en exhortant les Spartiates ; on entend résonner chez Archiloque et chez Alcée le bruit d'armes des guerres de cité à cité, mais la politique et surtout les idéologies politiques ne sont pas leur fait. Théognis ne nous donne pas les raisons de son exil de Mégare[1]. On pourrait, certes, vouloir tirer des *Odes* pindariques l'éloge des états-cités, mais, à y regarder de près, ce n'est pas Thèbes, sa ville natale, qu'exalte, ou qu'exhorte, le poète,

1. Mais Solon, dictateur libéral, a laissé en beaux vers son programme de chef d'État, performance inouïe partout ailleurs.

mais Cyrène, Syracuse, Agrigente, et leurs puissants tyrans qui commanditent ses œuvres. À un rang très élevé, et sur le plan d'une familiarité amicale, Pindare et Simonide sont néanmoins pour leurs protecteurs des poètes salariés dont on attend des éloges, comme Callimaque et Théocrite le seront plus tard à la cour des Ptolémées. La vieille tradition de la flatterie versifiée remonte aussi loin qu'il y a des poètes et qu'il y a des cours.

Les guerres médiques entrent dans la poésie par la noble épigramme funéraire attribuée à Simonide (« Passant, va dire à Sparte... ») qui fait désormais partie de l'imagerie du courage humain. Leur fin est célébrée par le chant de triomphe d'Eschyle dans *Les Perses*, péan inversé, en quelque sorte, et qui prend la forme des lamentations du Grand Roi et de son entourage après la défaite. Mais ces *Perses* sont le seul drame grec tiré de l'histoire contemporaine qui soit venu jusqu'à nous, et nous ne connaissons de nom que deux autres pièces, du vieux Phrynichus, qui s'inspirait des mêmes guerres. Plus tard, et jusqu'au bout, Troie incendiée sert de prête-nom à toutes les villes en flammes, et les captives troyennes brutalisées, violées, pleurant leur propre sort et la mort de leurs proches, à toutes les victimes de guerres plus récentes. Œdipe et Créon incarnent l'arrogance ou l'entêtement qui mènent au désastre, et des vers à la gloire d'Athènes seront mis dans la bouche de choristes de l'âge des légendes, souvent à une époque qui, dans la réalité, est déjà celle des catastrophes. Les poètes de l'Ancienne Comédie, certes, et en particulier Aristophane, travaillent, par contre, en plein dans l'actualité, mais à la façon de chansonniers ou de compères de revue : influençant leur public, mais obligés, comme c'est toujours le cas, de se mettre à son diapason, ils nous apportent l'écho des préjugés tenaces et des opinions virevoltantes du petit peuple athénien, que nous ne connaîtrions pas sans eux. Ce qu'on distingue le plus, c'est un bon sens un peu court, une méfiance point injustifiée contre les grands manipulateurs de la politique, et le sage désir de se garer des coups.

Ensuite, et pendant près de huit siècles, tout se passe comme si trop de guerres, trop de gloire, mais aussi trop d'atrocités, de sottises et de bassesses avaient à jamais dégoûté les poètes de la politique, ou comme si l'hédonisme de l'époque les détournait d'y porter les yeux. C'est grâce aux historiens et aux chroniqueurs, Plutarque ou Arrien, que la gloire d'Alexandre est restée pour nous le symbole éclatant de toutes les gloires ; c'est Plutarque qui nous a laissé le pathétique portrait des derniers héros de la Grèce libre, ou à peu près telle. De ce grand événement que furent la vie et la mort d'Alexandre, la littérature poétique grecque n'a gardé qu'une bien faible trace : deux épigrammes, d'ailleurs fort belles, d'Addée de Macédoine, obscur compatriote du jeune conquérant. Phocion, Épaminondas, Agis, Cléomène, malheureux grands hommes d'un pays qui s'épuise en luttes intestines, n'obtiennent même pas des poètes le *Bravo, capitano !* traditionnel des soldats, qui, sans le suivre, voient leur chef sortir héroïquement d'une tranchée. L'encerclement par Rome passe inaperçu, n'était pour un mordant poème d'Alcée de Messénie à l'adresse du roi macédonien Philippe V, auquel le monarque répond d'un calame aussi aiguisé ; la destruction de Corinthe inspire à Antipater une mélancolique épigramme, et son repeuplement par des colons romains quelques vers acerbes de Crinagoras, dont on a par ailleurs des quatrains flagorneurs pour la famille d'Auguste. Les sanglants règlements de comptes entre César et Pompée, Brutus et Octave, Octave et Marc Antoine ont beau avoir lieu en territoire grec : ils n'intéressent pas les poètes grecs. Un distique prudemment élogieux du rhéteur Libanius mentionne seul la courte aventure de Julien l'Apostat, tué après trois ans de règne sur les bords du Tigre. Pas de *Pharsale*, pas d'*Enfer* dantesque, trempé, comme on dit qu'une épée est trempée, dans le Styx de l'indignation et de la fureur partisane, pas davantage de *Tragiques* ou de *Châtiments*. Dans l'ensemble, cette poésie de basse époque reflète la douceur de vivre d'une Grèce et d'un Proche-Orient visités par les touristes, les administrateurs et les étudiants romains, centres encore du plaisir et du savoir, mais que les grandes affaires ne préoccupaient plus.

D'autre part, et le point vaut d'être noté, on ne trouve presque jamais, chez les poètes de la Grèce antique, ce chauvinisme de langage et de culture qu'on rencontre parfois en germe chez ses prosateurs[1]. Il faudra attendre le xxe siècle pour que Cavafy fasse dire à un rhéteur grec imaginaire composant une épitaphe pour un Oriental hellénisé : « Il fut un Grec. L'humanité ne produit rien de plus parfait : ce qui passe outre se trouve chez les dieux. » Le concept de race est heureusement absent. Dès les poèmes homériques, aucune animosité née du sang, de la religion ou des coutumes, ne dresse les Achaïens, assiégeants, contre les Troyens assiégés, et les héros et héroïnes de Troie, Hector et Andromaque, Hécube, Cassandre, Polyxène demeureront parmi les plus émouvantes figures du drame grec. *Les Perses* condamnent l'ambition de Xerxès, mais Atossa, reine mère affligée, et l'ombre du vieux roi Darius sont vénérables. Au Ier siècle avant notre ère, Méléagre de Gadara, Grec ou Sémite hellénisé, a composé pour lui-même une épitaphe où, selon l'usage, il se montre adressant un salut aux passants qui longent son tom-

---

1. Pas chez tous, pourtant. La légende envoie s'instruire en Égypte bon nombre de sages ; Platon, dans le *Timée*, fait une place considérable aux traditions babyloniennes, et Xénophon, renchérissant sur Hérodote, transforme en un roman édifiant son portrait des mœurs et des coutumes perses. La Grèce n'a jamais été un monde fermé.

beau : « Khairé ! si tu es Grec ; si tu es un Syrien, Salam ! Si tu es Phénicien, Haidoni ! » L'histoire grecque est loin d'être une idylle, mais on voit que les Grecs ont ignoré au moins l'un des cancers du monde moderne. La phrase de Méléagre, ou son équivalent, devrait être placardée sur tous les murs du Proche-Orient de nos jours.

Après cette longue tentative d'analyse, on n'attend pas de moi un éloge en bonne et due forme de la poésie grecque. La beauté de celle-ci se révèle dans le moindre morceau qu'on en présente au lecteur, à supposer, ce qui n'est que trop douteux, qu'elle ait résisté à la traduction. De plus, cette beauté nous est, ou devrait nous être, au moins en partie familière, puisque, directement parfois, plus souvent par le truchement de la poésie latine, la poésie grecque a influencé notre littérature poétique à nous. Mais le temps n'est plus où nous pouvions dire, comme Renan parlant de l'Acropole : « Il n'y a qu'un lieu où la perfection existe, et c'est celui-là », ni même, comme Chénier, exalter « Ce langage sonore, aux douceurs souveraines, / Le plus beau qui soit né sur des lèvres humaines ». Trop d'autres civilisations pourraient nous rappeler leurs réussites et leurs chefs-d'œuvre. L'Iliade reste la glorieuse image d'un monde encore plein d'énergies primitives, où l'homme a déjà sa place et sa conscience d'homme. Gilgamesh, toutefois, plus ancien, ou les Sagas scandinaves, plus récentes, nous bouleversent par d'autres et plus farouches portraits du grand fauve humain. Nous nous perdons dans les multitudes du Mahabharata comme au sein d'une jungle, mais tout au centre flambe la torche aveuglante de la Bhagavad-Gita. Les poètes chinois du temps des Han ou des T'ang rivalisent, sur l'autre versant du monde, avec les grands lyriques grecs, leurs aînés de quelques siècles. Nous voyons à bon droit dans la tragédie grecque, avec ses trois personnages en pleine crise et son chœur vainement sage, l'une des plus parfaites représentations du drame humain, mais les *Nô* japonais, comportant aussi deux ou trois personnages et un chœur, faisant également appel aux grands gestes de la danse, ne nous émeuvent pas moins, et peut-être nous émeuvent davantage, dans leur peinture de l'incertitude de l'homme et de son court passage sur la terre. Nous ne nous lassons pas des meilleures épigrammes grecques, intailles ou camées fixant exquisement une émotion ou un profil humain, mais nous n'oublions pas le haïku, éventail qui s'ouvre et se referme, révélant à la fois la transience des choses et leur poignante spécificité. Nous apprécions la chaude sensualité des Rubayyats persans et l'amer arrière-goût qu'ils laissent sur les lèvres. Ces grandes littératures poétiques étrangères à la Grèce ne ravalent pas pour nous la poésie grecque : par le jeu exaltant des ressemblances et des différences, elles aident au contraire à la mieux connaître et à la mieux aimer.

Mais d'autres grandes œuvres plus récentes se placent désormais de plain-pied avec la Grèce : *Guerre et Paix* est une *Iliade*, et l'épique roman russe continue et authentifie pour nous en quelque sorte l'épopée d'Homère. Solness le Constructeur porte le poids de sa démesure, comme Œdipe ; le vent qui souffle dans *Typhon*, de Conrad, ne fouette pas moins l'énergie humaine que celui qui secoue la barque d'Ulysse. Il y a parfois filiation, ou au moins consanguinité : Tolstoï se grise d'Homère ; Dante, qui ne l'a pas lu, connaît assez les aventures d'Ulysse pour donner à la vie du héros une conclusion prestigieuse, qui prolonge ses errances par delà les antiques Colonnes d'Hercule ; un certain Leopold Bloom naviguant dans les rues de Dublin nous ramène par contraste, avec satisfaction, à l'authentique homme d'Ithaque. Vue dans ces perspectives, la poésie grecque a cessé de pouvoir être considérée comme l'un des aspects d'un unique et inexplicable « miracle grec » : elle est une part de l'héritage poétique universel qui désormais nous est échu, et que des catastrophes trop prévisibles pourraient bien nous faire perdre, avec tant d'autres trésors que nous gérons mal. Jouissons d'elle pendant qu'il en est encore temps.

III. *Quelques remarques sur la traduction en vers.*

Tout ce qu'on a avancé contre la traduction en vers tient dans la remarque faite par la vigoureuse helléniste du XVIIe siècle, Madame Dacier, au sujet d'une version d'Anacréon due à un poète de la Pléiade : « Sa traduction est en vers, et conséquemment peu fidèle. » Tout ce qu'on peut arguer en faveur de la traduction en vers l'a été admirablement au XVIIIe siècle par Lafosse, poète à la vérité fort médiocre, mais critique sur ce point judicieux :

« Je dis plus, et c'est une vérité que je ne crains pas qu'on réfute : les Vers ne doivent être traduits qu'en Vers. On ne saurait les mettre en Prose, quelque excellente que cette Prose soit, sans qu'on leur fasse perdre beaucoup de leur force et de leur agrément. Un Poète, à qui l'on se contente, en le traduisant, de laisser ses pensées toutes seules destituées de l'harmonie ou du Feu des Vers, n'est plus un poète, c'est le cadavre d'un Poète. Ainsi, toutes ces traductions de Vers en Prose, qu'on nomme fidèles, sont au contraire très-infidèles, puisque l'Auteur qu'on y cherche y est défiguré. »

Comme toujours, le problème se complique vu de près. Il n'y a, certes, de bonne traduction que fidèle, mais il en est des traductions comme des femmes : la fidélité, sans autres vertus, ne suffit pas à les rendre supportables. Sauf les traductions juxtalinéaires, les plus utiles peut-être, qui nous renseignent d'un coup d'œil sur les différences de structure entre deux langages, nulle bonne traduction en prose n'est jamais littérale : l'ordre des mots, la grammaire, la syntaxe, sans parler du tact du traducteur, s'y opposent. Bien plus, une traduction en prose d'un poème peut, et même doit, se rapprocher de la poésie, grâce à ces crypto-rythmes partout présents dans la prose pour qui sait les y trouver. La traduction soumise à des règles prosodiques s'impose, certes, un surcroît de contraintes, mais pas plus qu'une juste traduction en prose n'est une photocopie d'un texte, une traduction en vers, bonne ou non, n'offre un fac-similé des rythmes originaux : la dissimilarité des prosodies s'y oppose, comme celle des structures du langage au mot à mot de la prose. Le jeu et l'art consistent à chercher des équivalents[1].

Le fait même que les traductions qui suivent avaient été commencées en tant qu'exercices prosodiques ou rythmiques m'avait engagée d'emblée dans la traduction en vers, rare chez nous. Contrairement à ce qui s'est passé ailleurs, surtout peut-être en Italie et en

1. Sans tomber dans des minuties techniques, disons pourtant que notre alexandrin, qui appartient en principe au même « genre égal » que l'hexamètre, est moins ample que ce dernier : il est rare qu'on puisse déverser dans le premier tout le contenu du second. (Compté syllabiquement, ce que, bien entendu, les anciens ne faisaient pas, l'hexamètre aurait de treize à dix-huit syllabes, selon le type de pieds qu'il contient.) Par ailleurs, là où chez nous, au moins depuis la Renaissance, l'alexandrin sert à la fois au récit épique, à l'élégie, à l'épître, et au dialogue, l'Antiquité a connu des mètres élégiaques à part, et se sert de trimètres pour les dialogues de la tragédie. Enfin, l'épigramme, sauf quelques cas aberrants, se compose d'un hexamètre (six pieds) alternant avec un pentamètre (cinq pieds) à peine plus court. Aucun de nos rythmes en 12-8, 12-6, 12-4, ne donne tout à fait celui-là. Quant aux mètres lyriques, ils dépassent de beaucoup les variations possibles en français.

Angleterre, la France, sauf durant la brève période d'enthousiasme des gentils humanistes de la Pléiade, n'a guère connu la traduction entreprise pour leur plaisir par des hellénistes amateurs, poètes, ou simplement honnêtes gens de leur siècle, et qui, tant bien que mal, familiarisaient au moins leur public avec un écho du *chant grec*. Nos traductions, depuis plusieurs siècles au moins, ont été plus philologiques et plus scolaires, presque toujours rédigées en prose, ou versifiées, quand par exception elles l'étaient, sans que l'auteur parût tenter de rendre en français non seulement le sens, mais l'élan et la pulsion du poème, à plus forte raison de s'y abandonner[1]. Qui, de nos jours, traduit en vers risque chez nous de passer pour un retardataire ou un fantaisiste.

Une raison, pourtant, me paraît militer en faveur du vers, surtout quand il s'agit de poètes qui furent d'admirables ou du moins d'habiles métriciens. Depuis plus d'un demi-siècle, le vers dit libre (qui n'est pas à proprement parler une unité prosodique, mais tantôt, et au mieux, un verset réglé sur la respiration du poète, ailleurs, un découpage de clauses rappelant celui de l'ancienne analyse grammaticale, ailleurs encore une sim-

---

1. *L'Orestie*, traduite par Claudel, et la très ample collection de poètes grecs traduits par Leconte de Lisle sont deux exceptions éclatantes. Mais ces deux poètes ont traduit en prose.

Il semble que Leconte de Lisle, vivant à l'époque où les archéologues commençaient à sortir du sol une Grèce de l'âge du bronze, ait volontairement archaïsé ses modèles, et, chose étrange, Homère lui-même. Il s'ensuit une rigidité qui gêne surtout dans les dialogues tragiques, en particulier ceux du souple Euripide, mais quelque chose de la couleur et de la vigueur de l'original a passé dans ses versions. Son système de translittération phonétique des noms propres a irrité bien des lecteurs, mais après des siècles de transcription latine ou francisée des noms grecs, il y avait peut-être du mérite à appeler Œdipe Oidipous et Jocaste Iokasta. Ce qui a été dit de plus juste sur les traductions de Leconte de Lisle l'a été par André Gide : « On leur savait gré de leur rudesse et de cette petite difficulté de surface, parfois, qui rebutait le profane, en quêtant du lecteur une plus attentive sympathie. »

ple succession de lignes inégales qui trompent sur le fait que l'auteur, comme Monsieur Jourdain, s'exprime en prose) règne à peu près sans conteste sur la poésie occidentale, et, de révolutionnaire qu'il était, est devenu traditionnel. Tout se passe comme si les poètes de notre époque, plus sensibles aux signes des temps que l'homme de la rue et que ceux qui nous gouvernent, avaient été contraints de devancer dans leur propre domaine les fractures et les dissolutions du monde de l'avenir. (Les peintres et les musiciens en ont du reste fait autant.) Il en résulte qu'un grand nombre de lecteurs ont presque oublié qu'un poème puisse obéir à des lois aussi astreignantes et aussi complexes que celles qui gouvernent une symphonie ou un quatuor, voire une chorégraphie compliquée, se tracer d'un trait aussi sûr dans une matière aussi résistante que telle ciselure antique captive des vitrines de musée. Il s'agit, somme toute, de le leur rappeler à propos des poètes grecs de l'Antiquité, même si ce que le traducteur leur offre ressemble à la transcription pour piano d'une fugue de Bach, ou à l'impression sur plâtre d'une précieuse et dure intaille. Seul, le vers régulier, c'est à dire celui sur lequel un accord préalable existe entre poète d'une part et lecteur ou auditeur de l'autre, donne une idée d'un art où contraintes et surprises s'équilibrent, et où l'envol du poète, comme dans la danse le bond du danseur, se situe à l'intérieur d'une mesure comptée.

Mais qui dit métrique traditionnelle ne dit pas nécessairement absence d'innovations. (La nôtre, dans le passé, a sans cesse varié à l'intérieur de ses propres règles, les coupes et les rimes de Ronsard n'étant pas celles de Racine, et ni les unes ni les autres celles d'Hugo ou de Mallarmé.) Dans le cas qui nous occupe, il m'a paru que la rime, avec les assonances, les groupes de syllabes tantôt fortes, tantôt faibles, l'annonçant ou la répercutant à l'intérieur du vers, la vibration nette ou le filé délicat des terminaisons dites « masculines » et dites « féminines », représentait pour nous le meilleur équivalent des longues et des brèves, des temps faibles et des temps forts, de l'accent tonique et de l'accent métrique qui constituent la prosodie d'autres langues. D'autre part, il est certain que l'inexorable arrangement des rimes accolées deux à deux dans l'alexandrin, ou alternées dans les stances lyriques selon quelques schémas invariables, a été l'une des raisons du découragement des poètes français à l'égard de leur prosodie propre. C'est ce qui m'a fait, dans les narrations un peu longues, expérimenter avec la rime redoublée, triplée, parfois interne, souvent au contraire destinée à faire écho au bout d'une douzaine de lignes, donnant ainsi au poète plus de « jeu » dans l'établissement du vers ; les premières et les dernières lignes de fragments ont été laissées sans rimes correspondantes, pour marquer la cassure.

L'emploi très fréquent du rejet part du même souci : tâcher de faire couler la phrase le long du mètre, et en contrepoint de celui-ci, un peu comme une vigne court librement entre ses tuteurs. Dans les rares morceaux de grande poésie chorale que je me sois risquée à traduire, aucun vers régulier ne suffisant à l'ampleur du souffle, on trouvera çà et là des lignes de dix-huit, voire de trente syllabes, tentative moins aberrante qu'on ne croirait, puisque le vers de dix-huit pieds peut, par exemple, se scander en un vers de huit pieds flanqué d'un vers de dix pieds, le vers de trente pieds en deux alexandrins suivis d'un vers de six pieds. Ces rythmes néanmoins posent des problèmes au lecteur, qui hésite sur l'endroit où placer la scansion, et je suis retombée le plus souvent possible sur le calibre sûr de l'alexandrin.

La permission d'abréger se donne davantage au traducteur en vers qu'au traducteur en prose. Je crois pourtant ne l'avoir prise que là où, rendant le même texte en prose, j'eusse également été tentée de le faire.

Seul, un collectionneur d'anciens instruments de pêche se plaindra que la nomenclature de ceux-ci ait été écourtée dans *Les Pêcheurs*, supposés de Théocrite ; des *Notes* en fin de volume avertissent d'ailleurs de ces coupures. En de rares occasions, les noms de certains personnages obscurs, donateurs ou défunts dans une épigramme, ou comparses dans une narration romanesque, ont été supprimés ou changés en d'autres, plus faciles à glisser dans un vers français. Le lecteur verra dans les mêmes *Notes* que l'enfant appelé Théon dans ma version d'un distique de Callimaque se nommait Nicotélès. L'ajout, fût-ce d'un adjectif ou d'un simple adverbe, pour remplir un « creux », est une facilité plus dangereuse, excusable seulement quand le mot ajouté figure dans le vocabulaire du poète, ou, au moins, est de son temps, règle que j'ai de mon mieux essayé d'observer. En présence d'une allusion à un nom ou un fait trop connu du lecteur grec pour que le poète ait eu besoin d'insister, le traducteur hésite parfois entre une note au bas de la page ou une brève glose insérée dans le texte. J'ai choisi tantôt l'une, tantôt l'autre, des deux méthodes. Dans une épigramme d'Addée de Macédoine en l'honneur du roi macédonien Philippe II, le monarque se félicite qu'un seul prince de sa maison lui soit supérieur : son fils. J'ai nommé ce fils, le lecteur n'étant pas obligé de se souvenir sur-le-champ qu'il s'agit d'Alexandre. Ces quelques ajouts, eux aussi, sont mentionnés dans les *Notes*.

Homère — Hésiode

(Dates incertaines ; peut-être IXe siècle
et VIIIe siècle avant notre ère)

Les grandes œuvres épiques groupées sous le nom
d'Homère et l'œuvre didactique d'Hésiode sont en dehors des limites de ce recueil. On trouvera pourtant ici
quelques phrases tirées de *L'Iliade* et de *L'Odyssée*, les
unes associées à un épisode particulier de l'un des deux
poèmes, comme la mélancolique vision de la ruine de
Troie, évoquée par Hector qui combat sans espérer la
victoire, les autres au contraire simples lieux communs
épiques, fréquemment répétés au cours des divers
chants de l'un ou l'autre ouvrage. Souvent incorporés
ou imités par les poètes qui suivirent, souvent cités par
les Anciens à l'occasion d'événements comparables à
ceux qui forment le sujet des poèmes d'Homère, ces
quelques lambeaux de phrases expriment ce qu'on
pourrait appeler des constantes de la sensibilité hellénique, leitmotive dont ne se sont jamais lassées l'oreille ni
l'imagination grecques. De l'œuvre didactique d'Hésiode, empreinte d'une sagesse et d'une piété paysannes,
on n'a retenu ici que deux fragments, le premier, presque védique dans sa délimitation des trois âges de la
vie, le second sur les Muses, qui va loin dans la définition de la poésie elle-même.

Homère

... Et ils allaient, au bord des flots retentissants...

✦

... Le vent, bon compagnon, les poussait sur la mer...

✦

... Ulysse méditait devant la mer déserte...

✦

... Et Thétis s'élança, frôlant le dos des vagues,
Ainsi qu'une mouette...

✦

... Et le héros mourut, vaincu par l'âpre glaive
Et par la sombre Mort...

✦

... Les générations se succèdent et passent
Comme dans les forêts les feuilles...

❖

... Et les bûchers des morts et leur lourde fumée...

❖

... Car il viendra, le jour qui verra Troie en flammes
Et Priam abattu et son peuple tombé...

❖

... Et mieux vaut vivre esclave et de pain noir nourri
Que régner chez les morts...

Hésiode

Aux jeunes gens, les durs travaux ; aux hommes mûrs
La méditation et les conseils ; aux vieux,
La prière, et un cœur qui se souvient des dieux.

Cité par Valérius Harpocration,
Lexique.

LA THÉOGONIE

Les Muses parlent :

... Nous disons beaucoup de mensonges
Tout pareils à la vérité...

Mais s'il nous plaît, la vérité,
La vérité entière et pure,
Nous l'énonçons d'une voix sûre...

V. 27-28.

DE TYRTÉE À EMPÉDOCLE

Tyrtée

(VIIᵉ siècle avant notre ère)

Tyrtée est, avec Alcman, le seul poète de Sparte. Chose curieuse, ces deux hommes qui devaient exalter, l'un le génie guerrier de Lacédémone et ses hoplites tombés sur le champ de bataille, l'autre, son génie ludique, ses filles à demi nues courant et dansant, auraient été tous deux des étrangers adoptés par cette ville frappée, dirait-on, de poétique stérilité. Né, soit à Milet, soit à Athènes, « l'instituteur fou et boiteux », appelé à Lacédémone sur la foi d'un oracle, aurait relevé le moral des troupes au cours de la vingtième année de la seconde guerre de Messénie. Il contribua à la prise de Messène, victoire qui valut à Sparte un surcroît d'Hilotes, et conseilla, ce qui fut fait, de passer la charrue sur les ruines de la ville conquise.

L'appellation d'instituteur a induit en erreur les Anciens eux-mêmes : l'enseignement, dans cette Sparte primitive, consistait surtout en chants glorifiant les dieux, les ancêtres, et encourageant les hommes aux combats. Tyrtée fut pour Lacédémone une sorte de barde ou de *chaman*, insufflant aux guerriers un enthousiasme cru divin. De ses chansons de marche, rythmées par le son excitant des flûtes, peu de chose subsiste à la lecture et en traduction. On est frappé pourtant par deux caractéristiques très grecques : l'une est l'usage du *discours*, en contraste avec la poésie pré-logique d'autres

53

peuplades guerrières asiatiques ou africaines, aux accents plus sauvagement incantatoires ; l'autre, l'exaltation de la beauté adolescente ou virile ennoblie par la mort[1]. Plus sincère que la plupart des partisans des « guerres justes », il crie la joie qu'on éprouve à percer de part en part la poitrine d'un ennemi ; ses promesses de gloire posthume aux morts et de vieillesse honorée et privilégiée aux vétérans étaient sans doute moins creuses qu'elles ne le sont devenues par la suite chez les Anciens eux-mêmes. Sa description de la misère des fugitifs réfugiés en territoire étranger, ses vers apitoyés sur un vieux soldat tombé dans les rangs mettent dans cette œuvre dure un rudiment d'humanité. Composés à une époque où les lieux communs patriotiques étaient encore neufs, les vers de Tyrtée ne valent qu'à condition d'oublier la grandiloquente lignée des poètes qui non seulement célèbrent « ceux qui pieusement sont morts pour la patrie », mais encore nous assurent que « leur sort est le plus beau », ou déclarent « heureux les épis mûrs et les blés moissonnés », rhétoriciens sublimes qui ont abondé au moins jusqu'en 1914, avant qu'on s'aperçût que, dans une série de cataclysmes qui désormais passent notre imagination et nos forces, l'idéalisme n'a plus guère de place.

On a de Tyrtée environ cinq cents vers transmis par des auteurs anciens, et une cinquantaine de lignes très mutilées retrouvées à notre époque et provenant des papyrus du Fayoum. Le fragment qui suit nous a été conservé par l'orateur athénien Lycurgue, qui s'en servit au IVe siècle dans un patriotique réquisitoire contre un riche citoyen, accusé de s'être prudemment esquivé lors de la bataille de Chéronée.

1. En fait, Tyrtée emprunte presque littéralement à Homère sa description du jeune homme superbe dans la mort, comparé à cet objet de pitié et d'horreur qu'est un vieillard tué au combat. (*Iliade*, XXII, 71-76.)

... Pour un homme de cœur il est beau de mourir
    Pour son pays, luttant aux premiers rangs.
Celui qui fuit sa ferme avec ses vieux parents,
    Avec sa femme et ses pauvres petits,
Et s'en va mendier son pain aux étrangers,
    Le malheureux ! Nul ne lui vient en aide.
Quittant leur bonne terre et leurs murs bien bâtis,
    Lui et les siens, troupe faible et honnie,
Déshonorant leur race, asservis, outragés,
    Périront tous avec ignominie.
Donc, que chacun combatte, armé du fer tranchant,
    Pour sa cité, ses enfants et son champ !
Garçons, serrez vos rangs ! Honte à celui qui cède !
    Entraidez-vous ! Avancez flanc à flanc !
N'abandonnez jamais le vétéran qui tombe
    À vos côtés, ou trébuche en marchant !

. . . .

Car c'est pitié de voir un homme à barbe blanche,
    De ses deux mains pressant son ventre ouvert,
Succomber à vos pieds, et le sang noir s'épanche
    De son vieux corps, tristement découvert.
Mais le garçon qui meurt, jeune et beau, dans sa fleur,
    Aimé de tous, désiré par les femmes,
Reste envié, percé par le fer qui l'abat,
    Et son beau corps resplendit dans la mort.
Mordez-vous donc la lèvre, et, brandissant vos lames,
    Enracinés au poste de combat,
Combattez hardiment et sans rompre le rang...

Cité par Lycurgue l'Orateur,
Contre Léocrate, 107.

Chœur spartiate

(Date incertaine.
Probablement viie siècle avant notre ère)

Ces trois couplets que rythmait probablement, comme ceux de Tyrtée, une musique de flûte, se chantaient dans les fêtes publiques de Sparte, répartis entre trois chœurs composés respectivement de voix de vieillards, d'hommes faits et d'enfants. Jean-Jacques Rousseau, dans sa *Lettre à M. d'Alembert sur les spectacles*, les donne en exemple de poésie vertueuse et civique.

LE CHŒUR DES VIEILLARDS

Nous avons été jadis
Endurants, forts et hardis.

LE CHŒUR DES HOMMES FAITS

Nous le sommes maintenant
Prêts à braver tout venant.

LE CHŒUR DES ENFANTS

Et demain nous le serons
Et nous vous surpasserons.

Cité par Plutarque,
Vie de Lycurgue, 21.

Chanson de guerrier crétois

(Date incertaine ;
peut-être VIIe siècle avant notre ère)

Difficile à dater, comme presque tout ce qui est du domaine de la poésie populaire, cette chanson, attribuée à un certain Hybrias le Crétois, est évidemment de type très primitif. On retrouvera plus loin le même thème dans un fragment d'Archiloque.

Flaubert a traduit en prose ces quelques lignes, et en a fait dans *Salammbô* une chanson de marche de mercenaires.

... Avec ma lance et mon épée,
Je peux bien boire et bien manger,
Bien moissonner, bien vendanger.

Avec ma lance je gouverne ;
Le fermier tremble et se prosterne
Comme un vermisseau devant moi.

Je l'épargne ou bien je l'achève ;
Avec ma lance et mon bon glaive,
Je suis son maître et son Grand Roi.

Cité par Athénée,
Le repas des Sophistes, XV, 693.

Archiloque

(VIIe siècle avant notre ère)

On sait peu de chose d'Archiloque, que les Anciens mettaient au premier rang, et ce peu est en partie légendaire. Né à Paros, il semble avoir cherché femme et fortune dans l'île de Thasos, et y avoir eu surtout des déboires. C'est à Thasos qu'on place l'histoire du riche Lycambès qui lui refusa une de ses filles, et, harcelé par les vers insultants du poète, finit par se pendre avec celles-ci. Cette anecdote a fait à Archiloque une réputation de satiriste sauvage. Ce fut, à coup sûr, un maître de l'invective, mais la légende semble surtout traduire un état de société où les imprécations d'un poète ont encore valeur coercitive. Une autre tradition, assez confuse, l'associe à un certain Coeranus, qui aurait été son compagnon d'armes, et qui échappa à un naufrage, ramené à terre par un dauphin auquel il avait autrefois sauvé la vie. Nous sommes encore tout près du Pays des Fables.

Cet aventurier fit durant quelques années métier de mercenaire. C'est à la suite d'une campagne contre les Thraces qu'il composa le fameux poème sur son bouclier abandonné en plein champ au cours d'une déroute, impudent aveu qui lui valut, dit-on, de voir ses ouvrages interdits à Sparte comme dangereux pour la jeunesse. Quand on pense à l'injonction des mères lacédémoniennes : « Reviens avec ton bouclier ou étendu sur lui », on aime à croire qu'Archiloque réagissait contre ces lieux communs sublimes.

Il mourut jeune encore dans une rixe ou une échauffourée locale. Par l'entremise de la Pythie, Apollon chassa de son sanctuaire le meurtrier du poète et l'obligea à une expiation.

On a d'Archiloque près de deux cents fragments, mais dont la plupart se réduisent à de simples vocables cités par des grammairiens ou des lexicographes antiques. Quelques bribes de poèmes, d'une dizaine de vers tout au plus, donnent au moins une idée de son œuvre. Les genres en sont fort variés : chansons de guerre, chansons érotiques, chansons à boire, hymnes aux dieux, poèmes gnomiques dans lesquels le poète fait l'éloge de cette souple endurance qui fut toujours une vertu grecque, et enfin mordante satire. Le long fragment connu sous le nom d'*Inscription de Paros* semble partiellement se référer à l'histoire de Lycambès et à celle de Coeranus, mais le texte en est trop dégradé pour qu'on en puisse tenter une traduction suivie. Archiloque fut aussi un grand innovateur en matière prosodique. Pour les Anciens, un de ses titres de gloire fut l'invention de l'ïambe.

L'HOMME DE GUERRE

... Ma lance est ma boisson, ma lance est ma moisson,
Je festoie au banquet appuyé sur ma lance...

Cité par Athénée.
Le repas des Sophistes, XIV, 627.

LE BOUCLIER PERDU

Un Thrace a désormais mon bouclier superbe ;
    Il s'en pare ; il s'en fait honneur.
Soit ! Je l'avais, contre mon gré, jeté dans l'herbe ;
    Tant pis ! Je vis, j'ai le bonheur
De respirer. Quant à l'objet, laissez-moi rire ;
    Grand bien fasse à qui l'a conquis !
J'en trouverai un autre, et pas forcément pire...

Cité par Plutarque,
Des institutions de Sparte.

PORTRAIT DE KORÉ ARCHAÏQUE

... Entre ses doigts un brin de myrte et une rose,
Elle sourit, et ses cheveux comme un long voile
Couvrent sa nuque et ses épaules...

Cité par Ammonios,
Des synonymes (I, 1-2)
et par Synésius,
Éloge de la calvitie (I, 2-3).

LE DIEU JUSTICIER

... Apollon, notre roi, tu découvres les crimes
Et ne manques jamais de punir les méchants...

Cité par Macrobe, *Saturnalia*, I, 17.

LE MAL D'AIMER

... Me voici jeté bas par le cruel Désir,
        Sans âme, sans courage au cœur,
Jusqu'aux moelles brûlé, m'étant laissé saisir
        Par ce mal que les Dieux...
.... c'est le Désir, cher camarade,
Qui me détruit, lui qui vainc tout...

Cité par Stobée,
Florilège, 64, 12
et par Héphestion,
Traité des Mètres, XV, 9.

VERS GNOMIQUES

Cœur, mon cœur sans espoir, toi que les maux
                                    assiègent,
Résiste et défends-toi, sache éviter les pièges,
Et si tu vaincs, n'exulte pas, sois sans orgueil ;
Mais, vaincu, ne va pas gémir, menant ton deuil.
Supporte les malheurs et accepte les joies,
Puisque c'est le destin de toute créature
Et le rythme alterné de l'humaine aventure...

Cité par Stobée, *Florilège*, XX, 28.

L'ÎLE DE THASOS

... Une île en dos d'âne, et pour crins
        De maigres arbres...

Cité dans Plutarque, *De l'exil*, 12.

Alcman

(VIIᵉ siècle avant notre ère)

Alcman, dont l'origine est incertaine (les meilleures autorités le donnent pour Laconien, mais une vieille tradition le faisait naître en Asie Mineure), fut, presque autant que Tyrtée lui-même, le poète de Sparte. Il était, dit-on, de condition servile, mais fut affranchi par son maître quand se révélèrent ses dons poétiques. Il composa des poèmes destinés à être chantés et dansés par les participants aux Gymnopédies (chœurs d'adolescents nus), et particulièrement par les libres troupes de jeunes filles qui étaient une spécialité spartiate, fort décriée dans le reste de la Grèce, où l'on n'avait que faire de filles court vêtues prenant part à ces concours sur la place publique. On louait aussi beaucoup ses vers d'amour.

Il reste de lui quelque cent cinquante fragments, lambeaux de phrases plutôt que lambeaux de poèmes, recueillis par des érudits antiques curieux du vocabulaire dorien et des coutumes ou des légendes laconiennes. Quelques uns de ces morceaux sont assez étendus pour nous donner une idée de ses gracieuses ou puissantes descriptions de la nature sauvage, de sa gaieté d'homme simple alléché par un bon repas qu'on lui servira après un concours, et des sentiments tendres inspirés au poète par ses jeunes exécutantes. Le papyrus Mariette, à la Bibliothèque nationale, nous a rendu plus d'une centaine de vers d'un *parthénion* (chœur de jeunes filles), malheureusement très mutilé, et dont le charme tend à s'évaporer en français du fait d'allusions dont le sens en partie nous échappe. On a la sensation d'y entendre des voix suraiguës d'adolescentes s'époumonant contre le chœur rival, encourageant les danseuses et les monitrices bien parées, bien coiffées, comparées tantôt à des colombes, tantôt à des cygnes, tantôt à de vives pouliches. Alcman plonge dans ce grand monde naturel qui est resté celui de la poésie lyrique grecque jusqu'en plein Vᵉ siècle : un commentateur antique nous assure que c'est en écoutant le cri des perdrix que le poète aurait appris à composer ses chants.

AUX JEUNES FILLES DE SPARTE

... Ô bruyantes enfants, je suis vieux, je suis las ;
Parmi vos chœurs dansants je traîne en vain mes pas.
Si j'étais l'alcyon, prince des vagues pures,
Décrépit, et trop lourd pour mes ailes peu sûres,
Mes femelles, plaignant mon vol trop tôt fini,
De leurs corps rapprochés me formeraient un nid.
Et, sur le doux duvet moelleusement porté,
Moi, l'oiseau du printemps et du tranquille été,
Bleu comme l'eau des mers, je planerais...

Cité dans Antigone de Caryste,
Mirabilia, XXVII.

*

... La Muse et la Sirène,
Et leur chant haut et pur, et leur plainte sereine,
M'inspirent moins que vous, vierges...

Cité par Aristide,
De l'improvisation, II, 508.

*

... Ils dorment, les sommets et les ravins profonds
Et les forêts, les précipices, la vallée,
Et les êtres rampants qui naissent de la terre,
Et la bête des bois en son lit solitaire,
       Et les abeilles, race ailée ;
Et dans la sombre mer, sous l'écume et la houle,
Les monstres écaillés, et la légère foule
       Des vifs oiseaux sous la feuillée...

Cité dans Apollonius,
Lexique Homérique,
à propos du mot κνωδαλον (monstres).

*

... Fille de la lune et de l'air,
La rosée est propice à l'herbe
Que les chevreuils...

Cité dans Natalis Comes,
Mythologie, III, 255.

CHŒUR DE JEUNES FILLES
POUR LA FÊTE D'ARTÉMIS ORTHIA

... Ma cousine Hagésichore,
Ses cheveux couleur de soleil,
Tout lumineux, son teint pareil
À la blanche et brillante lune,
Gracieuse comme une pouliche
Galopant dans les champs en friche !

(Pour elle nos chants et nos cris !
Que lui soit décerné le prix !...)

Et près d'elle Agédo, qu'aucune
N'égale, qu'Artémis protège,
En tête du brillant cortège !
Nos colombes, nos camarades,
Plus splendides que les Pléiades
Ou que Sirius allumant
Ses feux le soir au firmament !

Et Nanno dont les tresses tombent
Sous un voile d'or et de lin,
Et Thalycis comme un poulain,
Et Phylilla comme un pur-sang !
Mais la plus belle, Hagésichore,
Au premier rang, dansant, chantant,
Monitrice aux fines chevilles,
Plus vive que toutes les filles !

Et moi, pareille à la chouette
Perchée à minuit sur un toit,
Je l'encourage à pleine voix,
Pour qu'on nous décerne le prix...

La voix d'Hagésichore porte,
(Moins douce, c'est vrai, et moins forte
Que le chant pur d'une sirène,
Car ce n'est qu'un chant de mortelle)
Comme à l'avant d'une carène
La ferme voix du capitan !

La voix d'Hagésichore est telle
Qu'un chant de cygne qu'on entend
Sur le Xanthe aux pépites d'or,
Et près d'elle cet or flottant
C'est la chevelure de...

Papyrus Mariette,
dans E. Diehl, *Anth. Lyr. Gr.* II, 83.

*

... Et l'affamé Alcman aime des aliments
Solides, de bons plats, rien de fin et de riche,
Du manger populaire...

    ... Des légumes, une miche,
Du bon froment bouilli, des raisins et du miel
Mêlés d'un peu de cire...

Cité dans Athénée,
Le repas des Sophistes, X, 416
et XIV, 648.

*

... Toi si pareille au lin en fleur...

Cité dans Cramer,
Inedita Oxford, I, 282.

Alcée

(VIIe et VIe siècle avant notre ère)

Alcée de Lesbos fut un poète, un soldat, et un partisan violemment engagé dans les dissensions civiques qui déchiraient son île. Il composa des *Hymnes*, des *Éloges*, dont l'un adressé à son frère, mercenaire dans l'armée de Nabuchodonosor, des chansons d'amour et de beuverie, et d'âpres satires politiques dans lesquelles il prenait à partie le tyran de son île, Pittacus, qui l'exila après avoir été son compagnon de lutte contre le précédent despote. Alcée fut, dit-on, en commandement des troupes de Mytilène durant une guerre contre Athènes, et ce fait rendait plus piquante encore la désinvolture avec laquelle cet homme, d'ailleurs fort brave, se félicite d'être rentré sain et sauf, abandonnant son bouclier sur le terrain. Mais Archiloque, on l'a vu, s'était vanté avant lui du même exploit. Cet aveu était déjà un lieu commun.

Ce qui subsiste des poèmes politiques d'Alcée témoigne d'un génie de l'invective point inférieur à celui d'Archiloque, mais ces textes chargés d'allusions, obscures pour nous, à des faits contemporains, et de plus terriblement détériorés, se prêtent mal à une traduction en vers. De son œuvre érotique, et en particulier des poèmes inspirés par le beau Lycus aux yeux noirs, à la

67

chevelure sombre[1], rien n'est parvenu jusqu'à nous. Deux lignes adressées à Sappho, contenant une sorte d'hésitante déclaration d'amour, et la réponse assez prude de la poétesse, ont survécu au contraire, mais leur authenticité est douteuse, et cette anecdote moralisante semble le produit d'un effort pour rapprocher après coup deux grands poètes du même pays et du même siècle.

Horace a beaucoup imité Alcée ; il lui a pris entre autres l'allusion devenue classique au bouclier perdu, et la joyeuse description d'amis buvant au coin du feu par un soir d'hiver. L'œuvre d'Alcée abonde en métaphores nautiques, empruntées aux dangers de la navigation sur la mer Égée. Comme Ibycos, comme Sappho, comme Anacréon lui-même, il est passionnément sensible au spectacle de la terre au printemps : ses vers nous restituent une Grèce encore riche en eaux courantes, en arbres, en oiseaux, sans rien de cette beauté dénudée et semi-aride qui constitue si souvent aux yeux de nos contemporains le charme par excellence du paysage grec, et qui est due surtout aux effets de l'érosion, de l'incurie, de l'éternelle barbarie de l'homme envers les espèces vivantes, et de l'usure de vingt-cinq siècles.

Il reste d'Alcée environ cent cinquante fragments légués par les grammairiens et les critiques de l'Antiquité. La plupart ne consistent qu'en une ligne isolée, un bout de phrase intéressant du point de vue de sa syntaxe ou de sa prosodie, ou simplement un vocable rare, mais une douzaine au moins, un peu plus étendus, nous permettent d'entrevoir les beautés de cette grande poésie lyrique disparue. Trente à quarante fragments nouvellement découverts, mais souvent très mutilés, sont venus s'ajouter à cette liste au XXe siècle.

1. Horace, *Odes*, I, 32, 3.

SUR LA LÉGENDE DU RETOUR D'APOLLON
À DELPHES
APRÈS UN LONG SÉJOUR DU DIEU
AUX PAYS HYPERBORÉENS

... Soleil, notre monarque, enfant du dieu suprême !
Zeus te donna la lyre et l'ardent diadème,
Et mit à ton service un quadrige de cygnes
Pour te conduire dans ta Delphes riche en sources
Où tu rendrais tes saints oracles... Mais tes courses
T'emportèrent, bien loin de là, sur les rivages
Des Hyperboréens dont tu fais tes délices...
Delphes pour toi institua des fêtes dignes
De ta splendeur ; pour toi, des jeunes gens dansèrent ;
Des musiques de flûte et des chants commencèrent.
Mais tu ne revins pas sur tes cygnes sauvages ;
Tu tardais... Il fallut qu'un à un s'accomplissent
Douze mois de l'année avant ton doux retour.
Enfin, tu reparus ! C'était le plus beau jour
D'un bel été, et les rossignols, les arondes
Chantaient, criaient de joie, et tes cigales blondes
Crissaient en ton honneur ; et les sources coulèrent
Et les fleuves luisants, Castalie aux eaux pures,
Et le Céphise heureux, enflant sa vague, surent
Que le dieu revenait...

Cité par Héphestion,
Traité des Mètres, 84.

PRÉPARATIFS DE GUERRE

.... On s'apprête
Pour le combat ; des monceaux d'armes, les reflets
Du bronze et de l'acier ; partout, dans le palais,
Des glaives, des poignards, des dards, outils de guerre ;

Contre les murs, aux crics, pendent des corselets,
La cuirasse de fer, le brassard, la jambière,
Et le jupon lamé d'airain. Les boucliers
S'entassent sur le sol entre les hauts piliers,
Et non plus les cithares...

> Cité dans Athénée,
> *Le repas des Sophistes,* XIV, 627 a.

À SON FRÈRE, MERCENAIRE EN ASIE

... Frère, tu reviens plein de gloire.
Babylone aux briques géantes
Te doit la paix et la victoire ;
Ton beau glaive au pommeau d'ivoire,
Aux extrémités de la terre,
A jeté bas...

> Cité dans Héphestion,
> *Traité des Mètres,* 63.

LE BOUCLIER PERDU

... Porte, noble hérault, au doux Mélanippus
Ces mots : « Ton cher Alcée est revenu de guerre,
Sain et sauf, et content. Quant à son bouclier,
Noble objet, en fuyant il l'a jeté à terre.
Ceux d'Athènes l'ont suspendu à un pilier
Du temple de Pallas... »

Cité dans Hérodote, V, 95.

SOIR D'HIVER

... Le ciel est bas ; le vent siffle, fouet divin,
Rabattant le nuage, et l'eau des sources gèle.
Allume un bon feu vif, mets du miel dans ton vin,
Dors sur les doux coussins oubliant...
... N'attends pas que la nuit fasse allumer la lampe ;
Seul un doigt de jour reste. Ô tendre et bel ami,
Prends sur le haut dressoir les coupes, et parmi
Les convives, faisons circuler...

Cité dans Athénée,
Le repas des Sophistes,
X, 430 a et X, 430 c.

ÉCRIT EN EXIL

Bois, mon Mélanippus, et oublie avec moi.
Que dis-tu ? J'ai passé l'Achéron, et n'espère
Revoir ni le soleil ni mon pays prospère.

Sisyphe l'a tenté et n'a pas réussi...
N'escompte rien d'heureux. Calme-toi. Vis ici.
Jamais nos cris d'appel ne furent entendus :
Ils ne le seront pas demain. Les biens perdus,
N'y pense plus. Ce lot nous est échu. Accepte.
Quand le vent est au nord, seul un pilote inepte
Met à la voile...

Oxyrhynchi Papyri, 1233, I, ɪɪ, 8-20.

SCÈNE DE PRINTEMPS

... Des fleurs s'entrelaçaient tout au long des allées
De chênes rajeunis et tout stridents d'oiseaux ;
Nourrices des raisins futurs, les claires eaux
Circulaient, descendant des hauteurs, en coulées
Douces ; les longs roseaux reverdissaient ; ailées,
Les créatures des rivages et des bois,
Le héron, le coucou à l'insistante voix,
S'installaient ; l'hirondelle assise sous la poutre
À ses petits donnait la becquée, ou, pressée
Par leurs aigres clameurs, voletait...

Oxyrhynchi Papyri, 1788, I.

*

... Notre ennemi est couché sous la terre :
Voici le temps du bon vin et des filles...

Cité dans Athénée,
Le repas des Sophistes, X, 430.

... Le vin, mon cher garçon, et dans le vin,
La vérité...

Cité dans une scholie
du *Banquet* de Platon, 217.

À UN AMI

...Tu m'as fait oublier mes maux...

Cité dans Héphestion,
Traité des Mètres, XIV.

Sappho

(VIIe et VIe siècle avant notre ère)

Sappho de Lesbos appartenait, semble-t-il, à une famille notable de Mytilène, capitale de l'île. La tradition lui donne un mari, dont nous ne savons rien, et une fille est mentionnée par un commentateur, mais la personne que Sappho appelle « mon enfant » dans un poème dont nous possédons quelques lignes, pourrait aussi bien avoir été une élève ou une amie. On lui prête aussi un frère qui fit commerce de vins en Égypte et dissipa ses biens avec une courtisane ; un écho de cette aventure paraît subsister dans des lambeaux d'épîtres au ton moralisant et grondeur adressées par Sappho à ce personnage.

Nous savons que la poétesse fut exilée de Lesbos à la suite de bouleversements politiques, et qu'elle y revint quand le parti vaincu reprit le pouvoir. Contrairement à la légende, qu'on discutera plus loin, elle mourut vieille, à en croire ses propres écrits, et l'image sans fard qu'elle présente de sa déchéance physique est probablement unique dans la littérature féminine[1].

---

1. Il faut noter toutefois que cet autoportrait peu flatté du poète et de l'amant vieilli est un poncif presque obligatoire qu'on rencontre aussi chez Alcman, chez Anacréon, chez Ibycos, et même chez Pindare. Ce qui le rend bouleversant chez Sappho, c'est l'expression presque maniaque du désir frustré chez une vieille femme ou une femme qui paraît vieille.

Des neuf poétesses grecques que la tradition antique, toujours dominée par les données mythologiques, a péniblement essayé de rassembler pour atteindre au nombre fatidique des Muses, Sappho est la plus illustre, et probablement la plus grande[1]. Les femmes éoliennes semblent avoir joui à l'époque d'une liberté considérable : la situation professionnelle de Sappho rappelle en tout point celle de poètes masculins s'entourant de disciples auxquels ils enseignaient leur art, organisant pour les fêtes publiques des représentations dansées et chantées. La poétesse paraît s'être fait une spécialité de chansons de noces où plaisanteries bon enfant et saillies licencieuses se mêlaient obligatoirement au pur lyrisme ; il en reste quelques lignes, et nous nous en faisons une idée d'ensemble grâce aux deux *Chants Nuptiaux* de Catulle, qui lui-même imitait Sappho. Elle composa aussi une *Andromaque*, et sans doute des poèmes traitant de légendes locales. Pour les Anciens comme pour nous, toutefois, Sappho demeure avant tout l'interprète de ses propres émois amoureux.

En ce qui concerne la vie privée de la poétesse, le rhéteur Maxime de Tyr, qui vivait au IIe siècle de notre ère, a bien observé que les relations passionnées entre Sappho et ses élèves sont identiques à celles de Socrate et de ses disciples[2], et, aurait-il pu ajouter, à celles de

---

1. Ces neuf poétesses furent : Érinna, dont on trouvera ci-après un fragment ; Corinne et Myrtis, deux Thébaines, la première fort célèbre, mais qui toutes deux semblent avoir pratiqué un art provincial assez traditionnel, et dont nous ne possédons presque plus rien : Télésilla d'Argos, jeune héroïne illustre pour un exploit guerrier autant que pour ses poèmes, aujourd'hui perdus ; Praxilla, dont nous n'avons que deux ou trois vers, et du mérite de laquelle les Anciens eux-mêmes ont parfois douté ; Anyté, dont il reste quelques épigrammes fort belles, qu'on lira plus loin ; Nossis, dont subsiste un quatrain charmant qui figure également dans ce recueil, et Moerô, dont nous ne savons rien. Ces neuf poétesses s'échelonnent du VIe au IIIe siècle avant notre ère.

2. Maxime de Tyr, *De l'érotique de Socrate*, 24.

nombreux poètes du ve ou du ive siècle avec leurs jeunes compagnons : Attys, Anactoria, Gongyla, et d'autres, ont été pour Sappho ce qu'Agathon et Charmide furent pour Socrate, ou ce que Théoxène de Ténédos a été pour Pindare.

Il faut noter pourtant quelques différences. Tout d'abord, nous n'avons de ces amours entre femmes qu'un seul témoignage féminin, celui de Sappho elle-même, au lieu des innombrables poèmes dédiés durant les grands siècles de la Grèce à des adolescents. Il va de soi, certes, que l'absence à peu près complète d'une littérature féminine, sur quelque sujet que ce soit, à partir du ve siècle, explique en partie cette carence[1]. De telles amours ont à coup sûr été fréquentes dans la quasi-réclusion du gynécée, et communes, comme partout, entre petites courtisanes, mais les vives saynètes de Lucien sur ce sujet et quelques touchantes anecdotes rapportées par Athénée sont d'époque fort tardive. Au ive siècle, seul le grand récit cosmogonique prêté par Platon à Aristophane dans *Le Banquet* mentionne les mêmes penchants à propos des indissolubles couples primordiaux, les uns mixtes, les autres entièrement mâles ou entièrement femelles, qui chercheraient depuis à se reconstituer. Partout ailleurs, tout se passe comme si l'homme grec s'était trop peu intéressé aux comportements féminins pour noter ceux-là. Les amours féminines sont absentes de l'épigramme antique, et, sauf erreur, de la peinture de vases, où l'érotisme s'impose sous tant d'autres formes. Quelques bas-reliefs représentant des corps nus et rapprochés de Bac-

1. Le sublime discours de Diotime, à la fin du *Banquet* de Platon, ne fait pas exception à cette règle, puisque transmis et sans doute composé par Platon lui-même. Nous ignorons si cette sage et éloquente Diotime a ou non existé. Ce discours prouve toutefois qu'un homme pouvait sans invraisemblance prêter à une femme de hautes méditations sur l'amour.

chantes assoupies, ou quelques vers de Chaerémon, cités plus loin, évoquent vaguement des contacts voluptueux moins précis que ceux du *Bain Turc* d'Ingres. La mythologie non plus n'offre pas l'équivalent féminin d'un Hyacinthe ou d'un Ganymède. L'unique légende se rattachant au même thème serait celle, peu représentée ou contée, de Zeus séduisant la nymphe Callisto sous l'apparence d'Artémis. Il résulte de tout ceci que, sauf dans la Lesbos de Sappho, et bien différente en cela de sa contrepartie masculine, cette forme de l'érotique grecque est restée dans l'ombre.

L'expression de l'amour est, en tout cas, chez Sappho, d'une délicatesse qu'on voudrait pouvoir dire spécifiquement féminine. Féminin aussi, l'aveu agité de la jalousie, tant professionnelle qu'amoureuse, dans ce petit monde d'amies et de musiciennes. Féminin, un sens quasi conventionnel des bienséances, qui lui fait mépriser une femme qui s'habille mal, et gourmander son frère ruiné « par une chienne de courtisane »[1]. Féminin, mais ionien surtout, le goût des parfums, des onguents, la passion des beaux vêtements presque égale à celle des beaux corps, et la langueur voluptueuse des poèmes d'amour, très proche de celle qui a imprégné de tout temps les mélopées de l'Asie Mineure. Quant au sens exquis des fleurs, des beaux aspects de la mer, du ciel nocturne et de la nature printanière, il lui est commun avec tous les poètes de son siècle. Elle les surpasse même par l'ampleur de ses comparaisons, qui font penser à celles du Psalmiste, contemporain après tout de cette civilisation d'Ionie. Ainsi l'évocation d'une armée en ordre de bataille et d'une escadre en plein vent pour décrire la beauté d'Anactoria. L'art de Sappho n'a rien de fade, de mou, ou d'artificiel.

1. Voir pour les poèmes concernant ce frère *Oxyrh. Pap.* 7, 427, et 1231.

La légende qui la fait mourir d'amour en sautant du rocher de Leucade naquit d'un malentendu. Phaon de Lesbos, personnage mythique, passeur de son métier, avait reçu d'Aphrodite le don de séduire les belles. Une citharède nommée Sappho, que le lexicographe Suidas distingue soigneusement de la poétesse, fit pour ce beau garçon le saut de Leucade, qu'on n'accomplissait pas d'ailleurs dans une intention de suicide, mais rituellement, dans l'espoir de remonter à la surface guéri de son amour : les plongeurs prudents se faisaient attendre au bas de la falaise par une barque[1]. Sappho versifia sans doute ce conte de son pays ; les poètes comiques athéniens furent peut-être les premiers à reprendre cette aventure sur le mode bouffon, en y mêlant la poétesse[2]. Il faut descendre jusqu'aux *Héroïnes* d'Ovide, écrites du temps d'Auguste, pour trouver l'histoire de Sappho et de Phaon sous la forme pathétique qu'elle a gardée à peu près jusqu'à nous dans la littérature, les beaux-arts, et les librettos d'opéra. Ovide imitait presque à coup sûr quelque élégiaque alexandrin de nous inconnu, mais c'est à l'immense vogue du poète latin pendant dix-huit siècles qu'on doit l'image de la belle désespérée, armée d'une lyre et flottant au fil de l'eau, qui a fini par aborder dans des vers de Baudelaire.

C'est aussi de notre temps, grâce au succès soudain de la psychologie, et plus tard de la psychanalyse, avec leur langage bien à elles, que la renommée populaire de Sappho allait prendre un aspect différent, moins erroné certes que celui qu'elle devait à une romantique histoire

1. Suidas, *Lexicon*, articles sur Phaon et les deux Sappho ; Strabon, *Géographie*, X, 452, description de Leucade ; Servius, *Commentaires sur l'Énéide*, III, 279.
2. Il y eut, entre autres, un *Phaon*, de Platon le Comique, composé environ deux siècles après l'époque de la poétesse. Plus tard encore, *La femme de Leucade*, de Ménandre, mais qui traitait peut-être de la Sappho du conte.

de suicide, mais également extérieur à son poétique génie : le mot *sapphique*, qui avait jusque là désigné une forme de prosodie chère à la poétesse de Lesbos, ou inventée par elle, et le mot lesbien, resté principalement d'acception géographique[1], allaient désormais signifier l'amour de la femme pour la femme à une époque où, il est vrai, on lit de moins en moins la poétesse, mais où l'on éprouve de plus en plus le besoin de systématiser les comportements humains.

La poésie de Sappho fut très goûtée des Anciens, de son quasi-contemporain, Solon, qui apprenait ses vers par cœur, à Julien l'Apostat, qui la cite encore. Les Byzantins des VIe et VIIe siècles de notre ère semblent avoir possédé au grand complet ses poèmes, déjà vieux d'environ douze cents ans, mais dont beaucoup, croit-on, disparurent ensuite dans les bûchers de livres allumés par les moines de Constantinople[2]. Jusqu'à nos jours, on n'avait d'eux que quelque cent cinquante fragments transmis par des écrivains antiques, beaucoup d'entre eux consistant, comme pour Anacréon ou Alcée, en un lambeau de phrase ou en un vocable isolé, et les autres variant de deux à trente lignes. Une quarantaine de textes retrouvés en Égypte sont venus désormais s'y joindre. On y rencontre, entre autres, ses aveux inoubliables, déjà cités plus haut, de femme qui vieillit. Extrêmement mutilés toutefois, ces morceaux n'offrent souvent un sens consécutif que grâce aux conjectures ingénieuses de quelques grands philologues.

---

1. Excepté peut-être chez Aristophane, *Les Grenouilles*, 1308.
2. Voir sur ces destructions le témoignage de Démétrius Chalcondylas, cité par J. M. Edmunds, *Lyra Graeca*, 1945, III, 679.

ODE À APHRODITE

Aphrodite au char blanc tiré par des colombes,
Ô terrible, ô rusée, ô tourment des humains,
Empêche que mon âme et mon corps ne succombent ;
    Je tends vers toi mes mains.

Fais halte en plein espace et dis : « Qui donc est-elle ?
Je prendrai ton parti ; son cœur sera brisé.
Elle courra vers toi, et tu la verras telle
    Qu'un jouet méprisé.

À son tour de souffrir, à son tour de connaître
Les pleurs, l'attente vaine, et les tristes aveux,
Et de t'aimer, Sappho, malgré soi, et peut-être
    Plus que tu ne le veux... »

Cité dans Denys d'Halicarnasse,
De la composition littéraire, 23.

*

... L'amour m'agite, hélas, comme le vent secoue
Le tronc d'un jeune chêne...

Cité par Maxime de Tyr,
De l'érotique de Socrate, 24, 9.

*

... Il est pareil aux dieux, l'homme qui te regarde,
Sans craindre ton sourire, et tes yeux, et ta voix,
Moi, je tremble et je sue, et ma face est hagarde
      Et mon cœur aux abois...
La chaleur et le froid tour à tour m'envahissent ;
Je ne résiste pas au délire trop fort ;
Et ma gorge s'étrangle et mes genoux fléchissent,
      Et je connais la mort...

Cité par Longin, *Traité du Sublime*, 10.

*

... Et je ne reverrai jamais ma douce Attys.
Mourir est moins cruel que ce sort odieux ;
Et je la vis pleurer au moment des adieux.
Elle disait : « Je pars. Partir est chose dure. »
Je lui dis : « Sois heureuse, et va, car rien ne dure.
Mais souviens-toi toujours combien je t'ai aimée.
Nous tenant par la main, dans la nuit parfumée,
Nous allions à la source ou rôdions par les landes.
J'ai tressé pour ton cou d'entêtantes guirlandes ;
La verveine, la rose et la fraîche hyacinthe
Nouaient sur ton beau sein leur odorante étreinte ;
Les baumes précieux oignaient ton corps charmant
Et jeune. Près de moi reposant tendrement,
Tu recevais des mains des expertes servantes
Les mille objets que l'art et la mollesse inventent
Pour parer la beauté des filles d'Ionie...
Ô plaisir disparu ! Joie à jamais finie !
L'éperdu rossignol charmait les bois épais,
Et la vie était douce et notre cœur en paix... »

Berliner Klassikertexte, p. 9722.

❖

... Rien n'est plus beau, dit l'un, qu'une imposante
armée ;
L'autre : rien n'est plus beau qu'une escadre en plein
vent.
Rien n'est plus beau pour moi que le cœur de l'aimée.
Chacune fait son choix et risque en le suivant
Des enfants, des parents, un nom, des biens quittés ;
Hélène pour Pâris fit brûler des cités.
Le doux bruit de tes pas, ton beau visage tendre,
J'aimerais mieux le voir, j'aimerais mieux l'entendre
Que le char du Grand Roi et sa garde d'honneur.
Hélas ! Nul être humain n'a longtemps son bonheur,
Mais cet étroit lien que l'Amour a lié,
Mieux vaut le regretter que l'avoir oublié...

Oxyrhynchi Papyri, 1231, I, 1.

❖

... La lune au ciel finit sa course,
Le Grand Chien, les Pléiades, l'Ourse
Pendent en bas du ciel pâli...
Déjà ! Et toujours seule au lit...

Cité dans Héphestion,
Traité des Mètres, 70.

... L'étoile du matin enlève à leur bercail
L'agneau et le chevreau, et l'enfant à sa mère.
Mais l'étoile du soir se lève et les ramène...

Cité par Démétrius,
De l'Éloquence, 141.

FRAGMENTS D'ÉPITHALAMES

I

... La pomme, sur la branche haute,
Pend toujours... Mais à qui la faute ?
Sur l'arbre, durant la cueillée,
Cueilleurs, l'avez-vous oubliée ?
Fruit rose sous la verte feuille,
Elle est trop haut pour qu'on la cueille...

Cité dans Hermogène,
Des espèces de style, I, 1.

II

... Innocence, tendre vertu,
Mon innocence, où donc es-tu ?

— Partie, emportée, envolée,
À jamais je m'en suis allée...

Cité par Démétrius,
De l'Éloquence, 140.

... En avant, les hautes poutres !
  Fêtons les noces !
Érigez-les, charpentiers !
  Fêtons les noces !
Le marié est un géant !
  Fêtons les noces !
Quel homme, amis ! Comme il est grand !
  Fêtons les noces !

 . . . .

Et le portier, quels pieds il a !
  Chacun sept brasses !
Et pour chacun cinq peaux de bœufs !
Il a fallu dix savetiers
Pour lui fabriquer ses sandales !...

Cité dans Démétrius,
De l'Éloquence, 148,
et dans Héphestion,
Traité des Mètres, 45.

FRAGMENT DE CHANSON

... Ma mère, ô tendre mère, ô ma mère indulgente,
Je n'ai plus rien filé, je n'ai plus rien tissé,
Car j'aime un beau jeune homme et mon cœur est
          blessé...

Cité dans Héphestion,
Traité des Mètres, 65.

Notre Anactoria, Attys, s'en est allée.
Gardant de vos beaux jours l'image inconsolée,
Elle qu'émerveillait la douceur de ta voix,
Qui fit de toi son miel et sa pure ambroisie,
Elle habite aujourd'hui dans la lointaine Asie.
Comme la lune au ciel, calme, suivant sa voie,
Changeant la sombre mer en ruisseau de lueurs
Et versant sa rosée au cœur fragrant des fleurs,
Pâlit autour de soi les feux vifs des étoiles,
Ainsi son beau regard et son front souriant
Éclipsent la splendeur des femmes d'Orient.
Mais son âme est meurtrie et ses regards se voilent ;
Elle t'appelle, Attys, et son cri et sa plainte
Arrivent jusqu'à nous portés par la nuit sainte...

Berliner Klassikertexte, p. 9722, 5.

*

... Apporte ta cithare, et viens ce soir, ma rose,
Ô toi dont la présence attendrit tous mes sens !
Mon cœur s'attache à toi, et les plis caressants
De ta tunique sont assez pour m'enflammer.
Aphrodite est cruelle en nous forçant d'aimer,
Mais fasse que bientôt ses faveurs me ramènent
La plus chère à mes yeux des figures humaines...

Oxyrhynchi Papyri, 1231, 15.

... N'insultez pas, enfants, la Muse à la voix pure
En m'offrant vos présents et vos verts diadèmes :
L'âge a ridé ma peau, et sous mes lèvres blêmes
Peu de dents tiennent bon ; quant à ma chevelure,
Ses épis noirs jadis sont aujourd'hui tout blancs.
Je ne me soutiens plus sur mes jarrets tremblants,
Moi qui jadis dansais parmi vous, ô mes sœurs,
Vive comme le faon, le plus vif des danseurs.
Mais, ô belles, qu'y puis-je ? Hélas l'ombre étoilée
Et le jour qui la suit ou bien qui la précède
Nous traînent à la mort. À la mort chacun cède.
Mais je désire encor... Mon âme désolée
Goûte encor le soleil et les fleurs printanières.
Les bêtes vont mourir au fond de leurs tanières,
Mais je veux jusqu'au bout savourer la clarté
Et vous aimer...

Oxyrhynchi Papyri, 1787, 1 + 2, II[6].

❊

... Si mon ventre aujourd'hui était encor fécond,
Si mes seins fatigués permettaient que j'allaite,
On me verrait courir, le corps et l'âme en fête,
Vers les noces, et leurs flambeaux, leur lit profond...
Mais ma face est ridée, et l'Amour doux-amer
N'approche plus de moi...

Oxyrhynchi Papyri, 1231, 10
(peut-être fragment d'un Épithalame).

... Tu m'oses préférer la rustique drôlesse
Qui ne sait pas draper sa longue robe, et laisse
Paraître ses mollets...

Cité dans Athénée,
Le repas des Sophistes, I, 21.

*

... Vous vous cachiez, enfants, au pied du laurier som-
bre,
Vous vous dissimuliez sous son grand manteau d'om-
bre,
Quand je passais, hier, allant vers la cité.
Et moi, je vous voyais, j'ai vu votre beauté,
Et ce vin du regard, je l'ai bu à longs traits.
Ceux qui m'accompagnaient, où étaient-ils ? Distraits,
Mes yeux allaient vers vous ; et je n'entendais plus
S'échanger près de moi les propos superflus.
Ô rumeurs de l'amour, clairs et sereins attraits,
Destin dont j'ai vécu, dont il faut que je meure...
Et j'aurais approché, quand dans votre demeure
Vous aviez disparu, repoussant les verrous...
Mais je vous vois encor, vos fronts, vos bras si doux,
Et vos clairs vêtements, aimés puisqu'ils sont vôtres,
Et j'en frémis toujours...

Oxyrhynchi Papyri, 1787, 3, 3.

... Le troupeau en passant a brisé la jacinthe ;
Elle fleurit encor contre le sol couchée...

Cité dans Démétrius, Du Style, 106.

✢

... Et puisses-tu dormir aux doux bras d'une amie...

Cité dans
Etymologicum Magnum, 250, 10.

À ATTYS

... Je t'aimais, mon Attys, quand mes jeunes années,
Vierges, étaient de fleurs tendrement couronnées,
Et toi, petite enfant, gauche...

Cité par Terentianus Maurus,
Traité de la Métrique, 6.

✢

Mes paroles ne sont qu'un souffle, un air léger,
Mais douces...

Inscrit sur un rouleau de papyrus que
Sappho tient à la main, sur un vase grec du
Ve siècle. MUS. ITAL. ANT. CLASS.
VI.

*

... Car j'aime la beauté et l'éclat du soleil
Et la grâce charmante...

Cité dans Athénée,
Le repas des Sophistes, XV, 687.

À SA FILLE, AVANT DE MOURIR :

... Il ne sied pas de sangloter dans la maison
Consacrée à la Muse ; ainsi, ne pleure pas,
Enfant...

Cité dans Maxime de Tyr,
De l'érotique de Socrate, 18.

Érinna

(Date incertaine)

La date d'Érinna flotte du VIᵉ au IVᵉ siècle : peut-être y eut-il deux Érinna, toutes deux poétesses. Certains commentateurs antiques la font naître à Rhodes, d'autres dans une petite île de l'archipel ionien, d'autres à Lesbos, mais dans les rares fragments qu'on a d'elle, Érinna parle dorien, ce qui la situerait dans le Péloponnèse ou dans la Grande-Grèce. Un lexicographe alexandrin en fait une amie ou une élève de Sappho, mais Érinna n'est pas nommée dans les vers qui nous restent de la poétesse, et pas davantage dans les autres textes concernant celle-ci ; et cette assertion ne traduit sans doute que l'habituel désir de mettre en contact deux personnages connus et par certains côtés similaires. Érinna devint pour quelques poètes et lettrés alexandrins, en particulier pour Callimaque, l'objet d'un culte irritant pour ceux qui n'étaient pas du cénacle, mais on doute s'ils exaltaient ainsi une quasi-contemporaine, imitant avec art des formes et des tours déjà archaïques, comme ils se plaisaient à le faire eux-mêmes, ou s'ils ravivaient une mémoire datant déjà de plusieurs siècles.

Tout ce qu'on sait est qu'Érinna mourut à dix-neuf ans, laissant ainsi une touchante légende de poétesse disparue jeune. Elle avait écrit un ouvrage intitulé *La*

Quenouille, dédié à une amie morte, dont proviennent les lignes qui suivent, et dont les fouilles d'Égypte ont ramené à la lumière une vingtaine de vers évoquant les jeux enfantins des deux petites filles, fort analogues à ceux de fillettes d'aujourd'hui. L'*Anthologie Palatine* a sous le nom d'Érinna trois épigrammes, mais leur authenticité n'est pas sûre.

LA QUENOUILLE

I

... Poisson, poisson-pilote, aimé des matelots,
Guide ma tendre amie en route sur les flots...

Cité dans Athénée,
Le repas des Sophistes, VII, 283.

II

... Femmes aux blancs cheveux tout fleuris de
                                               vieillesse,
Parlant bas...

Cité dans Stobée, *Florilège,* CXV, 13.

III

... Dans le vide d'en bas l'écho en vain dérive,
Et se tait chez les morts. La voix s'épand dans
                                               l'ombre...

Cité dans Stobée, *Florilège,* CXVIII, 4.

Solon

(VIIe et VIe siècle avant notre ère)

L'Athénien Solon, l'un des traditionnels Sages de la Grèce, appartenait au puissant clan aristocratique des Eupatrides. Détaché d'étroits préjugés de caste par les voyages et le commerce d'outre-mer, moderne au sens perpétuel du mot, il travailla à mettre fin aux abus du groupe oligarchique dont il sortait. Devenu archonte vers 594, il promulgua sa fameuse constitution qui tendait à maintenir l'équilibre entre les deux types de citoyens, réduisit les dettes grâce à un abaissement du taux monétaire, interdit que le débiteur insolvable et sa famille fussent vendus comme esclaves, assouplit les rigueurs légales en établissant le droit d'appel, favorisa la moyenne et la petite propriété aux dépens de la grande, et installa l'assemblée populaire des Quatre-Cents à côté de l'antique Aréopage.

Il ne faudrait pas faire de Solon un démocrate à notre manière ; il est néanmoins l'un des exemples les plus parfaits du réformateur parti d'en haut. Ses réorganisations contribuèrent à faire d'Athènes une république commerçante ouverte aux idées nouvelles, avec ce qu'un tel état de choses présuppose d'instabilité politique, mais aussi d'audaces, d'innovations, et de relative liberté. Ses lois criminelles mitigeaient la sévérité du code draconien qu'elles remplaçaient. Une ordonnance curieuse est celle qui privait de la citoyenneté l'homme resté neutre en temps de dissensions civiques.

La forte personnalité de Solon réunit en elle nombre de traits en apparence contradictoires. Ce chef qui s'efforça d'établir l'ordre et la prospérité dans Athènes, ce moraliste qui prône la modération et la justice est sans illusion sur la valeur finale de la condition humaine ; ce sage appréciait à leur prix l'argent et la gloire ; ce législateur qui en matière de morale sexuelle passa des lois parfois rigoureuses[1] glorifie avec la franchise de son temps et de sa race tous les plaisirs des sens ; ce croyant qui honore les dieux sait qu'en grande partie le bien et le mal viennent des hommes. Enfin, ce réaliste est à sa manière grand poète. On a de lui une quarantaine de fragments, certains fort longs, de type élégiaque, c'est à dire méditatif, ou gnomique. Ce qui reste d'un poème résumant son œuvre politique est d'un grand intérêt pour l'historien et le sociologue. Le fragment décrivant les effets de l'*Hybris*, c'est à dire des excès de la violence et de la cupidité humaines, demeure d'une vérité redoutable, quels que soient les châtiments divins auxquels on croit ou auxquels on a cessé de croire, et semble particulièrement pertinent aujourd'hui.

Sitôt ses réformes accomplies, Solon s'exila d'Athènes, évitant de lier le sort de sa constitution à son gouvernement personnel. Il mourut octogénaire à Chypre, et demanda, requête insolite, que sa cendre fût dispersée au vent sur l'île de Salamine, qu'il avait contribué à conserver aux Athéniens durant une guerre avec Mégare.

---

1. Elles s'inspiraient d'une logique qui n'est plus la nôtre. Peine de mort pour l'adultère pris sur le fait ; simple amende pour le viol ou la séduction ; peine de mort pour l'adulte s'introduisant sans juste prétexte dans un gymnase réservé aux enfants ; défense aux hommes libres d'aimer un jeune homme de condition servile ; défense à un père ou à un frère de prostituer une fille ou une sœur encore vierge. Ces prescriptions disparates, les unes farouches, les autres indulgentes, faisaient sept siècles plus tard l'étonnement de Plutarque.

LES ANNÉES D'UNE VIE

Sept. L'enfant perd ses dents et d'autres les
                                            remplacent
Et son esprit s'accroît. Sept ans encor se passent
Et son corps florissant se prépare aux amours.
Trois fois sept : sa vigueur va grandissant toujours
Et sur sa fraîche joue un blond duvet se lève.
Sept encore : il est mûr pour les travaux du glaive ;
Son esprit et son corps sont tous deux accomplis.
Cinq fois sept : il est temps que vers de justes lits
Il tourne sa pensée et choisisse une femme.
Six fois sept : il a su, enrichissant son âme,
Vivre, penser, combattre, obtenir, s'efforcer ;
S'il le fallait, sans deuil il pourrait renoncer
Aux biens trop éloignés, au but peu accessible,
Content dorénavant de jouir du possible.
Sept fois sept, huit fois sept : son aisance est suprême ;
Il s'impose à autrui, il se connaît soi-même ;
Neuf fois sept : tout en lui a gardé sa fierté,
Mais sa voix au conseil est désormais moins sûre,
Il sent diminuer sa vieille autorité.
Dix fois sept : de la vie il a pris la mesure :
Il va pouvoir dormir avec sérénité.

Cité dans Philon, *Sur la Genèse*, 24.

SUR SA CARRIÈRE D'HOMME D'ÉTAT

. . . .

Ô Temps, sois mon témoin ! Et toi, ô noire Terre,
Mère de tous les dieux ! Toi que j'ai délivrée

Des bornes dont tu fus bassement encombrée
Par les accapareurs ! Toi que j'ai affranchie !
Redressant la Justice indignement gauchie,
J'ai ramené dans leurs foyers par Zeus bâtis
Les exilés, innocents ou non, engloutis
Dans le malheur, vendus, chassés, ou bien partis
D'eux-mêmes, et si longtemps errant à l'étranger
En proie à la misère, au malheur, au danger,
Qu'ils avaient oublié la langue de leurs pères !
Et d'autres qui tremblaient sous un injuste maître,
Ici même, opprimés, je les ai fait renaître,
Et de nouveau, grâce à mes lois, les voilà libres !
J'ai réparé, j'ai joint, j'ai rapproché les fibres,
Aidant les pauvres, juste envers les gens prospères,
En haut ainsi qu'en bas, j'ai placé l'équité.
Un cupide ou un lâche eût peut-être hésité
Sans savoir diriger et tenir en respect
La foule. Je n'ai pas, pour être moins suspect
À certains, transigé, pactisé ; quand les chiens
Attaquent, le loup les tient en respect ; les biens
Reçus grâce à mes lois, ils n'osaient en rêver,
Et de meilleurs que moi vont plus tard m'approuver.
J'empêchai que chacun, à son gré, n'écrémât
Le lait de tous. Et quand la colère enflamma
Les deux partis, moi seul, entre eux, médiateur,
Je me tins...

Cité dans Aristote,
De la Constitution d'Athènes,
XII, v. 3-37.

SUR LES BIENS MAL ACQUIS

. . . .
Muses, accordez-moi la fortune et la gloire !
. . . .

La richesse me plaît, mais quand aucune noire
Action n'amassa des biens alors honteux.
Les dons venus du ciel sont complets et sont sûrs ;
Ils demeurent. Mais quand, iniques, brutaux, durs,
Les hommes par la force arrachent bassement
Ces mêmes biens, on voit venir le châtiment.
Ces trésors, ces succès sont mêlés de débâcle ;
Ainsi le feu, d'abord plaisant, brillant à l'œil,
Grandit soudainement, portant ruine et deuil.
Car tout excès sauvage est de peu de durée.
Les nuages noircissant la voûte azurée
Par l'ouragan d'en haut sont chassés brusquement ;
Et la moisson périt, et la mer se courrouce.
Puis, l'orage passé, la terre grasse et douce
S'étale de nouveau sous le ciel éclairci.
Et la noire nuée a disparu. Ainsi,
Zeus se venge, et rétablit l'ordre. Mais sans hâte ;
Il n'a pas comme nous à se presser. Il mate
Et punit sûrement. Aujourd'hui, ou demain,
Ou plus tard, l'homme injuste expire sous sa main.
Et si, pourtant, le misérable par miracle
Échappe à son destin, la rétribution
Est pour ses fils, ou pour la génération
Qui suit, car l'innocent paie alors pour le crime...

Cité dans Stobée,
Florilège, IX, 25, v. 1. 7-34.

*

... Car le dessein des dieux est invisible à l'homme...

Cité par Clément d'Alexandrie,
Stromata, 129, 6.

*

... Les Muses, et Bacchus, et Cypris me sont chers,
Car de leurs arts savants naît le bonheur humain.

Cité dans Plutarque, De l'Amour, V.

*

... Tout homme en ses beaux jours cherche pour s'en
éprendre
Un doux garçon aux souples flancs, au baiser tendre...

Cité dans Plutarque, De l'Amour, V.

*

De beaux enfants, de bons chevaux, d'excellents
chiens,
Sont pour l'homme ici-bas les plus insignes biens,
Les plus doux, les plus sûrs. Et, en cas de danger,
Un ami au cœur ferme en pays étranger.

Cité dans Platon, Lysis, 212.

*

Chacun souffre. Ô soleil, dans ta course entraîné,
Tu n'aperçois d'en haut que des infortunés.

Cité dans Stobée, Florilège, 98, 24.

97

Inscriptions versifiées
du VIe siècle

Ces quelques inscriptions, versifiées par des auteurs pour la plupart anonymes, ont pour caractère commun d'être authentiquement des *épigrammes*, au sens étymologique du mot, c'est à dire de brèves phrases inscrites sur un monument, pierre tombale, base de statue, ou ex-voto placé dans un temple. Elles ne sont qu'accessoirement des poèmes. Certes, de grandes épigrammes « littéraires », comme celles de Simonide, datées de la fin du VIe et du début du Ve siècle, furent aussi, et peut-être dans la majorité des cas, gravées sur la pierre. Ce n'en sont pas moins des poèmes, à jamais marqués par le style particulier de leur auteur, et destinés à figurer un jour dans le recueil de ses œuvres. Plus tard, les innombrables épigrammes votives ou funéraires alexandrines ou gréco-romaines, bien que souvent, sans doute, rédigées pour une tombe réelle ou une offrande véritable, assument surtout l'apparence de brefs « morceaux » littéraires travaillés avec soin, parfois même d'ingénieux tours de force poétiques et prosodiques, plus ou moins indépendants de leur fonction primitive. Ici, au contraire, nous avons simplement ce que des gens du VIe siècle tenaient à écrire, ou à faire écrire par un versificateur de leur connaissance, sur la tombe d'un défunt ou sur un objet consacré aux dieux.

Le mot « passant » ou « voyageur » qui figure fréquemment sur les épitaphes risque de sembler au lecteur moderne un cliché oratoire. Il cesse de paraître tel dès qu'on se souvient que les tombes n'étaient pas placées dans des cimetières à l'écart des vivants, mais, comme plus tard à Rome les sépulcres de la Voie Appienne, alignées sur la grand-route, aperçues des voyageurs, frôlées des passants, et parfois écornées par la roue d'un char.

La majorité des épigrammes qui suivent sont funéraires ; deux seulement sont dédicatoires. L'une figurait jadis sur le seuil du gymnase de l'Académie, à Athènes, et atteste l'habitude, si souvent mentionnée par les Anciens, d'ériger une statue d'Éros à l'entrée des palestres. L'Hippias, aimé de Charmus, à l'intention de qui avait été dédiée cette image, est l'un des deux fils de Pisistrate, tyran d'Athènes, dont le nom remplit la chronique du temps, et c'est à cet autel d'Éros qu'on allumait traditionnellement la torche pour la course aux flambeaux. Quant à la seconde inscription votive, elle tient tout simplement lieu d'une signature, et prouve à quel point, à l'époque, l'art du fondeur de bronze était encore un artisanat de type familial. De nos jours, où l'artiste renonce de plus en plus à être un homme de métier, modestement fier d'hériter d'une tradition, ce témoignage d'une civilisation différente fait rêver.

INSCRIPTION FUNÉRAIRE, ATHÈNES

Cléotas dort ici. Pleure sur son tombeau,
Voyageur. Il mourut tout jeune ; il était beau.

Kaibel, *Epigramm. Graeca
ex lapid. Collecta,* Add.I.*a.*

AUTRE INSCRIPTION
FUNÉRAIRE, ATHÈNES

Passant tout plein de tes projets, joie ou souci,
Arrête-toi, et plains Thrason qui gît ici.

Geffcken, Griech. Epigr., 41.

TOMBEAU DE JEUNE FILLE,
ATHÈNES

Je suis vierge à jamais. On eût fêté mes noces,
Mais les dieux brusquement m'ont alloué ce lot.

Kaibel, Epigramm. Graeca
ex lapid. Collecta, VI.

INSCRIPTION FUNÉRAIRE,
CORINTHE

Deinias dort ici. L'âpre mer fut sa perte.

Kaibel, Epigramm. Graeca
ex lapid. Collecta, 463 a.

SUR UN AUTEL DE L'AMOUR
ÉRIGÉ À L'ENTRÉE
D'UN GYMNASE PAR CHARMUS,
AMANT D'HIPPIAS

Amour, maître de jeux et de savoirs divers,
Charmus t'honore ici parmi ces arbres verts.

Cité dans le commentaire d'Anticleidès
sur Athénée,
Le repas des Sophistes, XIII, T 609.

INSCRIPTION PAR DEUX SCULPTEURS
ARGIENS SUR DEUX STATUES
D'ATHLÈTES OFFERTES
EN EX-VOTO À OLYMPIE

Eutémidas, Chrysanthémis, tous deux natifs
D'Argos, étant instruits de notre art par nos pères,
Avons exécuté ces monuments votifs.

Cité par Pausanias,
Description de la Grèce, VI, 10, 2.

La poésie des Oracles

(VIIe, VIe, Ve siècle avant notre ère)

L'époque où furent instituées à Delphes les consultations oraculaires demeure incertaine. On croit savoir que la déesse Terre flanquée de son fils le serpent Python y rendait des oracles avant Apollon, qui les remplaça. Il n'est pas question d'oracles delphiques dans Homère, où ce sont les devins comme Calchas et Tirésias qui tiennent l'emploi prophétique ; Delphes n'est pas nommée, mais mention est faite de la sainte Crissa, nom du territoire où se trouvait le sanctuaire, et d'un splendide édifice consacré à Apollon Pythien. D'autre part, dans l'antique légende d'Œdipe, du moins telle que nous la connaissons par Sophocle, l'oracle de Delphes joue par deux fois un rôle essentiel.

La grande époque de prestige et de popularité de l'Oracle semble se situer entre le VIIe et le début du Ve siècle. Hérodote a conservé un certain nombre de textes émanant de la Pythie delphique. Probablement apocryphes ou plutôt énormément remaniés, ils datent, soit du VIe siècle, comme la prétendue réponse à une question du roi Crésus, dont il sera parlé plus bas, soit de l'époque des guerres médiques, durant lesquelles l'Oracle fournit aux États grecs d'obscurs et tortueux avis qui, une fois éclairés des feux de la victoire, parurent rayonner d'une lumière divine. Ces morceaux, si peu authentiques qu'ils soient dans la forme où ils sont arrivés jusqu'à nous, nous renseignent du moins sur l'idée que les Anciens se faisaient de l'Oracle et de sa diction poétique. D'autres textes parfois dignes d'intérêt nous ont été conservés par le compilateur de l'*Anthologie Palatine*, mais beaucoup, sinon tous, sont d'authenticité douteuse et de date tardive. Enfin, les fouilles de Delphes ont mis au jour un assez grand nombre d'oracles, authentiques ceux-là, gravés sur la pierre aux frais de consultants reconnaissants. Leur valeur poétique est nulle. De même que les participants aux séances spirites s'étonnent d'entendre Shakespeare ou Sophocle s'exprimer si platement par l'entremise de médiums, les Grecs constataient qu'Apollon, parlant par la bouche de la Pythie, ne faisait plus preuve que de dons poétiques fort diminués.

Des quatre oracles traduits ci-dessous, et provenant tous les quatre de la tradition littéraire, on notera qu'aucun n'est à proprement parler prophétique. Le premier tient du folklore plus que de la vie réelle ; si une faculté surhumaine s'y est exercée, c'est en tout cas celle de la clairvoyance télépathique et non du regard sur l'avenir : Crésus, doutant de l'efficacité de l'Oracle, se serait arrangé pour qu'un ambassadeur se présentât à jour et à heure fixés devant la Pythie, chargé de lui demander ce que le roi faisait à cet instant précis dans son lointain royaume ; la Pythie devina que le monarque s'adonnait dans ses appartements à la confection d'un ragoût insolite. Le second, également destiné à Crésus, lui annonce, s'il fait la guerre, la destruction d'un empire, c'est à dire, comme l'événement le prouva, du sien. Cette formule ambivalente renferme une leçon de prudence ; elle n'est à aucun degré véritablement prémonitoire. Dans le troisième oracle, Apollon rabroue un consultant, qui, décidé peut-être à tenter le dieu, demandait s'il ne risquait rien à se parjurer pour s'approprier un dépôt. Le quatrième n'est qu'une admonition, probablement influencée par l'idéalisme pythagoricien ; qu'il ait été ou non proféré à Delphes, il témoigne du moralisme éclairé qu'on prêtait désormais au dieu. Tout autant qu'une vaticination sur l'avenir, il semble en effet qu'on allât souvent demander à Apollon un avis qu'un chrétien de nos jours solliciterait de son directeur de conscience ou un malade de son psychanalyste, un conseil ou un verdict qu'on attendrait d'un homme de loi ou d'un juge, une mise à jour d'événements passés, comme dans le cas d'Œdipe s'informant auprès du détective divin des circonstances de sa naissance. Bien entendu, comme tous les consultants du monde, les pèlerins tendaient à incliner leur question dans le sens de la réponse favorable ; les hommes d'État s'entendirent de bonne heure à n'obtenir ou à ne publier que des consultations utiles. Dès le milieu du vᵉ siècle, l'Oracle était dévalorisé aux yeux des gens perspicaces.

Delphes, bien installée dans ses routines divinatoires, n'en demeura pas moins achalandée pendant de longs siècles. Mais la Pythie répondait désormais en prose. Alexandre la consulta ; Néron fit de même près de quatre cents ans plus tard. Plutarque appartint au corps sacerdotal de Delphes ; Hadrien pensa peut-être faire de cette espèce de Curie delphique le centre de la religion grecque rénovée. Le très vieux sanctuaire conservait donc son traditionnel prestige, mais l'imagination et l'émotion humaines cherchaient de plus en plus d'autres formes de communications divines, dans les conventicules des religions de salut, les cultes des divinités étrangères, et surtout dans les secrets de la magie. L'indifférence d'une part, le christianisme de l'autre, eurent enfin raison du haut lieu delphique. On trouvera vers la fin de ce volume le poétique cri de désespoir par lequel les prêtres de Delphes répondirent à Julien l'Apostat, soucieux de rénover leur sanctuaire.

« Le Seigneur qui vaticine à Delphes n'énonce ni ne cache : il signifie », avait dit magnifiquement Héraclite[1]. C'est le mystère du signe qui fit pour les Grecs la poésie de l'Oracle, mystère tantôt dû à l'ambivalente obliquité de la réponse, caractéristique d'Apollon Loxias, le Biaiseur, tantôt à une métaphore insolite, comme dans le conseil donné à Thémistocle avant Salamine, l'avis de s'abriter derrière des cloisons de bois, c'est à dire dans des navires, tantôt encore à une sorte d'involution verbale qui drape et recouvre ce qui est signifié, donnant ainsi à l'oracle cette riche et déconcertante étrangeté qui est celle des songes. Ce goût de l'ambivalent, de l'insolite, et de l'involution verbale se retrouve fréquemment chez les poètes grecs. Nous trouvons sublimes les deux premiers vers de la réponse à Crésus, dans lesquels Apollon se targue de sa puissance comme un Jéhovah biblique, mais plate l'imagerie culinaire des deux derniers : ce rustique agneau et cette tortue marine dépecés ensemble et bouillant dans du bronze étaient probablement ressentis à l'époque comme poétiques, c'est à dire étranges, et le redeviennent pour qui va au fond des choses. Il est intéressant de noter que le maître alexandrin de la poésie cryptique, Lycophron, prit pour sujet de son curieux chef-d'œuvre, *Alexandra*, une vaticination imaginaire de l'antique Cassandre. Poésie des oracles et poésie tout court s'imitent l'une l'autre.

Tout ce qui vient d'être dit des réponses versifiées de Delphes vaut peut-être pour celles de l'Oracle de Zeus à Dodone, dont les méthodes de consultation sont encore moins connues que celles de l'Apollon delphique. On croit savoir qu'au lieu de vaticiner comme la Pythie sur son trépied, sous l'influence probable de substances hallucinogènes, les prêtresses s'inspiraient du bruit des

1. Héraclite, Fragm. 93, éd. Walzer, Hildesheim, 1964.

feuilles et du vol des colombes (à moins que ces prêtresses ne fussent elles-mêmes les « colombes » sacrées) et que des desservants du temple mettaient en vers leur réponse, comme le clergé de Delphes le faisait sans doute pour les éjaculations pythiques. Comme à Delphes, où le fronton du sanctuaire portait gravée la formule liturgique : « Tu es[1] », les prêtres à Dodone semblent avoir tenu à attester ontologiquement la réalité divine. Le texte de Dodone : « Zeus est, Zeus fut, Zeus sera » affirme et déploie dans les trois catégories du temps la personne du dieu suprême, tout comme l'hindouisme le fera pour la triade Brahma-Vichnou-Siva ; à des siècles de distance, elle anticipe aussi sur l'assertion, sans cesse répétée, de l'*Apocalypse* judéo-chrétienne : « Le Dieu qui est, qui a été, et qui va être. » Il s'agit évidemment d'un concept métaphysique profondément enraciné dans le monde méditerranéen et oriental, et qui devait survivre à la religion grecque elle-même.

ORACLES DE DELPHES

I

RÉPONSE À CRÉSUS

J'ai dénombré les grains de sable et les flots ;
J'entends ce qui se tait au fond des bouches closes.
Je sens très loin d'ici cuire d'étranges choses,
Tortue et jeune agneau, au fond du bronze enclos.

Cité par Hérodote, I, 47.

1. *Tat tvam atsi.* Il est impossible de ne pas songer à la formule quasi identique des Upanishads.

II

AVIS À CRÉSUS
SUR SON ENTRÉE EN CAMPAGNE

Le roi s'il entre en guerre
Détruira un empire.

Cité par Hérodote, I, 53.

III

REMONTRANCES DU DIEU
À UN DÉPOSITAIRE INFIDÈLE

Parjure-toi, Glaucus, car le profit est vaste,
Et l'homme droit mourra comme celui qui ment.
Parjure-toi ; le gain est grand pour un moment.
Mais la Parole a un rejeton anonyme,
Sans pieds, mais qui poursuit, sans mains, mais qui dévaste
La race et la maison que souille un faux serment.
Et heureux les enfants dont le père est sans crime !

Anth. Pal., XIV, 91.

IV

ADMONITION AUX PÈLERINS

Le juste entre au lieu saint et sans rite il est pur,
L'onde lustrale est inutile à la vertu.

Mais, arrière ! Méchant au cœur pervers et dur,
Lavé de corps, ton âme, où la laveras-tu ?

Anth. Pal., XIV, 74.

ORACLE DE DODONE

Zeus est, il fut et il va être ; honorez le suprême
                                                Maître.
La Terre enfante les fruits ; louez la Mère aux saints
                                                produits.

Cité par Pausanias,
Description de la Grèce, X, 12.

Stésichore

(VIᵉ siècle avant notre ère)

Le Sicilien Stésichore, l'un des maîtres de la poésie chorale, grand poète du style sévère, fut très admiré des Anciens. « Pendant que Socrate attendait en prison l'exécution de sa sentence, il entendit un musicien chanter un poème de Stésichore et le pria de le lui enseigner. Le musicien demanda à quoi lui servirait de l'apprendre. "À le savoir avant de mourir", répondit Socrate. » (Ammien Marcellin, XXXVIII, 4.)

Stésichore n'est plus guère connu aujourd'hui que par une légende. On disait qu'il avait dans un de ses poèmes insulté Hélène en racontant son enlèvement et ses adultères et fut frappé de cécité pour cette offense à la beauté. Repentant, il écrivit sa fameuse *Palinodie*, et recouvra la vue.

Outre cette *Palinodie*, dans laquelle il déclarait qu'Hélène n'avait jamais été enlevée par Pâris, le héros troyen, trompé par les dieux, n'ayant séduit qu'un fantôme, Stésichore avait composé plus de vingt-six livres de poèmes, en majorité hymnes religieux et récits mythiques. Ce fut lui qui le premier célébra le héros bucolique sicilien, le berger Daphnis, qui allait devenir le principal personnage des *Idylles* de Théocrite et des successeurs de celui-ci. Il fut de même, croit-on, le premier à mentionner qu'Énée, fuyant le sac de Troie, prit refuge en Italie.

Il ne reste de lui qu'une demi-douzaine de fragments de quatre à cinq lignes, et un grand nombre de lambeaux de poèmes à peu près informes.

LA PALINODIE

... J'ai menti, et pour toi chante un autre poème :
Non ! Tu n'as pas vogué sur la nef bien pontée !
Sur les remparts troyens tu n'es jamais montée...

Cité par Platon, Phèdre, 243.

Ibycos

(vi^e siècle avant notre ère)

Ibycos de Rhégium, en Grande-Grèce, personnage d'un rang élevé dans sa ville natale, renonça, dit-on, à gouverner ses concitoyens pour faire carrière de poète en Ionie. Il séjourna longtemps à la cour de Polycrate, tyran de Samos, qui fut aussi le protecteur d'Anacréon. Les Anciens considéraient Ibycos comme un des plus grands poètes de l'amour. Son nom a survécu en partie grâce à la légende qui entoure sa fin : assassiné par des brigands dans un lieu désert aux environs de Corinthe, il aurait pris pour témoins de la violence qui lui était faite des oiseaux migrateurs qui traversaient le ciel (« les grues d'Ibycos ») ; quelques jours plus tard, ces mêmes brigands se trouvaient en ville ; apercevant une bande de grues qui planaient sur leurs têtes, ils se seraient écriés épouvantés : « Voilà les vengeurs d'Ibycos ! », et, appréhendés, auraient avoué leur crime. Cette légende qui souligne le caractère sacré du poète, encore étroitement en contact avec le monde de la nature, a été popularisée par une ballade de Schiller.

D'Ibycos lui-même, outre un certain nombre de mots et de bouts de phrases isolés, il reste une douzaine de textes d'une à dix lignes, cités par des auteurs antiques, et un fragment un peu plus long, appartenant, semble-t-il, à une épître dédicatoire adressée au tyran Polycrate, publié dans le recueil des papyrus d'Oxyrhynchus.

*

... Et l'aube a réveillé le bruyant rossignol...

Cité dans Hérodien,
Des figures de rhétorique, LX, 24.

*

... Les yeux noirs de l'amour couchés sous leurs longs
cils
T'ont de nouveau conquis, cœur au fait des périls,
Des hontes, des travaux, cœur épuisé, cœur triste,
Et comme un vieux cheval qu'on ramène à la piste,
Tremblant de tout ton corps aux signes du danger,
Tu frémis des chemins où tu vas t'engager...

Cité dans une scholie
du *Parménide* de Platon, 136.

Anacréon

(vi^e siècle avant notre ère)

Anacréon naquit à Téos sur la côte d'Asie Mineure, mais passa la meilleure partie de sa vie à Samos auprès du tyran Polycrate. Dans ce milieu politiquement brutal et artistiquement raffiné, le poète, nous dit un commentateur antique, mitigea la tyrannie du prince par la douceur de ses chants d'amour. Anacréon a célébré les plaisirs de la vie facile, les belles filles et les beaux pages à la longue chevelure, Mégistès, Smerdiès, Cléobule, Bathylle, parlant, semble-t-il, tantôt en son nom, tantôt en celui de Polycrate lui-même.

Ce tyran ambitieux qui crut établir sa suprématie dans l'Égée en s'appuyant tantôt sur l'Égypte et tantôt sur la Perse fut longtemps heureux dans toutes ses entreprises, et cet inquiétant bonheur a donné lieu au fameux conte de *L'Anneau de Polycrate*[1]. La belle vie dans la citadelle de Samos gardée par mille archers scythes et entourée de douves creusées par des prisonniers de guerre de race grecque prit brusquement fin. Ana-

---

1. Dans Hérodote, III, 41-42. La fable de l'objet précieux sacrifié et récupéré presque aussitôt est de tous les folklores ; ce qui est très grec dans l'histoire de l'anneau de Polycrate, c'est que la bague jetée à la mer s'ornait d'une émeraude gravée par un ciseleur dont on nous dit le nom, Théodore, fils de Téléclès. Polycrate sacrifiait au destin non seulement un objet de prix, mais une œuvre d'art aimée.

créon soupait, nous dit-on, avec Polycrate dans l'appartement des hommes quand un messager perse vint intimer au tyran l'ordre de se rendre à Magnésie-du-Méandre auprès du satrape Oroétès. Polycrate dédaigneux, ou peut-être consterné, se tourna du côté du mur sans répondre. Alléché par l'espoir de subsides, il finit pourtant par se rendre chez les Perses, où il fut ignominieusement torturé et mis en croix. Anacréon, invité à Athènes par les Pisistratides, échappa aux désastres qui suivirent. Dans cette cour aussi fastueuse et lettrée que celle de Samos, mais protégée encore contre la menace perse qui n'allait fondre sur Athènes que quelque trente ans plus tard, Anacréon eut pour commensaux le grand lyrique ionien Simonide, et Lasos d'Hermione, qui fut le maître de Pindare ; il y chanta le beau Critias, aïeul de l'élève assez malencontreux de Socrate. La chute des Pisistratides le força de nouveau à chercher asile. On croit qu'il se rendit, pour la seconde fois peut-être, à Abdère en Thrace, colonie de sa ville natale, puis devint l'hôte d'une puissante famille thessalienne. Il se peut qu'il revint ensuite à Athènes. Ce poète enjoué jusqu'au bout mourut, dit-on, à quatre-vingt-cinq ans, assez tard en tout cas pour avoir pu apprécier, comme on raconte qu'il le fit, les premiers vers d'Eschyle.

L'immense renommée qui s'attacha jusqu'à nos jours au nom d'Anacréon est due en grande partie à la vogue des odes dites *anacréontiques,* dont la composition s'échelonne, suppose-t-on, entre le Ier siècle avant notre ère et l'époque byzantine, et dont le faire gracieux, coulant et monotone, ne ressemble en rien au peu qu'on a des œuvres du grand lyrique et du grand métricien du VIe siècle. Des cinq livres de poèmes laissés par l'Anacréon véritable, il ne reste qu'environ cent cinquante fragments, pour la plupart infimes, et dont quelques uns seulement comportent sept ou huit lignes. Ils sont dans l'ordre littéraire ce que sont en matière de sculptu-

re antique des débris méconnaissables, éclats de marbre
où se devinent çà et là une rosace, un morceau de visage, ou deux doigts d'une main.

*

... L'Amour, dur forgeron, m'a jeté sur l'enclume ;
Il a trempé mon cœur dans les torrents glacés...

Cité dans Héphestion,
Traité des Mètres, 74.

*

... Tu tiens sans le savoir les rênes de mon âme,
Mais tu tournes vers moi des regards innocents...

Cité dans Athénée,
Le repas des Sophistes, XIII, 564.

*

... Ne frappe pas du pied, ô cavale de Thrace !
Je puis par tes longs crins te saisir avec grâce,
Te monter, te conduire, et remporter le prix.
Mais superbe, paisible, et paissant l'herbe grasse,
Tu rôdes librement à l'ombre du hallier,
Et tu ne connais pas le poids du cavalier...

Cité dans Héraclite de Milet,
Allégories Homériques, IV.

. . . .

*

... Je me suis fatigué de la cavale thrace...

Cité dans Longin,
Traité du Sublime, XXXI.

*

... Et les dés de l'amour sont folie et querelle...

Cité dans les *Scholies* de *L'Iliade*,
XXXIII, 88.

*

... Ah, je hais les rusés, et je hais les rebelles,
Mais toi, je te sais doux...

Cité par Choeriboscus,
Commentaires sur Héphestion, 55.

PRIÈRE À DIONYSOS

Dieu dansant au fond des forêts
Avec les Nymphes aux bras frais,
Avec Cypris au cœur tendre,
Dieu qui bois le moût à longs traits,

Dieu séducteur, daigne m'entendre !
Mon souhait est de ceux qu'un amant peut former :
Fais que mon Cléobule, enfin, se laisse aimer.

Cité dans Dion Chrysostome,
Déclamations, II, 62.

*

... Ta main, ô tendre enfant, mutile ta beauté
En coupant tes cheveux...

Cité par Stobée, *Florilège*, 66, 6.

*

... Accorde-moi, mon bel ami, ton corps si tendre...

Cité dans une scholie
de la *Septième Olympique*
de Pindare, VII, 5.

*

... Ami, je t'aime, Ami, je te désire,
Je te contemple, Ami...

Cité dans Hérodien,
Des figures de rhétorique, 57, 5.

FRAGMENT D'INVECTIVE

... Ce coquin d'Artémon, ce soutien des putains
Allait jadis couvert d'un crasseux tablier
De cuir, ignoble, hirsute, et se faisant lier
Au pilori, et bien des fois risquant la roue.
Véhiculé par un beau char, un parasol
Entre les mains, à ses oreilles, sur son col,
Des ornements d'or fin, le voilà qui s'ébroue,
Paré comme une femme...

Cité dans Athénée,
Le repas des Sophistes, XII, 533.

ÉPITAPHE DE SOLDAT

Ici gît Timocrite, un héros, car ceux-là
Meurent, et non le pleutre abject qui recula.

Anth. Pal., VII, 160.

*

... L'Amour, riant, me frappe avec sa balle d'or
Et m'invite à jouer avec la belle fille ;
Elle me trouve vieux et s'en cherche un plus fort...

Cité dans Athénée,
Le repas des Sophistes, XIII, 599.

... Léger, je vole vers l'Olympe où l'Amour règne,
Car il ne descend plus, joueur et caressant,
Comme autrefois ; j'ai pris de l'âge ; il me dédaigne,
Moi et ma barbe grise, et m'échappe en dansant...

Cité dans Héphestion,
Traité des Mètres, 103.

*

... Mes cheveux sont tout blancs et je n'en ai plus
guère.
Ma jeunesse ? Partie, et mes dents avec elle.
Et je gémis, et je sanglote, et me rebelle,
Car de la douce vie il me reste bien peu.
Sombre est l'arrière-monde et lugubre le jeu
De la Mort qui nous prend pour ne jamais nous
rendre.
Et j'ai horreur du noir passage...

Cité dans Stobée, *Florilège*, 118, 13.

Théognis

(vɪ^e siècle avant notre ère)

Ce grand poète élégiaque naquit à Mégare, et, semble-t-il, y mourut après une vie agitée. Aristocrate de
caste, d'instincts et de principes, il paraît avoir gouver-
né, ou du moins contribué à gouverner, pendant quelque temps sa ville natale ; puis, sans doute à la suite
d'une révolution contre le parti oligarchique (les coups
d'État n'étaient pas rares dans la tumultueuse Mégare),
il fut exilé, ou s'exila par prudence. Accompagné peut-
être de son ami Cyrnus, il vécut tour à tour à Sparte, en
Eubée, en Sicile, et séjourna aussi à Thèbes, souvent en
proie à une pauvreté que cet homme habitué aux aises
et aux égards jugeait déshonorante, et savourant toute
l'amertume de l'exil. Pour y mettre fin, l'occasion s'y
prêtant, il semble, à en croire ses propres aveux, s'être
prêté à quelque compromis un peu louche qu'il lui arri-
va de regretter. Il mourut probablement très âgé, mais
cet homme grave, rigide et grondeur, était sans doute
de ceux qui font vite figure de vieillards.

Théognis est, avec Pindare, le seul poète du vɪ^e et du
ve siècle (les dramaturges exceptés) dont l'œuvre, ou
tout au moins une partie considérable de l'œuvre, nous
soit parvenue en un tout, et non sous forme de citations
éparses çà et là chez des commentateurs ou des anthologistes postérieurs souvent de plusieurs siècles. Tous

les manuscrits de Théognis comportent, avec les variantes, les lacunes et les bourdes habituelles, un *Premier Livre* de douze cents vers environ, sectionnés en quelque trois cents pièces brèves. On y trouve surtout des méditations morales et politiques, banales si l'on veut, mais banales comme le pain et le sel, presque toujours sombrement repensées par le poète lui-même et violemment individualisées. On y rencontre de plus les habituels conseils de jouir de la vie, qui étaient aussi pour les Grecs des réflexions morales, des allusions très précises aux mécomptes endurés par Théognis dans sa carrière politique et aux misères de son exil, d'âcres remontrances à des amis ingrats ou perfides, et des vers amicaux ou amoureux (où les semonces ne sont pas rares) adressés à ce Cyrnus, fils de Polypaüs, jeune et noble compatriote du poète, dont le nom figure plus de quatre-vingts fois dans le recueil. Enfin, il faut décompter quelques pièces provenant sans doute d'autres poètes contemporains ou quasi tels, introduites par mégarde dans ce texte déjà si dense.

Beaucoup plus court, un *Second Livre*, qui ne figure que dans un seul manuscrit (le meilleur du reste, et le plus ancien) contient cent quatre vers découpés en une cinquantaine de poèmes, tous érotiques, mais de ce grand style sévère qui est si souvent celui du vi[e] siècle. Brèves pensées sur l'amour, sollicitations passionnées, amer constat des légèretés et des inconstances de jeunes gens auxquels le poète, malgré tout, demeure attaché. Dans tout cela, le nom de Cyrnus ne figure qu'une fois, mais le ton, il faut bien le dire, ne diffère guère de celui des aigres reproches adressés parfois, au cours du *Premier Livre*, à ce décevant ami.

Certains critiques modernes refusent à Théognis la paternité du *Second Livre*, prêté par eux à un ou plusieurs contemporains inconnus. L'argument moral est ici hors de cause, quand on songe que Solon, Eschyle et

Pindare traitèrent du même sujet sans choquer personne. Le fait que le *Second Livre* ne figure que dans un seul recueil peut le désigner comme une excroissance apocryphe ; il peut également signifier que la plupart des copistes ont tenté, tant bien que mal, de séparer les vers amoureux des vers austères de ce poète fort lu dans les écoles, et que le rigorisme byzantin a surtout conservé ces derniers. La tradition qui prête au grave Théognis une œuvre érotique était en tout cas solidement établie au début de l'ère chrétienne.

Même quant au *Premier Livre*, les divergences d'opinion abondent. Les plus puristes ou les plus puritains en éliminent les pièces de type voluptueux ou bachique pour ne garder que les seuls quatrains vertueux : Cyrnus, dont l'érudit byzantin Suidas fait l'éromène du poète, devient sans plus un jeune noble que Théognis se serait chargé d'instruire ; pour de plus radicaux encore, il n'est plus que le destinataire imaginaire de couplets moralisants. Il semble moins arbitraire d'accepter, comme on le fait ici, les conclusions de J. M. Edmunds dans sa très soigneuse recension de Théognis et des *Theogniana,* qui croit à la réalité de Cyrnus et à « son orageuse amitié avec le poète, ébauchée dans l'extrême jeunesse, et continuée jusqu'à ce que tous deux fussent avancés en âge[1] ». Le distique où Théognis conseille à Cyrnus de faire l'essai du mariage rappelle en plus bref les vers si insistants de Shakespeare à Mr W. H. sur le même thème ; on peut en dire autant du poème admirable où il promet à Cyrnus l'immortalité. Ailleurs, c'est à Michel-Ange que font penser ces rapports d'un homme à la fois ardent et sévère avec des amis plus jeunes. Moins introspectifs que les *Sonnets* du grand poète anglais et du grand sculpteur toscan, les superbes vers

---

1. J. M. Edmunds, *Greek Elegy and Iambics,* 1954, vol. I, pp. 7-22.

du vieil homme de Mégare sont souvent plus âcrement humains.

Il importe peu que Théognis soit ou ne soit pas le seul auteur des vers placés sous son nom, ou encore que ces brefs morceaux soient, comme on l'a cru jusqu'ici, d'authentiques et succincts poèmes gnomiques, ou, comme le veulent certains critiques d'aujourd'hui, des fragments épars d'on ne sait quelles longues élégies perdues. Ce qui compte, c'est que ces courtes pièces tracent du poète un portrait individuel, complexe, certes, mais d'un relief et d'une cohérence extraordinaires[1]. Un homme passionné de sagesse plutôt que sage, outré par le spectacle de la bassesse humaine, mais trop lucide pour ne pas trouver dans son propre passé de quoi se dire que nul n'est tout à fait sans reproche ; un aristocrate qui ne compte plus sur ses pairs, mais déteste l'anarchie des foules, un partisan, un exilé ulcéré par les trahisons dont il fut ou se croit victime, mais qui regrette assez son pays pour y rentrer coûte que coûte. Un amant sans illusions sur la différence d'âge et de valeur entre lui et ceux qu'il aime, mais trop épris pour ne pas leur pardonner leurs écarts, quitte à les excéder de ses conseils et de ses reproches. Un mari qui se vante d'avoir goûté aux douceurs du mariage, mais connaît, sans doute par expérience, les désappointements de la paternité. Un sage qui dédaigne la richesse, mais sait que la pauvreté presque toujours dégrade, qui abomine la vieillesse, mais aime vivre, tout en sachant le peu qu'est la vie, et demande au vin le réconfort ou l'oubli. Un poète enfin, parmi les plus grands, pour qui la poésie se confond avec l'inspiration et l'expiration même du souffle, et se distingue à peine du fait d'exister.

1. On voit très bien comment le puritanisme littéraire d'une part, et de l'autre la simplification à outrance, conduiraient un érudit du IIIe millénaire de l'ère chrétienne à nier que l'auteur de *Polyeucte* et de

À ZEUS

I

Accorde-moi de rendre, ô Zeus, haine pour haine
Et amour pour amour. Je mourrai satisfait
Si le bien et le mal, le plaisir et la peine
Sont repayés par moi avec leur plein effet.

I, 337-340.

II

Je préfère être heureux que sombre et maudissant,
Mais j'aime mieux souffrir que ne point me venger.
Ils m'ont tout pris, ô Zeus ! Et je suis l'étranger,
Le chien qui nage en vain et qu'un courant puissant
Entraîne et va noyer ! Que sur moi un dieu veille,
Afin qu'à ces méchants je rende la pareille,
Et qu'avant de mourir je boive tout leur sang.

I, 341-350.

Cinna ait pu écrire les *Stances à Marquise,* ou, ne possédant plus d'Hugo
que *Dieu, La Fin de Satan, A Villequier, L'Expiation, Les Sept Merveilles du
Monde, L'Epopée du Ver,* et les *Chansons des rues et des bois,* rejetterait ce
dernier recueil comme l'œuvre d'un faussaire, prêtée, par malveillan-
ce peut-être, à ce poète grave. Qui dit cohérence présume aussi diver-
sité.

Grand Zeus ! Tu me surprends, toi, le maître des
choses !
Toi qui connais nos cœurs et pénètres les causes,
Regardant d'un même œil nos vertus et nos crimes,
Confondras-tu toujours les héros, les victimes,
Les sombres oppresseurs, les justes opprimés,
Ô redoutable Zeus qu'on ne comprend jamais !
Traiteras-tu avec la même indifférence
Le méchant installé dans sa brutale outrance,
Et le pauvre honnête homme à l'erreur entraîné
Qui devient à son tour coupable et condamné ?

I, 373-392.

À CYRNUS

Ce pays, mon Cyrnus, verra naître de soi
Un vengeur punissant sa brutale insolence.
Bien que nos citoyens aient encor l'esprit droit,
Nos maîtres sont l'erreur, le mal, la violence.

I, 39-42.

*

On mettrait aisément sur le pont d'un navire
(Pas même des plus grands) les hommes au cœur sain,
Au parler juste, au clair regard, et que le gain
Ne jette pas sur l'écueil vil où tout chavire.

I, 83-86.

À CYRNUS

Nul n'a jamais, Cyrnus, bassement insulté
Le faible ou l'étranger avec impunité.
Et le méchant que Zeus veut conduire aux abîmes,
Il lui donne l'orgueil dont germent tous les crimes.

I, 143-144, 151-152.

*

Un homme juste est un rempart, une acropole,
Mais il est insulté par la canaille folle.

I, 233-234.

À DES COMPAGNONS D'EXIL

Pouvez-vous donc chanter, et, gais, des nuits entières,
Vous gaver, vous fleurir des roses de bouquets
Cueillis dans ce pays dont on voit la frontière
Sans quitter cette place où se font vos banquets ?
Prenez plutôt le deuil ! Que vos mèches tondues
Tombent sous le ciseau ! Pleurez, les mains tendues,
La patrie aux beaux fruits que vous avez perdue !

I, 825-830.

À CYRNUS

Cyrnus, l'homme qui voit la misère approcher,
Qu'il se jette sans plus du sommet d'un rocher.
Car quel que soit le mal injuste qui l'atterre,
Le pauvre ne peut rien que subir et se taire.

I, 175-178.

À LA PAUVRETÉ

Va-t'en, ô Pauvreté qui pèses sur nos cous !
Mon corps et mon esprit ont plié sous tes coups ;
Moi qui vivais jadis dans l'honneur et la gloire,
Tu m'apprends la bassesse et l'indignité noire.

I, 649-652.

À CYRNUS

Les sots pleurent les morts. Pleurons ceux qui vieillis-
sent ;
Pleurons l'humaine vie et ses courtes délices,
Et la jeunesse, hélas, qu'un rien fait défleurir.
Vieillir, mon cher Cyrnus, est plus dur que mourir.

I, 525-526, 1069-1070.

*

Une froide sueur me découle du front
Et je tremble, voyant les amis de mon âge,
Car les jeunes, les beaux, les joyeux passeront,
Et moi-même avec eux. Hélas, le temps ravage
Les générations ! La jeunesse est un rêve,
Et l'odieuse mort pend sur nous comme un glaive.

I, 1017-1022.

*

La justice d'abord ; ensuite, la santé,
Puis posséder l'objet par le cœur convoité.

I, 255-256.

*

Quand on est jeune on dort près de l'objet chéri,
Goûtant toute la nuit le doux plaisir d'aimer,
Et sur les frais pipeaux nos doigts peuvent former
Des chants d'amour... Rien de plus beau, rien qui ne
rie
Davantage à tout homme ou toute femme... Honneurs
Et trésors valent moins que ces simples bonheurs.

I, 1063-1068.

*

Tu erres, doux ami, en me rendant épris.
Je n'y peux rien. Mais tu t'es trompé sur mon prix.

I, 407-408.

*

Bonheur de s'exercer à la palestre ensemble,
Puis de faire la sieste entre des bras aimés...

II, 1335-1336.

*

J'aime la flûte aiguë et les joyeux pipeaux
Et la lyre vibrante et le vin dans les pots.
Je chéris la jeunesse et la tendre gaieté,
Car mon temps au soleil est désormais compté,
Et, couché dans le noir et devenu tout pierre,
Je ne verrai plus rien, ayant clos ma paupière.

I, 531-544, 567-570.

*

Qu'importe, après la mort, pour y étendre un homme
Le royal catafalque et ses tapis superbes ?
Couchés dans la broussaille et dans les maigres
                                                    herbes,
Les morts sur le sol dur font un aussi bon somme.

I, 1191-1194.

Comme un char emportant un roi couvert de gloire
Entre deux champs de blé avant la fauchaison,
Un quadrige au galop s'enfuit vers l'horizon.
La Jeunesse s'en va... Allons chanter et boire...
Bois : la coupe et le vin sont toujours de saison.
Bois les jours de gaieté, et, les jours de malheur,
Bois pour paraître fort et cacher ta douleur.

I, 983-990.

À CYRNUS

Je suis vieux, mon Cyrnus, et pour toi l'âge arrive.
Nous abordons tous deux la détestable rive,
La vieillesse qu'on hait et pourtant qu'on souhaite.
Mais le temps ne peut rien sur l'œuvre du poète :
J'ai répété partout ton nom qui m'enchanta
Pour qu'on sût à jamais que Cyrnus exista.

. . . .

Les convives futurs, couchés le long des tables
Rediront ce beau nom en strophes délectables.
Pour traverser le temps, je t'ai donné des ailes.
Tu descendras dormir sous la terre que scellent
Les dalles des tombeaux, mais ton renom vivra.
Et tant que le soleil, là-haut, resplendira,
Et tant que sous les pieds la terre sera sûre,
Tu flotteras, beau chant, sur chaque lyre pure...

I, 819-820, 237-248.

*

Oui, mais à quoi me sert tant de sollicitude ?
Tu ne m'as repayé que par l'ingratitude,
Et sans respect pour moi, bassement triomphant,
Tu crois me décevoir comme un petit enfant.

I, 248-251.

*

C'est l'ami qui trahit. L'ennemi qui me nuit,
Je connais cet écueil et vogue loin de lui.

I, 575-576.

*

Sans m'avilir, enfant, ma passion t'honore :
Au nom de mes aïeux, je supplie et t'implore,
Car bientôt Aphrodite aux cheveux ceints de fleurs
Te causera, pour quelque autre, les mêmes pleurs,
Les mêmes maux. Si tu dis « non » à mon amour,
Qu'un dieu fasse que « non » te soit dit à ton tour.

II, 1529-1534.

*

Je ne puis, ô mon cœur, ô cœur déshérité,
T'offrir les justes biens après quoi tu soupires.
Patiente, pourtant. D'autres destins sont pires,
Et tu n'es pas le seul à chérir la beauté.

I, 695-696.

*

Comme un lion, j'ai pris le faon — sans le manger.
Comme un guerrier, j'ai pris la ville — sans la piller.
Comme un cocher, j'attelle et selle — sans chevau-
                                              cher.
Maître peut-être, ou que de nom, — ou oui et non.

I, 949-954.

*

Comme un jeune poulain dans les champs pleins de
                                              fleurs,
Sans songer à ton maître, à sa chute, à sa perte,
Tu cours, crinière au vent, et vas chercher ailleurs
L'orge, la bonne eau fraîche et la douce herbe verte.

II, 1249-1252, 1267-1269.

*

Tu me trompais, enfant. Ta bassesse me tue.
Jadis, comme une nef des tristes vents battue,
Tu pus trouver en moi le port sûr et profond.
Tu préféras l'écueil et le douteux bas-fond.

II, 1361-1362.

*

Oui, mais même aviné, si fort que le vin soit,
Jamais je n'en viendrai à me plaindre de toi.

I, 413-414.

*

L'amour est dur et doux, et de fiel et de miel,
Cyrnus, jusqu'à l'instant du don ou du déni.
Ensuite, si c'est oui, c'est un bien infini,
Et si c'est non, de tous nos maux le plus cruel.

II, 1353-1356.

*

Chérir un bel enfant et croire à ses serments,
Autant mettre les mains dans un feu de sarments.

II, 1359-1360.

À CYRNUS

Rien n'est plus doux, Cyrnus, qu'une épouse bien
                                                 sage,
Assortie au mari, de bon sang, de bon rang.
J'ai connu cet état et m'en porte garant.
Prouve-moi à ton tour qu'il vaut qu'on s'y engage.

I, 1225-1226.

*

Les dieux nous ont donné mille présents divers,
La jeunesse riante et l'âge et ses hivers.
Mais leur pire cadeau, plus laid que la mort même,
Est d'engendrer des fils qu'on élève et qu'on aime,
Et pour qui l'on se prive, et qu'en tout l'on contente,
Et, après tant de soins et après tant d'attente,
D'être haï, maudit, et traité comme un gueux
Qui aurait par hasard osé s'approcher d'eux.

I, 271-278.

À UNE ESCLAVE QUI L'INJURIAIT

N'insulte pas en moi, femme, mes bons parents.
Je souffre tous les maux à l'exil inhérents
Sans subir, comme toi, le honteux esclavage.

Rarement l'homme noble est réduit en servage,
Et d'ailleurs il me reste une belle cité
Située au pays où coule le Léthé.

I, 1211-1216.

À CYRNUS

L'aigre cri du héron qui revient en avril
Conseille au laboureur d'ensemencer son champ.
Mais que m'importe à moi, Cyrnus, le soc tranchant ?
Un autre a mon domaine et je vis en exil.

I, 1197-1202.

À CYRNUS

Ne fais pas fond sur l'homme errant à l'étranger :
S'il retourne au pays, tout en lui va changer.

I, 333-334.

À CYRNUS

L'exilé, mon Cyrnus, erre, souffre, soupire,
Et son sort rend joyeux ses cruels ennemis,
Mais de tant de malheurs la détresse la pire
Est de voir s'éloigner ceux qu'on crut ses amis.

I, 209-210, 1107-1108.

J'ai séjourné à Sparte, en Eubée, en Sicile
(Aréthuse, Eurotas de roseaux couronné),
Partout bien accueilli, libre, point soupçonné.
Mais pour l'homme exilé la vie est difficile :
Je ne respire bien qu'au lieu où je suis né.

I, 783-788.

*

À CYRNUS

Tout n'est ici que deuil, et vautours, et décombres,
Mais les dieux, ô Cyrnus, n'ont pas causé nos peines ;
L'obscène gain, le faux orgueil, les basses haines
Au fond des cœurs humains ont creusé ces puits som-
bres.

I, 833-836.

*

Notre sécurité, mon Cyrnus, n'est que celle
D'une ville assiégée et dont le mur chancelle.

I, 233-234.

À CYRNUS

Demande aux dieux, Cyrnus, que jamais ne t'opprime
Et jamais ne t'insulte un grossier ennemi,
Que tu ne sois forcé à commettre aucun crime,
Et ne doives jamais compter sur un ami.

I, 1013-1016.

*

Dans un monde où tout homme est suspect ou sali,
Rien ne vaut pour chacun le silence et l'oubli.

I, 799-800.

*

Le mieux est d'éviter l'aventure de vivre
Et ses maux infinis. Mais, s'il faut y passer,
Mieux vaut que l'âcre Mort au plus tôt nous délivre
Et laisse sur nos corps le sol noir se tasser.

I, 425-428.

J'ai tout donné, mon rang, mon nom, mes biens sans
nombre
Pour servir ma patrie et mes ingrats amis.
Je les ai regagnés par un vil compromis.
Chacun de ces deux faits est lamentable et sombre.

I, 831-832.

Skolia

(Dates incertaines, surtout vi^e et ve siècle
avant notre ère)

On désignait sous le nom de *skolia* les chansons de
table qu'il était d'usage pour les convives de chanter en
ordre de préséance à la fin des banquets. Ces chants
s'accompagnaient d'une musique de lyre. Très courts (la
plupart des *skolia* que nous possédons ne dépassent pas
quatre vers), ils touchent à une grande variété de sujets :
beauté et brièveté pathétique de la vie, de la jeunesse et
de l'amour, éloges de l'objet aimé ou parfois de l'hôte
qui donnait la fête, conseils moraux que les Grecs ne se
lassaient jamais d'entendre, sinon de suivre, bouts de
fables, complaintes en l'honneur de héros morts. Le
seul *skolion* dont subsiste la notation musicale, celui de
Seikilos de Tralles, nous donne une idée de ce que
furent ces mélodies mi-orientales, mi-méditerranéen-
nes, analogues à ce qu'on entend encore de nos jours
en Asie Mineure, et qui nous bouleverse en Espagne
dans le *cante hondo*. La mode des airs chantés par les
convives qui se passaient tour à tour le brin de myrte et
la lyre semble avoir été progressivement détrônée dès
la fin du ve siècle par celle des *aria* de virtuoses profes-
sionnels. Du temps d'Aristophane, les anciens *skolia*
étaient déjà considérés comme vieux jeu.

Beaucoup de ceux qui nous restent sont anonymes.

Toutefois, la majeure partie des œuvres brèves des grands lyriques et des grands élégiaques du viᵉ et du début du vᵉ siècle se prêtait à être exécutée de la sorte. Nombre de poèmes courts ou de courts passages de Solon ou de Théognis ont pu être ou devenir des *skolia*. De même, on voit très bien des stances comme celles de Simonide comparant l'existence humaine au vol d'une libellule, ou de Pindare assimilant la vie de l'homme au rêve d'une ombre, utilisées en *skolion*.

Celui d'Harmodius et d'Aristogiton, qui suit, appelé aussi parfois le *skolion de Callistrate*, doté par exception de trois strophes au moins, est une sorte d'ode de structure très simple. Il ne prend tout son sens que si on évoque en quelques mots l'histoire des deux Tyrannoctones. Un jeune noble, Harmodios, ayant rejeté les offres du tyran Hipparque vivait en butte aux brimades du prince, ainsi que son ami Aristogiton, athlète célèbre, mais de modeste origine. Un complot s'ensuivit. Cachant leurs dagues sous des branches de myrte, Harmodios et son compagnon montèrent à l'Acropole le jour des Panathénées et poignardèrent Hipparque. Harmodios fut abattu par les gardes d'Hippias, frère, cotyran, et successeur du prince assassiné. Aristogiton périt sous la torture, et son amie, la courtisane Léna, se coupa la langue pour ne pas trahir leurs complices.

Cinq ans plus tard, en 510, les Athéniens déposèrent Hippias, et datèrent rétrospectivement leur liberté de ce qui n'avait été pourtant qu'une vendetta personnelle. Sur l'Acropole, près du groupe de bronze des Tyrannoctones, on mit pour Léna l'image d'une lionne sans langue. « Elle avait partagé leurs espoirs autant que femme peut le faire, s'écrie Plutarque ; elle s'était grisée avec eux du vin fort que l'Amour leur avait versé. » Un peu de cette ardeur imprègne le skolion consacré aux deux héros (mais dont Léna est caractéristiquement absente), chanté à Athènes par des générations d'éco-

liers. Plus de deux mille ans plus tard, le même feu se
ranime dans l'*Ode à Charlotte Corday* d'André Chénier :

> *... La Grèce, ô fille illustre, honorant ton courage,*
> *Épuiserait Paros pour placer ton image*
> *Auprès d'Harmodius, auprès de son ami...*

SKOLION DE CALLISTRATE

... Cher Aristogiton et cher Harmodios,
Pour que le tyran meure et que le jour se lève,
J'irai, ainsi que vous, dissimulant mon glaive
    Sous des rameaux de myrte vert !

Ô doux Harmodios, cher Aristogiton,
Vous vivez, nous dit-on, paire heureuse, dans l'Île
Où le grand Diomède erre encor près d'Achille
    Dans des bosquets de myrte vert !

Cher Aristogiton et cher Harmodios,
Aux fêtes d'Athéna, sur les marches du temple,
J'irai, cachant mon glaive, et suivant votre exemple,
    Sous des rameaux de myrte vert...

Cité par Athénée,
Le repas des Sophistes, XV, 693.

À UN CAMARADE

Bois avec moi, joue avec moi, aime avec moi,
Sois fou quand je suis fou, sage quand je suis sage...

Cité par Athénée,
Le repas des Sophistes, XV, 693.

SKOLION DE SEIKILOS

Lorsque sur toi brille le jour,
Ne pleure pas, livré au deuil,
Car le temps est court, et le seuil
Est bientôt franchi sans retour.

Jan, *Melodiarum Reliquae,*
Leip., 1899.

SKOLION-FABLE

Le Crabe dit, en pinçant le Serpent :
« Un vrai ami doit toujours marcher droit... »

Cité dans Athénée,
Le repas des Sophistes, XV, 693.

Fragments
de chansons populaires

(Dates incertaines,
probablement vi^e et ve siècle avant notre ère)

Les *Skolia* attiques tiennent encore de très près à la poésie « littéraire » proprement dite ; avec les chansons populaires, nous nous rapprochons davantage d'un monde très mal connu de nous, celui du petit peuple que nous apercevons surtout à travers quelques scènes de l'Ancienne Comédie, plus tard à travers quelques mimes, quelques idylles ou épigrammes alexandrines faisant parler de petites gens, ou encore grâce à de minces bribes d'informations éparses çà et là chez les prosateurs. Ce monde d'artisans, de métayers, de matelots et de soldats, parlant un grec plus rude ou plus négligé que celui des écrits venus jusqu'à nous, n'a pour ainsi dire pas laissé d'expression directe ; peut-être, si nous le connaissions mieux, nous surprendrait-il : il ressemblerait sans doute davantage aux Méditerranéens des ports et des campagnes de tous les temps, y compris le nôtre, qu'à l'image que nous nous faisons des Grecs de l'Antiquité.

De nombreux bouts de chansons nous ont été conservés par les auteurs anciens, mais presque aucune en entier, et surtout aucune dont nous connaissions la notation musicale. On retrouve dans ces fragments les catégories habituelles à tout folklore : litanies, formules magiques, chansons de travail, jeux de société, chansons d'amour et chansons d'enfants. Les exemples appartenant aux quatre premiers groupes et donnés ci-dessous se passent de commentaires. Quant aux chansons d'amour, celle connue sous le nom de *Nome d'Ériphanis* se réfère à un conte probablement très ancien, concernant une belle éplorée suivant dans les bois l'insensible chasseur Ménalcas ; elle se réduit malheureusement à un refrain, mais les indications fournies par l'érudit du IIe siècle de notre ère qui nous l'a transmise permettent d'en reconstituer deux ou trois lignes. La chanson d'amour de Locres a pour nous l'intérêt d'évoquer un galant qui s'évade avant l'arrivée du mari, thème banal dans la littérature européenne, populaire ou non, mais très rare dans celle de la Grèce antique ; quelques allusions bouffonnes d'Aristophane exceptées, les seuls adultères évoqués étant ceux du temps des légendes, et encore présentés avec restreinte, de peur de déplaire à un public que scandalisait l'inconduite des femmes. Les chansons de Locres passaient pour fort licencieuses. André Chénier a enchâssé avec un goût très sûr le peu qui reste de celle-ci dans un de ses poèmes.

La chanson de soldats qu'on lira plus loin est aussi à sa manière un chant d'amour. On nous la donne comme liée au souvenir d'un certain Cléomachus qui mourut héroïquement sur le champ de bataille sous les yeux d'un jeune ami. Elle appartient en tout cas au domaine de cet amour viril et « chevaleresque » dont le fameux Bataillon Sacré des armées thébaines fut le plus illustre exemple.

Quant aux deux chansons qui terminent, celle de Rhodes se rattache à la coutume enfantine d'aller à certain jour de l'année mendier des friandises, avec des cajoleries et aussi des menaces au cas où les présents viendraient à manquer. Coutume point rare ailleurs qu'en Grèce, mais qui, associée à Rhodes aux rites du retour du printemps, a laissé dans la poésie populaire de cette île une trace particulièrement gracieuse. L'autre chanson d'enfants, d'un charme également printanier, est très proche de certaines vieilles rondes de France.

PRIÈRE POUR LA PLUIE

... Fais pleuvoir, cher Zeus, fais pleuvoir
Sur les champs labourés d'Athènes,
Sur les champs labourés des plaines...

Cité dans Marc Aurèle, Pensées, V, 7.

CHARME CONTRE LES HANNETONS

Filez ! Filez ! Les hannetons !
Un méchant loup est après vous !

Cité dans Pline l'Ancien,
Histoire Naturelle, 27, 75.

CHANSON DE FILEUSES

... Un écheveau, un écheveau,
Envoie un écheveau tout beau...

Commentaire de Sémus sur
Le repas des Sophistes
d'Athénée, XIV, 618.

LE JEU DE LA MARMITE

— Qui surveille la marmite ?
— Elle bout ! Elle bout !
— Qui est près de la marmite ?
— Moi, Midas, moi, Midas...

Pollux, *Onomasticon*, IX, 113.

Trois chansons d'amour

I NOME D'ÉRIPHANIS

Les chênes sont hauts, Ménalcas !
. . . .
Les bêtes plaignent mes malheurs,
. . . .
Mais toi, tu dédaignes mes pleurs !
. . . .
Les chênes sont hauts, Ménalcas !

Cité par Athénée,
Le repas des Sophistes, XIV, 619 C.

II CHANSON DE LOCRES

Hors du lit ! File avant qu'il ne revienne !
Malheur à nous, s'il nous surprend ensemble !

Pauvre de moi, faible femme qui tremble !
Le jour blanchit à travers la persienne !

Cité par Athénée,
Le repas des Sophistes, XV, 697 B.

III CHANSON DE SOLDATS, CHALCIS

Ô doux enfants, beaux et bien nés,
Ne dédaignez pas vos aînés !
Car la vertu et les serments
Escortent ici les amants !

Cité par Plutarque, *De l'Amour*, XVII.

Deux chansons d'enfants

I CHANSON DE RHODES

L'hirondelle, l'hirondelle,
Ramenant la saison belle,
Et la bonne année avec elle !

Pour l'hirondelle au ventre blanc,
Pour l'hirondelle au dos tout noir,
Donne à manger et donne à boire !

Donne du fromage et du flan,
Du pain blanc et du raisin sec,
Pour l'hirondelle au joli bec !

Donne ! Nous te remercierons !
Mais autrement nous resterons,
Ta porte nous démolirons !

Autrement, nous emporterons
Ta femme assise auprès du feu !
Elle est menue et pèse peu !

Donne ! Donne et grand bien te fasse !
L'hirondelle aussi te rend grâce !
Nous ne sommes pas des méchants,
Mais rien que des petits enfants !

Cité par Athénée,
Le repas des Sophistes, VIII, 360 B.

II RONDE PRINTANIÈRE

— Où sont mes roses, où sont mes violettes,
   Et où est mon joli persil ?

— Voilà tes roses, voilà tes violettes,
   Et voilà ton joli persil.

Cité par Athénée,
Le repas des Sophistes, XIV, 629 E.

Simonide

(VIe et Ve siècle avant notre ère)

Né à Céos, petite île assez proche d'Athènes, Simonide passa ses belles années à la cour des Pisistratides.
Après le meurtre d'Hipparque, il semble avoir vécu en
Thessalie, chez des princes locaux, les Scopades ; ceux-
ci périrent, croit-on, lors d'un séisme qui détruisit leur
palais. La légende assure qu'un Scopade vainqueur à
l'un des Grands Jeux commanda, puis refusa de payer à
Simonide une ode triomphale, le poète à court d'idées y
ayant introduit une oiseuse digression en l'honneur des
Dioscures. Ce soir-là, au cours d'un banquet auquel
Simonide avait quand même été prié, un serviteur pré-
vint le poète que deux cavaliers l'attendaient sur le
seuil, porteurs d'un pressant message. Les cavaliers
n'étaient autres que les divins Dioscures, et Simonide
échappa ainsi au désastre qui tua l'hôte et les convives[1].
Ce conte pieux, assez semblable aux récits édifiants du
Moyen Âge, dans lesquels on voit la Vierge et les saints
se déranger en faveur d'un clerc qui leur a rendu hommage, n'est pas sans une certaine portée littéraire. Il
tend à prouver qu'en dépit du caractère sacré
qu'avaient encore à l'époque les récits mythiques intro-
duits par un Simonide ou par un Pindare dans les

---

1. Voir La Fontaine, *Fables*, I, 14.

Odes commandées par leurs puissants clients, ces grands morceaux ont vite semblé aux contemporains ce qu'ils nous semblent souvent aujourd'hui, un magnifique fonds de cuisine poétique, servant à enrichir une matière en elle-même assez pauvre.

De retour à Athènes sous la démocratie, ce poète, dont on a une noble épitaphe pour Archédiké, fille et nièce des deux Pisistratides, se chargea de composer l'inscription pour la statue des meurtriers d'Hipparque, récemment placée sur l'Acropole. La même souplesse d'esprit fit de lui à la fois l'ami de Thémistocle et des rois spartiates, position privilégiée à laquelle il dut peut-être d'être au suprême degré le poète-témoin des guerres médiques. On a dit, non sans raison, qu'il fut le premier interprète d'une certaine unité, ou du moins unanimité grecque, d'ailleurs plus idéale que réelle, telle qu'elle se forma en ces temps de crise[1]. Comme son rival Pindare, il fut à plusieurs reprises l'hôte des fastueux tyrans de Sicile, et, dit-on, chargé par eux de négociations diplomatiques. Il mourut à Syracuse âgé de quatrevingt-neuf ans.

Des anecdotes qui doivent correspondre en gros à l'idée que se faisaient de lui ses contemporains, montrent Simonide sous l'aspect d'un avaricieux personnage revendant au marché une partie des aliments que Hiéron de Syracuse lui faisait envoyer de ses cuisines, mesurant selon un exact barème les éloges à décerner à ses plus ou moins généreux clients, sollicitant de ses puissants amis des passe-droits, et se faisant répondre par Thémistocle qu'un homme d'État, lui aussi, doit chanter juste. Aucune historiette de ce genre ne mettant

---

1. À vrai dire, un sens très fort d'une unité achéenne, sinon hellénique, existe déjà dans *L'Iliade*, contrarié par les rivalités et les méfiances réciproques des chefs, comme il le fut durant les guerres médiques par la défection de Thèbes et les dissensions entre Athènes et Sparte.

en cause son concurrent Pindare, il faut bien croire que cette âpreté à l'argent fut particulière à Simonide. Rappelons-nous, toutefois, que ces maîtres d'une lyrique d'apparat dépendaient entièrement pour produire, et souvent pour vivre, des munificences plus ou moins capricieuses de leurs riches protecteurs. Non seulement poètes, mais musiciens, chorégraphes, organisateurs de coûteux spectacles sacrés et profanes, leurs besoins et leurs prétentions étaient ceux, typiquement excessifs, d'imprésarios et de virtuoses. Cet art de luxe, qui eut son apogée dans les années prospères qui suivirent Salamine, ne semble pas avoir survécu aux malheurs de la guerre du Péloponnèse ; ou peut-être périt-il vite de sa propre usure. Les vers de Bacchylide de Céos, neveu de Simonide, montrent dans quel aimable ou pompeux conventionnalisme retombaient ces productions sur commande, quand le génie ne les soutenait plus.

Quels que fussent les défauts de l'homme, le peu qui reste des œuvres lyriques de Simonide se caractérise par une grandeur aisée et humaine, très différente de la sublimité religieuse de Pindare, avec qui, du seul point de vue du tempérament poétique, il se trouve à peu près dans le même rapport que Sophocle avec Eschyle. On a de sa poésie chorale une centaine de fragments presque tous informes, et dont trois ou quatre seulement se suffisent à eux-mêmes. Le plus émouvant est sans doute la description de Danaé abandonnée en mer avec son fils Persée encore dans les langes, — une Danaé qui n'est pas présentée ici comme l'héroïne d'une histoire de métamorphoses galantes dans le genre de celles d'Ovide, et qui n'est pas non plus ce voluptueux symbole de la jouissance féminine qui nous émeut chez les peintres de la Renaissance, mais une pieuse jeune femme tenant dans ses bras son divin enfant.

Quant aux épigrammes attribuées à Simonide, nous

en possédons environ quatrevingts, dont les deux tiers sont probablement authentiques. La plus illustre, l'épitaphe des Spartiates morts aux Thermopyles, est trop dans son esprit et dans son style pour n'être pas sienne, comme le veut la tradition, bien qu'Hérodote, qui la cite, n'en nomme pas l'auteur. Ce même Hérodote, au contraire, donne très précisément comme étant de lui l'épitaphe du devin Mégistias, tombé avec les Trois Cents, et nous apprend que le poète fit élever à ses frais aux Thermopyles une tombe à cet ami personnel, générosité qui contredit sa légendaire réputation d'avarice. Les inscriptions versifiées de Simonide se reconnaissent à son laconisme un peu sec, qui tantôt bouleverse, tantôt fait l'effet d'un brillant exercice verbal, quand ce n'est pas d'une mordante satire. Certaines épitaphes sont des jeux d'esprit qui n'ont probablement jamais été gravés sur aucune tombe. L'inscription en l'honneur d'Harmodius et d'Aristogiton nous a été conservée comme un modèle d'incorrection prosodique, le nom d'Aristogiton, impossible à caser à l'intérieur d'un hexamètre, se trouvant coupé en deux, les premières syllabes à la fin d'un vers, et les dernières au commencement du suivant, ce qui était peut-être, de la part du poète, une forme de désinvolture.

*

Demain, n'y compte pas. Ce frêle bonheur d'homme
N'espère pas qu'il dure en ce monde agité,
Car tout passe, tout fuit, tout nous échappe comme
Un vol de libellule au fond d'un soir d'été.

Cité dans Stobée, *Florilège*, 105, 9.

... Danaé, seule en mer, de tous abandonnée,
Errant à la dérive avec son nouveau-né.

Elle couvre l'enfant d'un pli de son manteau,
Et dit : « Pauvre petit, notre frêle bateau
Craque, la mer mugit, j'entends les vents frémir.
Parmi tant de dangers tu peux encor dormir.
Ton beau sommeil d'enfant est innocent d'alarmes.
Tu ne sens ni le vent, ni l'embrun, ni mes larmes.
Que sommes-nous, petit, pour nous plaindre et
                                                    gémir ?
Que le Père, là-haut, nous entende et nous sauve,
Et qu'il calme d'un mot, s'il veut, l'océan fauve,
Et que tout soit en paix, notre cœur et les cieux...

Cité par Denys d'Halicarnasse,
Du style poétique, 26.

ÉPITAPHE D'ARCHÉDIKÉ, FEMME DU TYRAN DE LAMPSAQUE, FILLE D'HIPPIAS LE PISISTRATIDE

Je fus Archédiké. C'est ici ma poussière.
J'eus pour père Hippias, grand parmi les plus grands.
Mes frères, mon mari, mon fils furent tyrans,
Mais mon cœur était doux et sans fierté grossière.

Cité par Thucydide, VI, 59.

SUR LE SOCLE DE LA STATUE
D'HARMODIUS ET D'ARISTOGITON

Dans Athènes, quand Harmodios aidé d'Aristo-
Giton tua Hipparque, un grand jour parut aussitôt.

Cité par Héphestion,
Traité des Mètres, 28.

SUR L'ÉQUIPAGE D'UN VAISSEAU
SPARTIATE NAUFRAGÉ
DANS LE GOLFE DE CORINTHE

Vers Delphes nous voguions, allant porter la dîme :
Même vaisseau, même ouragan et même abîme.

Anth. Pal. VII, 270.

ÉPITAPHE POUR LES SPARTIATES
TOMBÉS AUX THERMOPYLES

Passant, de notre part va dire à ceux de Sparte
Que nous gisons ici, ses fils obéissants.

Cité dans Hérodote, VII, 228.

ÉPITAPHE DU DEVIN MÉGISTIAS
MORT AUX THERMOPYLES
AVEC LES SOLDATS
DE LÉONIDAS

Ci-gît Mégistias, l'infaillible devin,
Le prêtre massacré par les archers persans.
Sûr de sa propre mort, instruit de tout, il vint
Combattre et rendre l'âme au milieu des Trois Cents.

Cité dans Hérodote, VII, 228.

FRAGMENT D'ÉLOGE FUNÈBRE

... Leur corps et non leur âme a enfin lâché prise,
Morts...

Cité dans Mythogr. Vaticanus, III, 27.

SUR LA TOMBE DU POÈTE
TIMOCRÉON DE RHODES

Ayant bien bu, bâfré, et noirci un chacun,
Timocréon repose ici. Vilain défunt.

Anth. Pal. VII, 348.

ÉPITAPHE D'UN NÉGOCIANT CRÉTOIS
MORT À L'ÉTRANGER

Moi, Protachos, crétois, un opulent marchand,
Venu pour vendre, et non pour dormir dans ce
champ.

Anth. Pal. VII, 254 B.

LE TEMPS INFINI

... Mille ans ? Non, dix mille ans ? Un point, et moins
qu'un point,
Rien qu'un fragment de point dans le temps sans mesure,
Imperceptible rien...

Cité par Plutarque,
Consolation à Apollonius, 117.

Démodocus

(Date incertaine. Peut-être ve siècle avant notre ère)

On a de Démodocus, poète satirique, cinq ou six vers dont deux cités par Aristote dans sa *Morale à Nicomaque*. L'épigramme qui suit, et que met sous son nom l'*Anthologie Palatine*, est d'authenticité incertaine.

La traduction ci-dessous en est aussi fidèle que possible. Mais écoutons plutôt le fifre strident de Voltaire :

> *L'autre jour, au fond d'un vallon,*
> *Un serpent mordit Jean Fréron.*
> *Que pensez-vous qu'il arriva ?*
> *Ce fut le serpent qui creva.*

Quatre petits vers au lieu d'un seul hexamètre suivi d'un seul pentamètre, Jean Fréron au lieu d'un Cappadocien anonyme, et un vallon pour rimer avec Fréron. Il est des cas où l'imitation libre l'emporte de beaucoup sur la traduction dite fidèle, et fait oublier l'original lui-même.

*

Un Cappadocien, par un orvet rampant
Fut mordu, mais son sang fit périr le serpent.

Anth. Pal. XI, 237.

Pindare

(vi^e et ve siècle avant notre ère)

Le grand poète thébain, né vers 522, sortait d'une vieille famille à attaches sacerdotales. Il s'instruisit de son art auprès de sa compatriote Corinne, puis se perfectionna à Athènes. De trois ou quatre ans plus jeune qu'Eschyle, Pindare appartient comme ce dernier à la robuste génération déjà mûre à l'époque des guerres médiques, et encore façonnée par le prestigieux vi^e siècle. L'œuvre la plus ancienne qui nous reste de lui antidate de près de huit ans la première invasion perse ; son ode triomphale célébrant le neveu de Théron d'Agrigente, Thrasybule, à qui l'unit toute la vie une amitié tendre, est de l'année de Marathon. Nous savons peu de chose des allégeances politiques de Pindare durant la seconde guerre médique. Le clan oligarchique thébain, dont il était issu, pactisa avec les Mèdes et leur fournit des combattants à la bataille de Platées, ce qui lui valut plus tard de sévères représailles athéniennes et spartiates. La légende qui veut que la maison de Pindare ait été épargnée à cette occasion, n'est sans doute qu'une fabrication tardive ; elle a en tout cas resservi plus tard, lors de la prise de Thèbes par Alexandre.

Vues de près, ces guerres médiques perdent la simplicité d'imagerie héroïque qui nous fut longtemps si chère. Les aristocrates athéniens avaient espéré des Perses le retour des Pisistratides exilés ; à Sparte, le roi Léotychide, victime de rivalités locales, passa au service de

Xerxès. Delphes, on l'a vu, gardait cette ligne prudente habituelle au haut clergé en temps de conflits ; plus tard, on n'allait pas trop s'étonner que Thémistocle, le vainqueur de Salamine, finisse sa vie pensionné par le Grand Roi. Dans une ode dont il reste à peine quelques lignes, Pindare célèbre Athènes « rempart de l'Hellade » ; dans des vers adressés à des athlètes éginètes, dont l'île avait pris une part active à la défense navale de la Grèce, il fait allusion à l'heureuse issue du conflit, mais en termes qui évoquent l'éternelle fluctuation des affaires humaines plutôt qu'ils n'expriment l'ivresse patriotique du triomphe ; un poème écrit pour Théron d'Agrigente glorifie la victoire d'Himère, remportée au cours des mêmes années sur les Puniques par les Grecs de Sicile. D'autre part, le poète mentionne élogieusement dans l'une de ses odes des Thébains tombés à Platées dans les rangs ennemis. C'est à coup sûr un anachronisme de faire des guerres médiques un conflit national, ou, pis encore, racial, à la moderne, on ne sait quel combat conscient et organisé pour la défense de l'Occident : ce l'est plus que jamais quand il s'agit de Pindare. Représentant d'un état de choses déjà quasi archaïque à l'époque où il témoignait en sa faveur, poète des races semi-divines et des sanctuaires plutôt que des États-cités rivaux, rien dans ce qui nous reste de son œuvre ne rend tout à fait le son patriotique et guerrier des épigrammes et des chants funèbres composés par Simonide pour les morts de ces mêmes campagnes.

Durant l'éclatant après-guerre qui suivit la défaite de Xerxès, nous retrouvons Pindare au faîte de sa gloire de poète, voyageant pour surveiller l'exécution de ses grandes compositions chorales commandées par des princes ou de riches notables, ou leur envoyant celles-ci par mer « comme des marchandises phéniciennes ». Traité, dirait-on, en égal par les rois de Cyrène et les tyrans de Sicile, honoré par le clergé de Delphes, allant et venant avec aisance parmi tout ce qui comptait d'un bout à l'autre du monde grec, Pindare réalise le type fort rare du grand artiste solidement établi dans la société de son temps, considéré pour sa race et son rang social en même temps que glorieux dans son œuvre. Heureux jusqu'au bout, on assure qu'il mourut octogénaire sur les gradins du théâtre d'Argos, au cours d'une représentation théâtrale, la tête appuyée sur l'épaule de son jeune ami Théoxène, pour qui il venait de composer un admirable *Éloge* amoureux. Compte tenu des changements en matière de sentiment et de bienséance au cours des siècles, ce Théoxène de Ténédos fut pour le vieux Pindare l'équivalent d'Ulrika von Levetzow pour le vieux Goethe, et le poème pour Théoxène son *Élégie de Marienbad.*

L'œuvre de Pindare inclut tous les genres lyriques de l'époque : hymnes, odes, dithyrambes, mélopées funèbres, morceaux destinés à être chantés et dansés dans des fêtes, ou récités dans des banquets. De cette production énorme, seuls les quatre livres d'*Odes Triomphales* sont arrivés jusqu'à nous au complet, et ce hasard fausse en grande partie l'image que nous nous faisons de Pindare. Conditionnés comme nous le sommes par le sport moderne, nous risquons d'exagérer l'importance de l'imagerie sportive proprement dite dans ces poèmes composés en l'honneur de victoires athlétiques ou hippiques. Le mythe, qui chez Pindare imprègne tout, emplit ces grandes odes en l'honneur de joutes célébrées aux abords des sanctuaires, et religieuses encore autant que compétitives. La splendeur des attelages, si magnifiquement commémorée, parfois à l'occasion des mêmes victoires, par les monnaies de Sicile, la force contrôlée d'un discobole ou les savantes torsions d'un lutteur, illustrées pour nous par des chefs-d'œuvre plus tardifs de la statuaire grecque, sont à peine évoquées dans ces poèmes remplis surtout de sages conseils donnés au vainqueur, d'éloges de sa famille et de ses fabuleux ancêtres ou des dieux protecteurs de sa ville natale, et presque toujours axés, pour ainsi dire, sur une pieuse légende qui occupe la partie médiane de l'œuvre.

Rien en principe de plus étranger à notre goût que ces morceaux d'apparat rédigés sur commande. Peut-être les comprendrions-nous davantage si nous songions aux grands ensembles picturaux que les artistes de la Renaissance exécutaient pour les princes de leur temps, et qui mettaient magnifiquement de plain-pied Leurs Saintetés ou Leurs Altesses avec le monde de la Fable antique, la différence essentielle toutefois étant que pour Pindare et ses contemporains la Fable avait encore une valeur religieuse authentique, et l'allait garder pendant plusieurs siècles. Une autre comparaison s'impose, quand on pense au génie, non seulement poétique, mais musical et chorégraphique d'un Pindare : c'est celle des grands musiciens du XVIIᵉ et du XVIIIᵉ siècle, écrivant sur commande pour les cours de leur temps des musiques toujours admirables et parfois sublimes. Mais ce qui domine chez Pindare n'est pas le besoin de grandeur et de splendeur à tout prix de la Renaissance et de l'Âge Baroque, tous deux en réaction contre l'humilité et l'ascétisme chrétiens ; c'est la sérénité héroïque de l'homme aussi parfait que lui permet de l'être l'humaine condition, soumis comme les dieux eux-mêmes aux lois universelles, et leur obéissant du seul fait d'exister.

Cette vue claire et dorée des âmes et des corps, jointe à l'acceptation tranquille des maux inévitables, est peut-être ce qui rapproche le plus Pindare du monde innocent d'Homère. Aucun Grec n'a jamais surévalué la condition humaine, et Pindare, comme Solon ou Théognis, a défini celle-ci avec une véracité amère, mais la foi en la justice des dieux, d'une part, et, de l'autre, dans les vertus et la sagesse de l'homme, rend bientôt au poète sa puissante équanimité. Certains vers, en particulier un passage d'une *Ode* à Théron d'Agrigente, tendent à indiquer que Pindare a été touché, comme la plupart des esprits graves de son temps, par les doctrines orphiques ou pythagoriciennes ; il lui arrive plus d'une fois d'insister sur la survie des âmes récompensées ou punies selon leurs mérites ou leurs démérites terrestres, vue alors relativement neuve et qui nous éloigne de la condition lugubre et indifférenciée des morts dans l'Hadès d'Homère. Mais Pindare ne s'engage pas, comme Empédocle, dans les voies secrètes du mysticisme ; il n'est pas non plus, comme Eschyle, un de ces cœurs ou de ces esprits tourmentés qui sans cesse en appellent aux dieux ou à Dieu du sein du conflit humain. Personne, dans la tradition grecque, n'exemplifie mieux que lui cette tranquille imprégnation de la vie tout entière par la légende et le rite, obtenue aussi en leurs beaux jours par le catholicisme italien, par l'hindouisme, et par le Japon du Shinto. Monde harmonieux où l'accord entre l'effort humain et la loi divine, entre le réel et le mythe, n'est pas encore tout à fait brisé, et où l'on peut encore croire que les forces claires équilibrent au moins les puissances sombres.

En fait, cette vue du monde est particulière au poète lui-même plutôt qu'à son temps, et traduit peut-être un retour quasi nostalgique vers ce qui était déjà du passé. L'art de Pindare est une fin autant qu'un apogée. Le grand maître du lyrisme pur meurt en 441 sans laisser de successeur, et la poésie lyrique elle-même, restreinte désormais aux formes chorales de la tragédie, survivra de peu aux dernières années du ve siècle. La suprématie des grandes familles quasi régnantes, des descendants de lignées illustres dont Pindare célèbre les vertus ou la juste gloire ne résistera pas aux quarante années d'attrition de la guerre du Péloponnèse. Les traditions religieuses au sein desquelles il se meut avec aisance sont déjà battues en brèche par les sophistes ; Eschyle, son aîné, Sophocle, son jeune contemporain, voient des problèmes là où il n'aperçoit que des certitudes. Le monde des Jeux gardera longtemps encore son prestige populaire, mais les philosophes et les raffinés de la fin du siècle se moqueront de l'athlète abruti par la spécialisation et de ses creux honneurs. Le vainqueur olympique, homme parfait, chéri des dieux, premier citoyen dans sa ville natale, est dès Pindare une de ces images idéales que perpétue la poésie, mais qui ne correspondent plus guère aux réalités. Ce que nous montrent, ou plutôt nous cachent, la splendeur du style de Pindare et la majesté de son antique vision du monde, ce sont les plaisirs compétitifs et les dépenses somptuaires d'une ploutocratie. Sa situation n'est pas sans rappeler celle des poètes de cour de la Renaissance italienne, comme l'Arioste et le Tasse, se tournant vers le passé médiéval au début d'un âge déjà « moderne », à la fois pour exalter les ancêtres quasi mythologiques de leurs protecteurs et pour glorifier un mode de vie chevaleresque qui n'était plus qu'une magnifique survivance, et qu'en partie ils inventaient.

Du seul point de vue structural, l'ode pindarique, avec sa traditionnelle division en strophe, antistrophe, épode, et les schémas métriques compliqués de celles-ci, fait songer à un trois-mâts aux savants gréements échoué désormais sur le sable et privé de sa voilure, c'est à dire de la mélopée que nous n'imaginons même plus, du son des lyres, et de la chorégraphie qui transposait en grands mouvements de draperies et de corps humains ces envolées verbales[1]. Ces deux derniers sup-

1. L'helléniste américain William Mullen achève en ce moment un ouvrage intitulé *Choreia : Pindar as Dance*, dans lequel il travaille à restituer les temps et les mouvements des danseurs grâce aux rythmes prosodiques des *Odes*. L'épode, par exemple, consisterait en une danse très lente ou une quasi immobile attitude de prière, entre les girations qui précèdent et les girations qui suivent.

ports ont manqué de bonne heure : il y a lieu de croire que ces superbes pièces de circonstance n'ont été montées qu'une fois, pour l'occasion qui les fit naître ; la connaissance que les lettrés de l'Antiquité plus tardive avaient de Pindare était, comme la nôtre, livresque. D'autre part, cet idiome en partie artificiel, comme celui de presque tous les grands lyriques de tous les temps, sécrété, semble-t-il, par le poète lui-même, audacieux à l'extrême dans ses raccourcis syntaxiques, surchargé de métaphores, tissu d'allusions à des légendes devenues vite obscures et à des personnages bientôt oubliés, attira de bonne heure sur Pindare l'attention des grammairiens et des exégètes, et c'est à eux, aussi bien qu'aux amateurs de poésie pure, que les *Odes Triomphales* ont dû de survivre à l'antiquité païenne. Les copies byzantines en abondent, peut-être en partie parce que les exhortations de haute morale qu'elles contiennent allaient dans le sens de l'homélie chrétienne, ou du moins n'y contredisaient pas.

Les lettrés de la Renaissance se passionnèrent pour cette œuvre éclatante et difficile, qui répondait à leur goût du sublime, et mettait en quelque sorte leur érudition au défi. Parmi les poètes, Ronsard chez nous l'imita, mais à une échelle moindre et par des moyens tout extérieurs ; plus tard, ces tentatives d'odes « pindariques », avec leur obligatoire « beau désordre », n'évitèrent en France ni la platitude ni le ridicule. L'Angleterre du XVIIe siècle fut plus heureuse grâce au Milton du *Lycidas* et de l'*Ode pour la Nativité du Christ*, avec leur ampleur et leur virtuosité rythmique, l'inclusion rare et comme abrupte d'une cogitation ou d'une émotion personnelle, au moins dans le premier poème, et leur ferveur religieuse à la fois magnifique et grave. Plus tard, l'*Ode à Sainte Cécile* de Dryden imitera, un peu académiquement peut-être, la forme de l'ode pindarique et son riche déploiement de légendes sacrées. Avec le romantisme, l'admiration, souvent de commande, pour « les grands Anciens », fit parfois place en ce qui concerne Pindare à une compréhension plus profonde. En pays de langue allemande, le jeune Goethe de *Prométhée*, de *Ganymède*, du *Voyageur*, Hölderlin, plus tard Spitteler, attestent superbement son influence en quelque sorte intériorisée. Hugo, avec son étonnant génie critique, a défini en un alexandrin le poète de Thèbes « ... Pindare serein plein d'épiques rumeurs », mieux que n'ont pu le faire bien des commentateurs, ces quelques mots résumant les deux aspects principaux de Pindare, la majestueuse tranquillité, et le perpétuel grondement de l'épopée perçue à travers le chant lyrique.

Pindare étant difficile, sinon impossible, à bien traduire, le lecteur ne s'étonnera pas de ne trouver ici que quelques brèves versions données pour ce qu'elles sont, simples dessins au trait fait d'après tel ou tel fragment isolé de fresques intransférables. Quelques fragments, l'un tiré d'une *Ode Pythique*, d'autres provenant d'œuvres perdues, sont offerts moins pour leur beauté, qui s'évapore en traduction, que pour ce qu'ils nous apprennent sur la pensée de Pindare, et sur les façons de vivre et de sentir des hommes du vᵉ siècle.

PÉLOPS IMPLORE POSEIDON

... Quand il eut atteint le doux printemps
Viril et qu'un duvet crût sur ses joues,
Il songea à de possibles noces,
À Hippodamie, illustre fille du roi de Pise,
Eunomaos, en Élide. Et seul, le long de la mer
grise,

Dans la nuit noire, il marcha près du flot gron-
dant.
Il appela le Maître du puissant trident,
Et celui-ci lui apparut, tout proche. Et il lui dit : « Ô
Poseidon,
Terrible ! Si jamais tu as reçu de moi le tendre don
De l'amour, viens à mon aide !
Que mon char vole, et qu'il triomphe, et qu'il
précède
Celui du roi Eunomaos aux plans atroces !
Ce tueur a jeté bas, prétendant après préten-
dant,
Vaincu treize hommes, et ainsi retarde
Les noces de sa fille ! Le danger
Est grand et ne veut pas d'un lâche.
Mais enfin, puisqu'il faut mourir, dois-je, étran-
ger
À tout espoir, sans que jamais je me hasarde,
En quelque coin obscur m'asseoir, vieillir anonyme,
sans avoir
Rien eu de ce qui est beau ? Cette tâche
Si noble est pour moi. Et fais qu'heureuse en soit l'is-
sue !
Il dit ainsi, et sa prière fut reçue :
Il obtint un char d'or et un attelage ailé, immortel.
Il vainquit l'insolent roi et mit dans son lit la vierge.
Et elle lui enfanta six fils aux vertus sublimes.
Et il dort maintenant sur la berge
De l'Alphée, et le sang des victimes
Ruisselle sur sa tombe, et les pèlerins à son autel,
Viennent en masse...

Première Olympique, 67-93.

APOLLON S'ÉPREND
DE LA NYMPHE CYRÈNE,
MYTHIQUE PROTECTRICE
DE LA CYRÉNAÏQUE

... Le va-et-vient devant le métier à tisser
　　Pour elle était sans charmes ;
Elle n'aimait ni festoyer ni danser
　　Dans la maison, avec ses compagnes.
Mais, robuste, elle égorgeait les lions, se servant de bel-
　　　　　　　　les armes
De bronze ; la paix régnait parmi les grands troupeaux
　　　　　　　　paternels,
　　Et la vierge qui les veillait avec amour
Ne laissait le sommeil, doux compagnon, l'approcher
　　　　　　qu'au point du jour.
Le dieu du carquois l'ayant vue un matin, sans crainte,
　　Combattre seule, corps à corps, et sans épieu, un lion
　　　　　　　　farouche,
　　Émerveillé, lui l'Archer d'or, il contempla l'héroïque
　　　　　　　　étreinte
　　De la nymphe et de la bête, et de sa bouche
Divine appela Chiron le Centaure hors des antres ori-
　　　　　　　　ginels.
« Vois, Chiron, lui dit-il, vois cette femme au cœur
　　　　fort, vois son élan, son noble port,
Son courage que la peur n'a pas glacé. Qui l'engendra ?
　　　　　　　　De quelle race sort
Cette jeune énergie errant dans le désert inaccessible ?
Puis-je étendre sur elle ma grande main invincible,
　　Et la saisir, et jouir de sa beauté ? »

　　Et l'âpre Centaure sourit, et ses yeux s'adoucirent,
　　　　　　et avec sagacité

Il répondit à Celui dont la flèche trouve infaillible-
ment la cible :
« Le temple de l'Amour et ses secrets sont bien
gardés :
Mais la Persuasion a des clefs d'or ; les dieux, les
hommes,
Tous sont timides devant la virginité.
Mais toi, grand dieu, qui n'es et ne respires que
vérité,
Toi, le cœur et l'esprit par l'amour possédés,
Englués dans le miel du désir, tu feins
Avec moi, et caches ta pensée. Ô Dieu qui sais tou-
tes les fins
Et tous les chemins qui y mènent, toi qui sais com-
bien de feuilles
Croissent au printemps sur les arbres, combien les
vastes océans
Et les fleuves ont de tourbillonnants grains de sable en
leurs lits géants,
Toi qui sais ce qui sera et dans tes yeux clairs l'ac-
cueilles,
Tu veux que ma sagesse confirme ton omnis-
cience.
Soit. Tu n'es venu ici que pour la prendre.
Et cela se fera sur le champ, car dans ta chaude
impatience
Tu la porteras par delà les mers dans un jardin cher au
roi des dieux.
Et la Libye aux vastes espaces radieux
Ouvrira à ton épousée un palais d'or,
Et elle y régnera, maîtresse de cités et de terres
Où croissent de beaux fruits, où rôdent les lions et
les panthères.
Et elle t'enfantera un fils qu'Hermès avec un soin tendre
Placera sur les genoux de la Terre, et les Heures en
cercle autour du nourrisson

Lui verseront le nectar et l'ambroisie, douce
boisson,
Et l'immortalité sera son lot, et chéri de ceux qui
veillent
Sur les troupeaux, il sera Aristée, aimé des
abeilles.

Neuvième Pythique, 18-68.

ODE À ASOPICHOS D'ORCHOMÈNE
VAINQUEUR AU STADE
DANS LA CLASSE DES ENFANTS
AUX JEUX OLYMPIQUES

Grâces, gardiennes de la splendide Orchomène,
Vous qui avez pour lot le pays heureux et
amène
Où le Céphise coule parmi les prés riches en
poulains,
Entendez-moi ! Car la joie et la douceur des destinées
Viennent de vous, et c'est par vous que sont
données
La sagesse, la renommée, ou la beauté qui nous dé-
core.
Et les festins du haut Olympe, accompagnés par les
sons pleins
Et délicats de vos beaux chants, vous y prenez part près
du Père
Et d'Apollon à l'arc sonore.

Et maintenant, vous par qui tout rit, tout prospère,
Aglaé à la voix fraîche, et toi, Euphrosyne au cri pur,
Et toi, Thalie harmonieuse, voyez s'avancer cet allègre
chœur.

Sur le mode lydien, je chante Asopichos, jeune vain-
queur.
Asopichos honore Orchomène ; il a triomphé d'un pied
vite et sûr.
Va, Écho, dans les lieux sombres où Perséphone règne
sur les ombres ;
Parle de gloire au père de l'enfant, ce Cléodame, et par-
mi les prés d'asphodèles
Que le Styx terrible environne,
Dis-lui que son fils sur ses beaux cheveux porte la cou-
ronne
Dont les rubans flottants au vent font un bruit d'ailes.

Quatorzième Olympique.

LE SORT DE L'HOMME

...... Éphémères !
Qu'est l'homme ? Que n'est pas l'homme ? L'homme
est le rêve
D'une ombre... Mais quelquefois, comme
Un rayon descendu d'en haut, la lueur brève
D'une joie embellit sa vie, et il connaît
Quelque douceur...

Huitième Pythique, 95-100.

*

... Le corps de l'homme est périssable,
Et ses jours immortels...

Grenfell and Hunt,
Oxyrhynchi Papyri
vol. IV, n° 659, 14-15.

SUR DIEU

Qu'est Dieu ? Ce qu'est le Tout.

Cité par Clément d'Alexandrie,
Stromates, V, 725.

À L'OCCASION D'UNE OFFRANDE
DE CINQUANTE COURTISANES
AU TEMPLE D'APHRODITE À CORINTHE
FAITE PAR XÉNOPHON,
VAINQUEUR AU STADE ET AU PENTATHLE
AUX JEUX OLYMPIQUES

Jeunes femmes très accueillantes aux étrangers,
Servantes de Cypris dans la riche Corinthe,
Vous qui brûlez les larmes d'or du pâle encens
Tandis que souvent vos pensées
Volent vers la mère des amours,
Vers l'ouranienne Aphrodite...

Elle vous autorise, ô belles, sans encourir les mépris avi-
lissants,
À cueillir, en de tendres étreintes,
Le doux fruit de votre jeunesse, ô chères enfants cares-
sées,
Quand le destin ainsi le veut, nulle chose n'est
interdite,
Nulle occupation n'est vile...

Mais je crains, pour moi, certains dangers,
Me demandant ce que diront de ce discours
Les gens de bien de cette ville,

Qui m'entendent ainsi louer l'amour peu farouche.
Tant pis ! Notre or s'éprouve à la pierre de
touche.

Ô maîtresse de Chypre, Xénophon, joyeux vainqueur,
t'offre cet aimable chœur :
Pour ton sanctuaire, cinquante filles expertes, cent
jambes de femmes offertes
À ton service...

Cité par Athénée,
Le repas des Sophistes, XIII, 573.

ENVOI DE POÈMES
À THRASYBULE D'AGRIGENTE

Je t'envoie, ô Thrasybule, pour ton dessert,
Un plat en forme de char plein de doux chants faits
avec art.
Qu'il aide à faire circuler parmi les convives
Les coupes de provenance athénienne, où l'on sert
Les sucs bachiques qui ravivent
Les esprits las, et, comme sur des flots d'or,
Nous font voguer vers les beaux pays de mensonge
Où le courage se redresse, où le cœur plonge
Dans le bonheur, où le pauvre est riche, où le
sort
Du riche...

Cité par Athénée,
Le repas des Sophistes, XI, 480.

POUR THÉOXÈNE DE TÉNÉDOS

C'est au beau temps, ô ma pauvre âme,
Au temps de la jeunesse qu'il te fallait aimer,
Mais celui que les yeux rayonnants de Théoxène ne
font point s'enflammer
D'un désir qui tout ravage,
Celui-là, cœur de fer ou d'acier forgé dans quelque froi-
de flamme,
Dédaigneux d'Aphrodite aux paupières lan-
guissantes,
Il n'a de goût que pour le lucre brutal et ses tâches
avilissantes ;
Ou, soumis à l'insolence de la femme,
Il ne sait pas d'autres moyens de servir
Cypris.
Mais moi, grâce à la déesse, ardemment épris, cœur
jamais las,
Je fonds comme au feu la cire des abeilles
saintes,
Quand j'aperçois un frais enfant dans la fleur de son bel
âge.
Ainsi le Charme, ainsi les Grâces de fleurs
ceintes,
Ainsi l'Amour à Ténédos font séjour
Auprès du fils d'Agésilas...

Cité par Athénée,
Le repas des Sophistes, XIII, 601.

Empédocle

(ve siècle avant notre ère)

Empédocle d'Agrigente, le dernier en date des grands philosophes présocratiques, vécut aux plus beaux temps de la Sicile grecque. Il avait environ quinze ans lors de la victoire d'Himère, en 480, que la légende place le même jour que celle de Salamine, et qui retarda la prise et la destruction par Carthage de deux prestigieuses métropoles de l'île, Agrigente et Sélinonte, d'environ trois quarts de siècle. Nous devons à ce répit l'existence de son œuvre et celle de quelques beaux temples grecs encore debout au bord de la mer. Une tradition veut que le poète-philosophe ait célébré la journée d'Himère dans un poème patriotique aujourd'hui perdu.

De famille aristocratique, et ayant parmi ses ascendants des vainqueurs aux Grands Jeux, Empédocle fut, dit-on, l'un des disciples préférés de Parménide ; il était, par ailleurs, presque assurément en rapport avec les conventicules pythagoriciens, alors florissants en Grande-Grèce, et dont les doctrines sur plusieurs points se rapprochent des siennes. On a signalé aussi des analogies entre son enseignement et celui de la secte orphique, fort active à l'époque en Italie méridionale et en Sicile, et dont les promesses d'immortalité semblent avoir consolé dans ses vieux jours l'illustre Théron d'Agrigente, tyran éclairé, protecteur de Simonide et de Pindare. Les récits qui montrent Empédocle essayant de réformer la constitution de sa patrie, et s'exilant après son échec, ou refusant au contraire le pouvoir que ses concitoyens lui offrent, sont confus et probablement légendaires ; il semble pourtant avoir joué un certain rôle dans les affaires de la cité ; on le voit, conscient de la pollution des eaux d'Agrigente, faisant capter et conduire en ville l'eau de sources pures pour prévenir ou combattre une épidémie de peste.

La tradition qui fait de lui un thaumaturge est solidement confirmée par un fragment de son œuvre, empreint de cet inquiétant charlatanisme s'associant chez tant de réformateurs religieux à la sincérité. Il s'y montre accompagné de disciples, pieusement entouré par la foule, vêtu d'habits quasi sacerdotaux, guérissant les malades non seulement par son savoir très réel de médecin, mais encore par ses miraculeux pouvoirs. Seules, les deux lignes mélancoliques de retour sur soi-même qui terminent ce passage rassurent un peu sur l'équilibre spirituel de cet homme si vain de ses propres dons. On mit à son compte la résurrection d'un mort, père de son cher disciple Pausanias, et un autre fragment, d'ailleurs d'une rare beauté poétique, prouve qu'Empédocle, sans se vanter formellement d'un pareil prodige, a cru néanmoins en sa possibilité. L'intéressant, pour nous, est de constater chez cet homme, doué d'un véritable génie scientifique, de forts penchants théurgiques et magiques qui n'étonneraient pas quelques siècles plus tard, dans l'atmosphère entre chien et loup du paganisme finissant, mais qui surprennent dans ce que nous nous efforçons de considérer comme le clair et classique ve siècle.

Les divers récits concernant la fin d'Empédocle prouvent que ses contemporains, et plus encore les générations suivantes, ont hésité à son égard entre la ferveur et le scepticisme. La tradition la plus simple le fait mourir de mort naturelle dans le Péloponnèse ; une autre le décrit s'éloignant pour ne plus revenir, appelé dans la nuit par une voix inconnue ; la plus courante le montre englouti volontairement dans l'Etna pour disparaître sans laisser de trace, faisant croire ainsi à sa nature divine, mais trahi par la sandale qu'il aurait laissée au bord du cratère. Il n'est pas entièrement impossible qu'un homme du tempérament d'Empédocle ait voulu, au prix même de sa vie, étayer ses enseignements du prestige d'une fin mystérieuse ; il est plus probable que cet observateur passionné périt au cours d'une investigation scientifique, ou encore que ce philosophe si proche de certains sages de l'Inde ait projeté et accompli ce suicide igné, analogue à celui de nombreux brahmanes. La tradition populaire a, bien entendu, adopté l'explication la plus basse, qui fait d'Empédocle un simple imposteur.

Comme ses prédécesseurs Parménide et Xénophane, comme le quasi mythique Pythagore, Empédocle s'exprime en vers, ce qui semblerait un reste d'archaïsme, si l'on ne se souvenait que l'Antiquité a toujours aimé enfermer ses spéculations et ses connaissances, abstraites ou pratiques, dans la plus parfaite et la plus mémorable des formes. On n'a du grand Sicilien qu'environ cinq cents vers appartenant à deux longs poèmes, *De la Nature*, et *Des Purifications*. Le *De la Nature*, dont le titre, la forme, et une partie du contenu ont été repris par Lucrèce à quatre siècles de distance, est fait d'une série d'hypothèses très vastes et de notations très précises sur l'univers et la nature des choses. Moins logicien que Parménide, moins arithméticien que Pythagore, plus préoccupé qu'eux du mystère de la vie elle-même, on a pu parler à son propos d'une pré-biologie, d'une pré-embryologie, d'une pré-paléontologie, d'une pré-morphologie comparée. Ses réflexions sur la structure des êtres vivants, ses rêveries évidemment inspirées par la découverte accidentelle de fossiles, font penser aux vues audacieuses des *Cahiers* de Léonard et aux travaux de Bernard Palissy ; ses méditations quasi alchimiques sur le mélange et la séparation des substances, sa perspicacité teintée de fantaisie visionnaire, obscurcie çà et là de bouffées de vanité, l'apparentent à Paracelse. Comme son prédécesseur Anaximandre, il croit la vie sortie de l'océan et l'homme issu par mutations successives des espèces animales[1], éclairs « évolutionnistes » qui font prévoir Lamarck, Darwin et De Vries à un intervalle de plus de vingt-deux siècles. Il entrevoit la sexualité des plantes, niée ensuite par Aristote, et que la majorité des botanistes n'allait admettre que vers 1800. Le premier, semble-t-il, il établit, ou du moins enseigna en Grèce la division de la matière en quatre éléments, classification devenue aujourd'hui une sorte de truisme de la pensée populaire qui a dominé la science jusqu'au XVIIIe siècle. L'hypothèse du sang qui « circule », repoussé par l'air, puis le refluant à son tour, illustrée chez lui par l'image d'une jarre remplie, puis vidée, où l'air et l'eau se remplacent alternativement, retouchée ensuite par Érasistrate et Galien[2], a duré dans son ensemble jusqu'à Harvey et ses devanciers, les grands physiologistes de la Renaissance.

Plus encore que des vues d'Héraclite sur le flux des choses et l'union des contraires, le complexe système cosmogonique d'Empédocle se rapproche des spéculations hindoues. Spéculations qui doivent correspondre,

---

1. Anaximandre est sur ce point encore plus net qu'Empédocle. « L'homme a été d'abord une sorte de poisson. » (Diehls, *Die Fragmente der Vorsocratiker, Anax.*, 2, 30.)
2. Les corrections apportées dans l'Antiquité à cette théorie, probablement beaucoup plus ancienne qu'Empédocle, consistent surtout dans le remplacement de ses « pores » hypothétiques par d'imaginaires vaisseaux assez semblables à nos capillaires.

sinon nécessairement à l'ultime réalité, du moins à certaines structures de l'esprit humain, puisqu'on les retrouvera plus tard, en des contextes tout différents, dans la Gnose païenne et chrétienne et dans la Kabbale, et que la science d'aujourd'hui tend à les réintroduire à partir d'autres données et sous d'autres formes. L'univers d'Empédocle alterne entre la condensation, l'accord, le mystique retour à l'unité sous l'effet d'une force qu'il appelle l'Amour (ou la Sympathie) et le morcellement en une série d'entités séparées et agressives réalisé par la Haine (ou l'Inimitié, ou la Discorde). Oscillation qui rappelle la série d'inhalations et d'exhalaisons cosmiques postulée par les Upanishads, mais au lieu de l'image du « Dieu qui respire », familière aussi aux philosophes éléates, Empédocle emploie la métaphore mécanistique de roues engrenées tournant en sens contraire[1]. Comme chez presque tous les présocratiques, il y a chez lui perpétuel, et parfois fécond, glissement de la physique à la métaphysique, de la raison au mythe. Comme presque tous, il est à l'aise dans les vastes étendues du temps cosmique, qu'un littéralisme étroit réduira plus tard aux six mille ans de la légende biblique, c'est à dire, à peu de chose près, à la durée de l'histoire et de la protohistoire humaines. C'est l'emploi de ces grandes unités de temps, pareilles aux *kalpas* hindoues, qui lui permettent de méditer, comme autrefois Anaximandre, sur l'immémorial passé de la terre. Antérieur au pragmatisme intellectuel qui tendra dès Socrate à faire délaisser au philosophe les sciences de la nature

1. Que ce double tour de roue soit à la fois pour Empédocle simultané et successif explique certaines apparentes contradictions du poème. Ainsi la croyance en un âge d'or probablement atemporel voisinant avec la description des misérables débuts de l'homme sur la terre, assez semblable à celle du *Prométhée* d'Eschyle, mais rare chez les philosophes, et qu'amplifiera ensuite Lucrèce.

pour celle de l'homme, ou les encombrera d'un finalisme humain, l'homme d'Empédocle est *dans* l'univers ; il n'en est pas la raison d'être, comme l'affirma durant des siècles l'anthropocentrisme chrétien, ni la cause finale, comme l'infère encore plus naïvement l'anthropolâtrie athée d'aujourd'hui.

Si le *De la Nature* traite du monde physique, *Des Purifications* aborde celui de l'âme. Empédocle s'y conforme plus ou moins à ce que nous savons de la doctrine de Pythagore, mais les rapports avec l'Inde sont si nets et si nombreux qu'on a peine à ne pas croire qu'une influence tant brahmanique que bouddhique se soit exercée sur lui à travers des intermédiaires que nous ignorons. Il s'agit d'une doctrine de salut : l'âme tombée dans la chair, enfermée dans la « caverne » dont se souviendra Platon, prise au piège de la Discorde qui a fait d'elle une monade séparée, craintive et haineuse, traverse au cours des âges toutes les modalités de l'existence sous toutes les formes. Le génie poétique d'Empédocle éclate dans ces plaintes de l'âme bannie et souillée, d'autant plus bouleversantes qu'elles sont faites à la première personne, et comme en son nom. Les fragments qui subsistent du *Des Purifications* ne décrivent pas le processus de libération finale, mais ce qui reste fait supposer que celle-ci s'opérait, comme pour les philosophes de l'Inde, par le double moyen de la connaissance et de l'ascèse. Que la métempsycose réponde ou non à une réalité d'outre-mort, elle est chez Empédocle comme dans les évangiles bouddhistes l'admirable symbole des liens unissant tout ce qui vit dans l'immensité du temps. On pourrait presque dire qu'elle est pour lui le corollaire théologique de ses vues « transformistes ». Sa répudiation indignée du carnivorisme est toute proche de l'*ahimsa* hindoue, mais il semble bien qu'elle corresponde chez lui à quelque chose de plus profond encore qu'une doctrine : de nouveau, on pense à certaines notes des *Cahiers* de Léonard, où s'exprime le même dégoût halluciné.

Plus encore que le végétarisme, son insistance sur la nécessité d'une perception complète, provoquée et maîtrisée tout ensemble, passant à la fois par ce qu'on nomme l'esprit et par ce qu'on nomme les sens, révèle une analogie surprenante avec les données hindouistes. La même remarque vaut pour la croyance aux pouvoirs miraculeux, aux *siddhis*, qu'Empédocle, on l'a vu, se vantait de posséder, mais que la plupart des mystiques ont toujours considérés comme des sous-produits, parfois dangereux, de l'expérience spirituelle elle-même. Le fragment où Empédocle garantit à son disciple ces inquiétants privilèges ne contient pas les mises en garde d'usage ; le texte intégral le faisait peut-être, mais l'esprit prométhéen ou faustien du philosophe d'Agrigente semble bien avoir attaché un grand prix à ces dons que le Bouddha ou qu'un saint catholique eût regardés avec dédain ou avec méfiance, ou tout au moins avec humilité.

L'étrange Empédocle n'a jamais été oublié. Platon lui doit beaucoup. Lucrèce, qui rejette sa croyance en la survie de l'âme, mais hérite pour tout le reste de son matérialisme mystique, fit de lui un superbe éloge. Ses quasi-compatriotes de la Calabre du XVIᵉ siècle, Telesio, Campanella, Giordano Bruno, exposèrent parfois, non sans risques, des vues dérivées des siennes ou voisines des siennes, et le tempérament des deux derniers se rapproche à tel point de celui de l'antique investigateur visionnaire qu'on serait presque tenté de parler, dans ses propres termes, d'un phénomène de transmigration. Les poètes du XIXᵉ siècle, Matthew Arnold entre autres, l'ont chanté, mais en le privant de presque toute caractérisation individuelle pour n'en faire qu'une image de métaphysique et romantique inquiétude. Romain Rolland, en 1917, dans un essai d'ailleurs quelque peu hâtif sur le philosophe d'Agrigente, place amèrement son principe de la Haine Cosmique en regard du déchaînement de la Première Guerre mondiale. Enfin, neuf ans avant son accident d'avion dans la brousse africaine, Dag Hammarskjöld avait écrit ce qui suit : « Tu dis que tu attends, que ta porte est ouverte. Mais est-ce un être humain que tu attends ? L'Etna qu'attend Empédocle est peut-être une amitié au delà des hommes. »

DE LA NATURE

... Pour l'homme les chenaux de la perception,
Épars dans tout le corps, sont peu nombreux ; souvent
Les maux et la douleur rendent las et pesant
Ce qui perçoit. Vivant les yeux toujours fermés,
N'ayant rien vu, rien su, en sa brève existence,
L'homme périt, fumée, éphémère substance,
Ayant rarement eu la pénétration
Qu'il eût fallu, lancé en la direction
Que le hasard lui fit prendre, mais sans jamais
Voir l'ensemble, et avoir compris. Mais toi, très cher
Pausanias, sortant des limites de chair,
Tu t'instruiras de tout, pensif, en ta retraite
Sage, — au moins pour autant que l'âme humaine est
prête
Et apte à tout connaître...

            ... Et surtout n'élis pas
Le seul chemin de l'œil, ou l'oreille, ou la langue,
Ou le tact, mais prends chacun de ces sentiers
Pour connaître le Tout et le Vrai tout entiers,
Car la perception parfaite...

                    ... Et protège
En ton sein silencieux...

Quatre causes, quatre racines, le très clair
Zeus, qui est l'air, Héra, nourricière terrestre,
Et l'Hadès noir, inextinguible, le feu fier,
Et Nestis tout en pleurs, source et larme céleste...
... Incréé...

            ... Je te dis, pas de création :
Nulle chose ne naît. Pas de destruction :
Nulle chose ne meurt. Mais tout n'est que mixture,
Et ce mélange vaste est appelé Nature...

... Mais que surgisse un homme, un animal, oiseau,
Insecte, ou une plante, et l'on crie : « Ils sont nés ! »
Et quand les éléments, défaits, et entraînés
Par leur poids, retrouvant leur propre solitude,
Se séparent, l'on pleure : « Morts ! ». La vérité
N'est pas telle, mais moi aussi, par habitude,
Je parle de la sorte...

                    ... Et la Mort, ce Vengeur...

... Insensés ! Ils croient tous n'avoir jamais été
Avant, ou bien qu'après ils sont en tout détruits.
Rien ne vient d'un tel Rien, et Rien ne peut pas
                                              naître,
Et l'Être ne peut pas se nier, disparaître,
À tout jamais, partout...

... Le sage ne croit pas que, tant qu'il est vivant
(On nomme cela vie), il est, tandis qu'avant
Et après, il n'est rien...

... Et l'éternel Amour et la Haine éternelle
Sont là ; jamais le Temps ne les verra finir ;
Jamais, vidant le monde...

... Et je t'explique, ami, la jumelle action,
Le double tour de roue en sens opposés. L'Un
Devient Multiple, et le Multiple, motion
Incessante, redevient l'Un. Ainsi, commun
À tous, mais s'amorçant sur des cercles contraires,
Le même être tantôt se défait, tantôt croît,
Gros ici de ce qu'il perd là ; et, tantôt frères,
Les éléments qui ne sont qu'Un forment l'Unique,
Sous l'effet de l'Amour, et tantôt sous le froid
Empire de la Haine, ils forment l'Innombrable.
Ainsi, toujours rejoint et toujours séparable,
Le Tout est et n'est pas ; l'immense mécanique
Brasse, moud, et s'agrège, et s'engrène ; et le cycle
Continue...

... Amour, qu'on nomme aussi Aphrodite et Délice...

... Tous sont égaux ; tous sont coéternels, mais tous
Ne prévalent que pour un seul instant du Temps.
Chacun prime à son tour, puis s'efface, et, dissous,
Devient autre. Mais rien de plus et rien de moins
N'est jamais. Où iraient ces objets révolus,
Dans quelle absence ? Et de quel gouffre viendraient-ils,
Naissant ? Et dans quels lieux, dans quels vides subtils,
En ce monde si plein ? Tout se transforme et change
Par l'effet du rebrassement et du mélange,
Mais Tout est toujours l'Un, et l'Un est toujours
                                        Tout...

... C'est dans le corps mortel que le mieux s'aperçoit
L'impérissable effet de cette grande loi.
Tantôt l'Amour fleurit la chair et nous unit

À tout ce qui est beau ; tantôt, triste, terni,
Luttant contre soi-même, errant sur les rivages
Extrêmes de la vie, en butte à de sauvages
Houles, le cœur se lasse, et nos corps, usés, meurent.
Ainsi des plantes, et, dans leurs vastes demeures
Fluides, des poissons ; ainsi, dans leurs voyages
Célestes, des oiseaux ; et, dans les lieux déserts,
Des fauves...

        ... Tels des peintres experts,
Peignant les ex-voto qu'on suspend dans les temples,
Mélangent leurs couleurs, prenant plus, prenant moins,
Harmonisant, grâce à leur savoir et leurs soins,
Les nuances, créant des arbres et des bêtes,
La femme et l'homme, et même, en d'indicibles fêtes,
Les grands dieux destinés à durer plus que nous.
Ainsi, en sa variété, croît et s'anime
La vie, et ses formes diverses ne sont faites
Que de quelques couleurs primaires...

... Seul et dans le secret, le Tout, sphère sublime,
Jouit tranquillement de son cercle infini.
Des bras n'émergent pas du bout de ses épaules ;
Il n'a ni pieds, ni genoux souples, ni l'engin
Du sexe, mais égal en toutes ses parties,
En tout sens...

... Mais quand la Haine en lui s'insinue et sépare...

... Et les dieux tremblent...
        ... Et le joint qui unit...

... Et pareil à du lait caillé par la présure,
Comme l'orge à l'eau mélangée...

... Le feu arde le feu, la terre accroît la terre,
L'air expand l'air...

        ... Et je dirai le soleil, le début
Des choses, de la terre et la mer innombrable,
De l'air humide, et de l'Éther inaltérable,
Titan qui nous enferme en un cercle...

... Les rayons du soleil frappant la large face
Lunaire...

        ... La nuit aveugle et seule...

... Le feu qui puissamment bondit vers la hauteur,
Les feux cachés sous la surface...

... La mer, sueur terrestre...

... Et sur terre apparut un peuple de vertèbres
Disjointes, bras errants, prunelles sans orbites,
Tête et cou non unis, ébauches...

... Puis, leur divinité s'affermit, et ces formes
S'unirent, produisant d'autres aspects énormes
Et multiples, monstres confus où cohabitent
Le mâle et la femelle, et des membres velus,
Des bras soudés à d'autres bras, et des mâchoires
Puissantes...

        ... Ces objets dans les ténèbres noires
Naissaient, l'homme, et la femme aux larmes condam-
Indifférenciés encor, produits de l'eau   née,
Réchauffés par le feu, mais la voix, l'ordre humain
Manquaient, et la beauté n'était pas née...

... Et le pré divisé, le jardin d'Aphrodite...

                    ... Car Aphrodite humide,
Préparant au dedans la naissance des êtres,
Chargea le feu...

... Et le peuple muet des poissons, les coquilles,
Et leur squelette externe...

... Les feuilles, les cheveux, les innombrables plumes
Des oiseaux, et les écailles, même chose...

... Comme un homme voulant sortir par la nuit noire
Prépare une lanterne, ardent morceau de feu
Dans un abri diaphane qui le protège
Du vent, et la clarté rayonne hors de ce piège
De corne, ainsi un feu éternel est issu
Des membranes de l'œil et de son fin tissu,
Reflété par la chambre d'eau de la pupille,
Et subtil, il éclaire au dehors...

... Aphrodite a uni sous son joug les deux yeux,
Infatigable paire ; à eux deux, ils produisent
L'image unique...

... Et une exhalaison sort de toutes les choses,
Un effluve...

... Le nez du chien, suivant sur le sol cette trace
D'eux-mêmes qu'en marchant les animaux y laissent...

... L'oreille, ce surgeon de chair, ce tympanon...

                    ... Toutes les créatures
Ont un souffle, ont un flair, et, selon l'occurrence,
Des esprits...

... En l'homme la pensée autour du cœur s'amasse...

... La terre en nous connaît le terrestre élément ;
En nous l'air connaît l'air, et s'unit au principe
Éthéré ; et le feu en nous abondamment
Présent sait reconnaître au dehors les intenses
Flammes ; l'Amour, la Haine, au fond de nos sub-
Savent aussi...   stances,

... Le reflet, cet aspect des effluves perçu
Par l'œil...

... Cœur attentif, si tu appréhendes ces choses,
Tu les fais tiennes pour toujours, et tu disposes
D'autres trésors tout neufs, de la sorte augmentés
Sans cesse, car ces biens et car ces vérités
Vont s'accroissant en toi et selon ta nature
Intime, à ton esprit servant de nourriture.
Mais si tu veux goûter, sottement amassés,
Aux fruits du vain savoir des hommes insensés,
Ces vérités te quitteront l'une après l'autre,
Avides de rentrer au lieu dont elles sortent,
Car tout fait, tout concept, toute chose comportent
Une part de volition...

... Entre temps, peu à peu, des pouvoirs te viendront.
À toi seul j'apprendrai comment on exorcise
La vieillesse et ses maux affreux ; tu sauras comme
Les puissances du vent se soumettent à l'homme ;
Tu sauveras les blés de l'ouragan qui brise
Et qui dessèche ; tu régneras sur les eaux
Tourbillonnant dans les torrents, dans les ruisseaux
Courant, alimentant les arbres, descendues
Du ciel ; tu connaîtras les simples qui guérissent,
Les racines, les sucs ; dans l'Hadès, tu verras

Se lever à ta voix les âmes confondues
Dans la nuit ; bienfaisant, tu ressusciteras
Les morts...

DES PURIFICATIONS

... Amis, vous qui vivez dans la blonde Agrigente,
Honorant l'étranger, mais fuyant le méchant,
Salut ! Pareil aux dieux, je vais, chantant mon chant
Parmi vous, couronné d'or pur et de guirlandes.
Et tous, par milliers, m'apportent leurs demandes,
Leurs prières, et tous ils désirent savoir
Ce que cache pour eux l'avenir clair ou noir,
Et le meilleur chemin à suivre, et quel remède
Guérit leurs tristes maux, si divers. Le vieillard,
L'homme, l'enfant, la femme, ils cherchent...

... Vais-je m'enorgueillir de posséder cet art,
Comme si surpasser les malheureux mortels
En quelque chose était un mérite, et que tels
Qu'ils sont, de pareils dons...

... Il est un haut décret de la Nécessité,
Loi sublime, éternelle, et qu'à jamais scellèrent,
À force de serments, les grands dieux tutélaires.
La voici : quand l'esprit, en son habit de chair,
S'inféode à la Haine, et, hideux criminel,
Verse le sang, il va trois fois dix mille années
Vagabonder parmi les âmes condamnées,
Loin des Heureux, passant d'une dure existence
En une autre, aussi dure, et sa triste substance
Assume mille aspects sans changer de destin.
L'air pur lē rejetant, l'esprit tombe, incertain

188

Et troublé, dans les flots, et le flot révolté
Le crache sur la rive, où la terre innocente
Le lance vers le haut, vers la flamme puissante
Du soleil, feu terrible, et le feu irrité
L'expulse dans l'Éther aux remous infinis.
Ainsi vont, torturés, ces malheureux bannis.
Et moi, j'en fais autant, j'erre en la multitude
Des Égarés, bien loin de la pure altitude
Divine, cœur souillé, ayant laissé comme eux
La noire Haine entrer en moi...

... J'ai pleuré et gémi en voyant cette rive,
Ce pays étranger où à mon tour j'arrive
Loin du serein bonheur et de la pure gloire
D'en haut...

        ... Et nous voilà dans la caverne noire...

... Je fus au cours des temps le garçon et la fille,
L'arbre, l'oiseau ailé, et le muet des eaux...

        ... Ah, sombre résidence !
La Fureur, et le Meurtre, et le peuple féroce
Des Chagrins, et l'Échec, la Maladie atroce,
Et la Corruption, la Dissolution
Des Formes, dans ce pré où sans fin se condense
Un noir brouillard, rôdent...

... Ici la Glèbe sainte, et la Lumière douce,
Et aussi la terrible Haine, qu'éclabousse
Le sang, et l'Harmonie, ineffable sagesse,
Et la nymphe Beauté, et Laideur, et Largesse
Et Refus, et Lenteur et Vélocité, deux
Déesses, et Justice, et l'Injuste hideux,
Et le Doute si sombre avec la Certitude
Si claire, et la Croissance et la Décrépitude,

Le Mouvement et le Repos, la Majeste
Ceinte d'astres, avec l'abjecte Impureté,
Et le Silence avec la Voix qui y résonne...

... Triste espèce, mortels que la chair emprisonne,
Voués dès la naissance aux pleurs, que de conflits
Vous déchirent !...

... De la vie à la mort, de la mort à la vie...

    ... Manteau charnel, voile inaccoutumé
Dont, revêtus par la déesse des naissances...

... Et les uns sont lions dans les vastes replis
Des monts, parmi les animaux, d'autres encore,
Lauriers verts parmi les arbres...

... Il n'était autrefois pas de clameurs de guerre,
Pas de Temps, pas de Zeus, ni mouvant Poseidon,
Mais l'Amour seul régnait...

                              ... Pieux,
Les hommes à Cypris présentaient des offrandes,
Mais rien que des parfums, la myrrhe, l'encens pur,
Le miel, et les gâteaux, et les fraîches guirlandes.
Mais dévorer des corps auxquels est arrachée
L'âme, et dont l'existence horriblement tranchée
Par le couteau, s'écoule en sang, était un crime
Monstrueux ; le taureau, mugissante victime,
Ne tombait pas, souillant l'autel...

... Et partout, en ce temps, toutes les créatures,
Hommes, bêtes, oiseaux, s'entraidaient, et vivant
Sans crainte, confiants et doux...

... Parmi eux se trouvait un homme au cœur savant,

Possesseur des trésors de son âme. Souvent,
Concentrant sa pensée en soi, instrument sûr,
Il retraçait en son esprit les aventures
D'une douzaine ou davantage de ses vies
D'homme...

... Ne tente pas de rapprocher la Déité
De nos mains, de nos yeux, ces chemins les plus
                                            courts
Par lesquels la croyance...

... Car il n'a rien d'humain, ni tête, ou quatre membres
Issus du torse, ni genoux, ni pieds agiles,
Ni sexe hirsute, organe velu où s'engendrent
D'autres vivants. Il n'est qu'esprit, saint, par delà
Les mots, et de ses émanations rapides
Emplit tout à la fois...
                ... Loi d'air et de clarté pour tous...

... Ne mettrez-vous pas fin à ce sauvage cri,
Ce fauve hurlement des bêtes qu'on abat ?
Jusqu'à quand, insensé, meurtrissant et meurtri,
Dévoreras-tu ta propre substance ?...

... Comme un père hébété égorge son enfant,
Et prie, ô l'imbécile ! Et cependant, ces plaintes
Troublent obscurément leur cœur. Mais, étouffant
Leur pitié, ils préparent d'indignes mets...

                ... Saignés à blanc
Par le fer...

... Ah, que ne suis-je mort avant d'avoir jamais
Touché à ces repas de viandes...

                ... Des malédictions...

... Sanctifier son cœur par le jeûne, l'eau pure...

... Ils deviendront alors des poètes, des prêtres,
Des guérisseurs, princes de la terre, des êtres
Partageant la demeure et la table des dieux,
Libérés de tous maux, immortels...

.... Et le corps, terre qui nous revêt...

... La vitale Aphrodite...

... ... La vieillesse,
Ce crépuscule humain...

... Baubô l'obscène[1]...

... Les hommes d'autrefois dont la vie était dure
Pourraient nous dire : « Vous avez tout... »...

Fragments cités par Plutarque, *Œuvres Morales* ; Aristote, *Métaphysique, Physique, Météorologiques, Poétique*, etc. ; Théophraste, *Opinions des Physiciens* ; Philon, *De l'Éternité du Monde* ; Élien, *Des Animaux* ; Strabon, *Géographie* ; Stobée, *Florilège* ; Clément d'Alexandrie, *Stromates* ; Diogène Laërce, *Vie d'Empédocle* ; Porphyre, *De l'Abstinence ; De l'antre des Nymphes* ; Sextius Empiricus, *Commentaires* ; Simplicius, *Commentaires* ; Proclus, *Commentaires sur le Timée* ; Hiéroclès, *Commentaires sur les Vers Dorés de Pythagore*. Etc. Cf. Diehls, *Poet. Phil. Frg.* Berlin, 1901.

1. Baubô, vieille servante qui, par ses postures indécentes, parvint à faire rire Déméter affligée par la perte de sa fille Perséphone. Pour Empédocle, et sans doute pour toute la tradition ésotérique, Baubô semble avoir été un grotesque symbole génésique. Son souvenir était évoqué au cours des processions d'Éleusis par un assaut de plaisanteries licencieuses.

LA TRAGÉDIE
ET LA COMÉDIE ANCIENNE
ET NOUVELLE

Phrynichus

(vi^e et ve siècle avant notre ère)

On assigne au théâtre grec, fondé au temps des légendes par le quasi fabuleux Thespis, la date de naissance officielle de 535-533, années où furent institués à Athènes les concours tragiques. Phrynichus, dont le premier succès est d'environ 510, est le plus ancien dramaturge qui soit pour nous autre chose qu'un nom. On sait qu'il composa une *Alceste*, un *Troïlus*, un *Tantale*, et quelques autres pièces, dont deux à sujets contemporains discutées ci-dessous. On nous dit que son style restait celui de l'oratorio lyrique à un seul personnage dialoguant avec le chœur, sans doute tout proche encore des déplorations sacrées dont la tragédie était tout récemment issue. Son œuvre était réputée pour sa beauté poétique et musicale et son poignant pathétique. Ses mélodies, tombées au rang d'airs populaires, furent chantées à Athènes pendant des générations, alors que ses pièces avaient depuis longtemps quitté la scène.

En 494, Phrynichus fit jouer une tragédie d'une actualité encore toute chaude, *La Prise de Milet*. Grande ville ionienne d'Asie Mineure, Milet avait essayé entre 499 et 494 de secouer le joug perse ; malgré l'aide apportée par une escadre athénienne et eubéenne, les révoltés, après quelques vains succès, avaient été finalement subjugués, la ville pillée, les hommes mis à mort, les femmes et les enfants emmenés en esclavage à l'intérieur de l'Asie. Phrynichus présenta cette catastrophe, qui serrait tous les cœurs, sous la forme d'un *lamento* chanté et gémi par les captives, et l'émotion du public fut telle que les autorités interdirent le drame. Vingt-trois ans plus tard, après les deux guerres médiques dont l'aide apportée à Milet par Athènes avait été l'un des *casus belli*, Phrynichus célébra la victoire grecque dans ses *Phéniciennes*, sorte de cantate tragique qui montrait les femmes de l'Orient déplorant le désastre des armées de Xerxès, et qui précéda de quatre ans *Les Perses* d'Eschyle. Ces trois pièces sont les seuls drames grecs connus pour avoir traité d'événements contemporains, le théâtre s'étant ensuite, pour des raisons difficiles à déduire, détourné entièrement de l'actualité et de l'histoire pour se confiner aux seuls thèmes mythologiques[1].

Il ne reste des drames de Phrynichus que quelques bribes insignifiantes, mais on a de lui deux vers tirés d'une épigramme ou d'une élégie où le poète parlait de son art. Ils évoquent magnifiquement ces grands spectacles de la danse sacrée dont la tragédie grecque est sortie et font regretter ce monde de mouvements et de mélodies perdus.

⁂

... Et je connais autant de figures de danse
Que la mer dans la nuit a de flots orageux...

Cité par Plutarque,
Propos de table, VIII, 9, 3.

1. Pour être complet, il faut citer deux ou trois pièces à sujets historiques, sinon contemporains, dont un *Thémistocle*, composées par d'obscurs poètes et présentées, semble-t-il, sans succès, au cours du ve et du ive siècle.

Eschyle

(VIe et Ve siècle avant notre ère)

Né vers 525 à Éleusis, Eschyle appartenait à la classe noble des Eupatrides. Sa première pièce, que nous n'avons plus, date de 499 ; sa première victoire à un concours dramatique, avec une œuvre également perdue, est de 485. Cinq ans plus tôt, Eschyle avait combattu à Marathon avec son frère Cynégyre, dont le trépas héroïque est resté célèbre ; cinq ans après, nous le trouvons sur les navires grecs à Salamine. *Les Perses*, qui dépeignent superbement la grande bataille navale à laquelle il avait participé, furent joués huit ans plus tard.

La carrière d'Eschyle fut glorieuse, mais eut ses vicissitudes. Il semble qu'on l'ait accusé d'avoir divulgué certains secrets éleusiaques, soit en prêtant à ses personnages des propos trop proches d'enseignements réservés aux initiés, soit en imitant de trop près dans une de ses pièces telle scène du drame sacré joué à l'intérieur du sanctuaire. Eschyle aurait donc été l'un des premiers à souffrir de cette inquisition, non pas sacerdotale, mais populaire, qui allait s'attaquer au cours de plus d'un siècle à une douzaine au moins de grands Athéniens, dans cette ville certes favorable à l'intelligence, mais où il était toujours facile de mobiliser le préjugé et la sottise pour nuire à quelqu'un. Les détails de l'affaire demeurent incertains et vagues[1]. En fait de politique, on suppose à cet Eupatride des vues conservatrices, mais la seule pièce (les glorieux *Perses* mis à part) dans laquelle on croit voir un rapport avec l'actualité est sa dernière œuvre, *Les Euménides*, où Apollon plaide pour Oreste devant l'Aréopage. C'était précisément l'époque à laquelle on retirait à ce grand corps réactionnaire toute autorité politique, ne lui laissant que ses fonctions judiciaires. Il se peut qu'Eschyle ait voulu protester contre cette réforme, ou au contraire la valider en quelque sorte en montrant l'Aréopage jugeant en dernière instance la plus illustre des causes célèbres. Qu'on ait débattu sur ce point montre combien *Les Euménides* restent sur le plan du mythe et non sur celui de la réalité partisane.

Comme Pindare, et sans doute pour les mêmes raisons, c'est à dire pour surveiller l'exécution de ses œuvres, Eschyle se rendit au moins deux fois en Sicile ; il y mourut en 455, et les Anciens ont présenté ce dernier voyage comme un exil volontaire, dû, soit aux suites du procès d'impiété mentionné plus haut, soit au mécontentement que causaient au poète vieilli les succès de Sophocle. Il se pourrait aussi que cet aristocrate qui avait, semble-t-il, servi deux fois sous les ordres de Cimon ait désapprouvé l'ostracisme de ce dernier, et trouvé de moins en moins à son goût l'Athènes bruyante, riche, expansionniste, née de ces mêmes victoires auxquelles il avait contribué naguère. Pas plus que Pascal n'appartient à proprement parler au siècle de Louis XIV, Eschyle n'est tout à fait de celui de Périclès.

1. La condamnation eût entraîné la mort et la confiscation des biens. D'après Aristote, le poète déclara ne pas avoir su que la consigne du silence s'étendait aux paroles, ou scènes, qu'il aurait reproduites. Les anecdotes qui montrent Eschyle, menacé de lynchage, prenant asile au pied de l'autel de Dionysos, ou acquitté en considération de ses exploits militaires, sont probablement des embellissements tardifs.

Si la belle épitaphe qu'il aurait composée pour lui-même durant son second séjour en Sicile est bien authentique, il n'est pas impossible d'interpréter ces quelques vers d'un homme fier et ombrageux dans le sens de l'amertume envers une ingrate patrie.

Des quatrevingt-dix pièces d'Eschyle, nous n'en avons que sept, tirées d'un choix scolaire fait probablement vers l'époque de Plutarque. Il est difficile aujourd'hui d'entrer dans les raisons de ce tri. La présence des trois pièces constituant *L'Orestie*, seule trilogie que nous ayons au complet[1], s'explique par leur indiscutable qualité de chefs-d'œuvre ; l'inclusion des *Perses*, drame n'appartenant à aucun ensemble trilogique, s'imposait par la splendeur de l'ouvrage et par son sujet cher à tout cœur grec. On s'étonne au contraire que *Prométhée Enchaîné*, sommet sublime, ait été séparé du massif montagneux tout entier, *Prométhée Porte-Feu, Prométhée Délivré*, et le satyrique *Prométhée Allume-Feu*, où se déridait la titanesque aventure[2]. Enfin, on ne sait pourquoi *Les Suppliantes*, pièce encore archaïque, et *Les Sept contre Thèbes*, datant de la maturité du poète, ont été choisies de préférence à d'autres, plus illustres encore.

La perte des deux autres drames de la trilogie gêne quand il s'agit de pénétrer dans *Prométhée Enchaîné* l'intention d'Eschyle. Nous ignorons tout de *Prométhée Porte-Feu*, même sa place dans l'ensemble ; en dépit de quelques vers qu'on possède encore de *Prométhée Délivré*, on reste incertain si l'œuvre aboutissait à une complète réconciliation entre Zeus et Prométhée, ou si persistait jusqu'au bout, relégué à l'arrière-plan, mais plein encore d'implications menaçantes, le sentiment d'un

---

1. Mais privée pourtant de sa *coda* satyrique, *Protée*.
2. Il semble, néanmoins, que *Prométhée Allume-Feu*, drame satyrique, ait fait suite à une trilogie différente de celle des trois *Prométhée* tragiques.

conflit entre le Titan et l'Olympien. La ligne générale de la trilogie consacrée aux Danaïdes, et qui commençait par *Les Suppliantes*, est au contraire assez claire. On croit savoir qu'à la longue plainte des cinquante vierges persécutées et obtenant en Grèce droit d'asile succédait le triomphe des prétendants égyptiens épousant de force les cinquante filles. Le dernier drame s'ouvrait, nous dit-on, par la tragique mention d'une aubade au lendemain des noces, devant le palais où gisaient déjà les maris assassinés. Nous savons aussi qu'Aphrodite prenait la défense d'Hypermestre, la seule Danaïde à enfreindre les ordres paternels en épargnant par amour son nouvel époux, tout comme dans *L'Orestie* Apollon prend contre les Furies la défense d'Oreste. De la trilogie intitulée *Les Labdacides*, nous possédons la conclusion, *Les Sept contre Thèbes*, mais le contenu du *Laïus*, où se déclenchait cette avalanche de crimes, reste conjectural, comme aussi le traitement d'Œdipe et de Jocaste dans le second des trois drames, et l'on ne sait rien non plus de la comique et fantastique *Sphinge*.

Parmi les plus fameuses trilogies manquantes, il faut citer d'abord *L'Iliade Tragique*, consacrée à la mort de Patrocle et à la douleur d'Achille, et quelques autres pièces d'un cycle troyen dont Eschyle disait modestement qu'elles étaient « les reliefs de la table d'Homère ». Dans *L'Iliade Tragique*, le poète innovait en représentant l'attachement d'Achille pour Patrocle non comme la camaraderie militaire célébrée dans *L'Iliade*, mais comme une passion ardente telle que la comprenaient les hommes de son temps. *La Pesée des Âmes*, qui se passait sur l'Olympe, montrait Zeus soupesant dans ses balances le destin d'Achille. Une trilogie traitant du retour d'Ulysse à Ithaque et de sa fin mystérieuse, « venue de la mer », fait rêver par l'étrangeté de certains titres : *Les Nécromants*, qui racontaient peut-être la descente chez les Ombres, *Les Ramasseurs d'Os*, où il semble qu'on vît les mendiants d'Ithaque se disputer grotesquement les restes du festin des prétendants. Cinq pièces d'un cycle dionysiaque se rapportaient, comme plus tard *Les Bacchantes* d'Euripide, à l'introduction violente du culte de Bacchus en terre grecque ; *Sisyphe* se passait chez les morts ; *Les Cabires* évoquaient sur le mode satyrique un Jason pris de vin abusant avec ses compagnons de l'hospitalité des divinités préhelléniques de l'île de Samothrace. On trouvera plus loin quelques bribes de certaines de ces pièces perdues.

Bien que son œuvre se situe tout entière durant la première moitié du ve siècle, Eschyle est un homme de ce puissant vi^e siècle qui n'a guère pris fin qu'après les guerres médiques, tout comme le xixe siècle ne s'achève pour nous que vers 1914. Son œuvre énorme se situe donc tout près des débuts de l'art tragique : quand fut jouée sa première pièce, les concours dramatiques n'avaient été institués à Athènes que depuis quelque trente-cinq ans. Bientôt, Eschyle ajouta un second acteur à l'acteur unique dialoguant avec les choristes et leur coryphée ; plus tard, ce vieux poète qui disait vouloir toujours continuer d'apprendre fit figurer dans *L'Orestie* le troisième acteur récemment introduit par Sophocle dans ses propres pièces, dernier changement technique après quoi se stabilise le drame grec. C'est à l'intérieur de ces grandes structures simples, alors toutes neuves, qu'Eschyle a fait tenir son univers, qui va d'un Titan rongé vivant à une nourrice marmonnant au sujet du blanchissage des langes. Il a largement usé de tous les moyens offerts par la scène de son temps, ou inventés par lui et par ses rivaux ; les masques terrifiants, les torches et les chants lugubres caractérisant, dit-on, ses Furies de façon si horrible que des femmes s'évanouirent ou avortèrent à leur aspect ; les vêtements splendides, comme dans *Les Perses* ceux que déchirent les vieillards pleurant la défaite ; les danses et les mélopées savantes et, moyen suprême, rendu parfois nécessaire par la limitation du nombre des acteurs, le silence, qui faisait, par exemple, de Niobé, dans presque toute la pièce de ce nom, une muette et bouleversante pleureuse assise immobile parmi ses enfants morts. Le bruit sourd de la machine dramatique en marche n'est jamais perceptible chez lui, comme il le sera dans l'œuvre, peut-être plus parfaite, de Sophocle ; encore moins le mélange d'habiletés techniques et d'émotions subjectives qui caractériseront Euripide quarante ans plus tard. Tout en lui coule d'une seule coulée, comme l'eau ou la lave. Le mot réalisme, trop moderne, convient mal à l'art d'Eschyle : plutôt faut-il parler d'une réalité si dense et si profonde qu'elle se reforme par delà nos interprétations. Jusqu'à Shakespeare au moins, la sanglante aventure humaine, et les puissantes forces élémentaires au milieu desquelles elle se déroule, n'ont jamais été mieux mises en scène que par ce poète sauvage, orgueilleux[1], passionné de justice, capable de pitié, et qui dédia son œuvre au Temps.

La gloire d'Eschyle fut immense, mais ses drames semblent avoir passé bientôt au rang peu envié de pièces classiques plus lues que jouées, et plus admirées que lues. Les *Œuvres complètes*, déposées dans les archives de l'État athénien, furent empruntées par les Ptolémées, qui ne les rendirent pas, préférant renoncer à une caution énorme. Elles périrent, à ce qu'il semble, dans l'incendie de la Bibliothèque d'Alexandrie. Des nombreuses copies byzantines des sept pièces subsistantes, la plus célèbre est aujourd'hui à la Bibliothèque Laurentienne de Florence. Bien qu'imprimé et répandu dès les premières années du XVIᵉ siècle, Eschyle n'eut pas d'influence sur les grands dramaturges élisabéthains, plus préoccupés, quand ils imitaient quelqu'un, d'imiter Sé-

---

1. Ces deux qualificatifs sont d'Aristophane, qui vénérait Eschyle.

nèque. Il semble que Shakespeare ait conçu son *Hamlet*, que Victor Hugo appelle un « Oreste polaire », sans avoir connu *L'Orestie*. Racine, qui prend pour modèle Euripide et qui admirait passionnément Sophocle, ne nomme qu'une seule fois Eschyle dans ses préfaces. Milton, au contraire, s'était inspiré du grand poète athénien dans son *Samson Agonistes*.

AGAMEMNON

*Cassandre captive attend la mort
dans la cour de Mycènes*

LES VIEILLARDS

... Tes discours sont profonds, ô sage infortunée !
Mais pourquoi, imitant l'humble vache amenée
Par un boucher vers un autel ensanglanté,
Consens-tu à mourir sans même avoir lutté ?

CASSANDRE

Non ! Pour moi pas de route et pour moi pas de
porte !

LES VIEILLARDS

Mais jusqu'au bout pourtant l'espérance nous porte.

CASSANDRE

L'heure est venue. Et fuir est un jeu puéril.

LES VIEILLARDS

Ton âme est héroïque et ton cœur est viril.

CASSANDRE

On ne fait pas ces compliments aux gens heureux.

LES VIEILLARDS

Et pourtant bien mourir est la suprême gloire.

CASSANDRE

Ah ! Mon père au cœur fier, mes frères valeureux !
Pouah !

LES VIEILLARDS

Quoi donc ? Tu blêmis, et cette lueur noire
Dans tes yeux ?

CASSANDRE

Pouah, vieillards !

LES VIEILLARDS

Quelle horreur te prend, femme ?
Pourquoi recules-tu ?

CASSANDRE

Hélas ! Ce seuil infâme !
Il pue ! Et c'est de sang !

LES VIEILLARDS

Ce langage est flatteur
Pour la maison du roi.

CASSANDRE

Du sang !

LES VIEILLARDS

Mais la senteur
Que tu flaires ici provient d'un sacrifice.
Des victimes, c'est tout.

En effet, des victimes !
L'odeur de l'abattoir, du charnier et des crimes !

LES VIEILLARDS

Tu ne mentionnes pas le bon parfum d'encens.

CASSANDRE

Non ! Je hurle, vieillards. Cette odeur que je sens
Est celle de ma mort et du roi égorgé.
Je ne suis pas l'oiseau que l'ombre d'un buisson
Apeure... Triste vie, assez ! assez ! Car j'ai
Mon content d'exister. Mais après la moisson
Horrible, lorsqu'enfin Cassandre se taira,
Quand pour prix de ma mort une autre périra,
Et pour la mort du roi un autre homme, vieillards,
Souvenez-vous de moi et portez témoignage.

LES VIEILLARDS

Je te plains d'avoir vu et flairé le présage
De ta mort, Étrangère !

CASSANDRE

Hélas ! Je pleure encor
Mais ce n'est plus sur moi ni sur ma propre mort.
Moi, je m'en vais vers l'autre monde et ses brouil-
lards...
Mon meurtre, qu'Apollon le venge ! Il est atroce
De tuer la captive, enjeu du sort féroce,
Facile proie, esclave au cœur déshérité...
Sur le point de franchir ce détestable seuil,
En ce dernier moment où je vois la clarté,
C'est sur nous tous que je gémis, sur notre deuil !
Ô bonheur, ô malheur, tous les deux passagers,
Fresque sur notre mur, vastes dessins légers

Qu'une éponge bientôt lave et fait disparaître !
Ô soleil, je gémis sur cela, car peut-être
De toutes nos douleurs, hélas, la plus amère
Est que tout ici-bas soit toujours éphémère...

Agamemnon, v. 1295-1330.

LES CHOÉPHORES
(Les porteuses d'offrandes)

*La nourrice vient d'entendre annoncer
la mort d'Oreste*

LA NOURRICE

Pauvre de moi, vieille nourrice que je suis !
J'en ai passé, mes bons amis, des jours, des nuits
À pleurer les malheurs de la maison d'Atrée.
Et maintenant, cette mère dénaturée
(Elle se prétend triste et se retient de rire)
M'envoie à son mari, sans lambiner, lui dire,
La nouvelle qui leur plaît tant. Nouvelle amère !
De tous les coups, c'est le plus dur. Car pour le reste,
Je l'avais pris en patience. Mais Oreste,
Mon beau petit (au fond, j'étais sa seule mère),
Pour qui, afin qu'il bût et cessât de hurler,
Je me levais dix fois la nuit sans grommeler
Et me suis fait, pendant longtemps, tourner les
                                                    sangs...
C'est tout pareil aux animaux : ça ne sait pas
S'expliquer, et pourtant les besoins sont pressants,
La faim, la soif, et les nécessités d'en bas.
Le ventre n'attend pas jusqu'à l'instant propice,
Et le petit, sans crier gare, vous compisse.

Je m'y trompais parfois, bien qu'expérimentée
Dans mon métier. Trop tard ! Il fallait tout laver.
Blanchisseuse ou nounou, c'est tout un. Quand son père
Fit choix de moi, pauvre esclave, pour l'élever,
Le lessivage était inclus dans cette tâche.
Et on dit qu'il est mort, l'enfant ! Et vers le lâche
Qui souille la maison et s'en fait un repaire,
Il faut que j'aille, moi, vieille femme édentée,
Annoncer la nouvelle... Il en sera content,
Le scélérat...

Les Choéphores, v. 734-766.

PROMÉTHÉE ENCHAÎNÉ

La plainte du Titan

Air divin, et toi, souffle ailé
     Des vents fougueux ! Et vous, sources des fleuves !
Et toi, rire infini des vagues écumantes !
Et toi, œil du soleil, regard immaculé !
     Soyez témoins de mes épreuves,
Prenez-moi en pitié, dieu que les dieux tourmentent !
     Des siècles passeront
     Avant ma délivrance !
   Ainsi le veut le nouveau roi des cieux !
     Mais j'avais prévu ma souffrance,
Et la torture atroce, et les cruels affronts,
     Et les liens ignominieux !
J'ai trop servi la race humaine, triste espèce ;
Pour vaincre le malheur et l'ignorance épaisse,
J'ai mis entre ses mains le feu, outil dont tout dépend,
     Maître des arts sauveurs et des arts destructeurs,

Et c'est pourquoi un dieu terrible me suspend,
Crucifié, sur ces hauteurs...

Prométhée Enchaîné, v. 88-112.

Fragments des tragédies perdues

L'ILIADE TRAGIQUE

Plaintes d'Achille après la mort de Patrocle

... Tu leur laissas traîner ton corps dans la poussière,
Ô l'ingrat oublieux de mes nombreux baisers...

.... Le pieux rapprochement
De nos cuisses...

... Plaignez le survivant bien plus que le cadavre,
Car moi, j'ai tout perdu...

... Et ces restes affreux ne me font pas horreur,
Car je l'ai tant aimé...

Fragments cités par Athénée, *Le repas des Sophistes*, XIII, 79, Lucien, *Les Amours*, 54, Scholiaste d'Aristophane, *Thesmophor*, 392 et Suidas, *Lexicon*, au mot ασδέλυκτα.

LA PESÉE DES ÂMES

Thétis, mère d'Achille, déplore
la mort de son fils, et se plaint
de la perfidie d'Apollon.

... Et le dieu me loua d'avoir un fils si beau
Et me dit que longtemps, échappant au tombeau,
Chéri des dieux, sans maux, heureux, couvert de
gloire,
Ce fils vivrait en paix. Et moi, dans ma mémoire,
Je gardais sa promesse et crus à mon bonheur.
Car pourquoi feindrait-il, lui, l'éclatant Seigneur ?
Accuse-t-on un dieu de crime et d'artifice ?
Et moi, que fallait-il, cœur trompé, que je fisse ?
Mais lui, lui le Voyant et le divin Prophète
Qui jadis, à ma noce, et dans Phtié en fête,
Survint pour m'annoncer cet enfant fortuné
Et le dit bienheureux avant qu'il ne fût né,
Lui-même, il l'a tué...

Cité par Platon,
La République, II, 383.

LES HÉLIADES

Le dieu suprême

... Zeus est l'espace, il est la terre, il est le ciel,
Il est tout l'univers et pourtant le transcende...

Cité par Clément d'Alexandrie,
Mélanges, XIV, 718.

LES DANAÏDES

Les noces du ciel et de la terre

Le grand ciel amoureux se courbe vers la terre ;
Il se couche sur elle ainsi qu'un pur amant.
La pluie, humide flux issu du firmament,
Pour l'homme ou le troupeau, nomade ou sédentaire,
Fait pousser l'herbe drue et naître le froment,
Engrosse les sillons de ses fécondes boues
Et fait dans les vergers que les bourgeons se nouent.
Et c'est moi qui voulus ces moites épousailles,
Moi, la grande Aphrodite...

Cité par Athénée,
Le repas des Sophistes, XIV, 73.

NIOBÉ

La mort

... Sans vin pur, sans autels, sans hymnes, sans guir-
landes,
La Mort est le seul dieu qui ne veut pas d'offrandes ;
Tes grains d'encens brûlés ne sauraient l'émouvoir,
Et l'Amour qui peut tout est sur lui sans pouvoir...

Cité par Stobée, *Florilège*, IV, 1.

ÉPITAPHE DU POÈTE,
ÉCRITE PAR LUI-MÊME, EN EXIL

Ici repose Eschyle, Athénien, un homme
Qui mourut à Géla riche en blé, invoquant
Ton bois, ô Marathon ! Dis qu'il fut brave, quand
On parle de la guerre, et du Perse, et qu'on nomme
Le Mède aux longs cheveux s'enfuyant vers son camp.

Cité par Athénée,
Le repas des Sophistes, XIV, 23.

Sophocle

(vᵉ siècle avant notre ère)

La tradition qui nous montre l'adolescent Sophocle dansant le Péan après Salamine, tandis qu'Eschyle se repose du combat et à l'heure même où Euripide vient au monde, a le mérite de fixer à peu près exactement les rapports chronologiques entre ces trois grands poètes. Intellectuellement parlant, aussi, Sophocle occupe une sorte d'admirable position médiane. Entre le génie tout religieux d'Eschyle et le modernisme romantique d'Euripide, Sophocle équilibre et unifie en lui les contraires : l'humain et le divin, la révolte et la loi, la liberté et le destin, le désespoir et la sérénité. Son extraordinaire tension n'a d'égale que son extraordinaire aisance. Son œuvre répond, autant que quelque chose peut y répondre, à ces notions de classicisme grec, de miracle grec, qui, comme toutes les généralisations de ce genre, s'effritent dès qu'on y touche.

Tout comme d'Eschyle, nous n'avons de Sophocle que les sept pièces d'un choix scolaire, établi, semble-t-il, plus de cinq siècles après la mort du poète. Nous connaissons le titre, et, plus ou moins, le sujet, d'environ quatrevingts de ses tragédies et drames satyriques perdus, sur les cent vingt-trois pièces en tout mentionnées par un critique alexandrin comme ayant constitué son œuvre. Des citations d'auteurs antiques nous ont conservé près de mille fragments de pièces disparues, mais ceux-ci se bornent tantôt à quelques phrases, souvent de type moralisant, citées par Plutarque ou insérées dans des florilèges de basse époque, tantôt à des vocables isolés notés par des grammairiens et des lexicographes. Des fragments trouvés en Égypte et publiés au début de ce siècle, un seul est considérable, quatre cents vers souvent très mutilés, appartenant au drame satyrique des *Limiers* qui traitait de l'enfance fabuleuse d'Hermès, et dont il a été dit, peut-être à tort, qu'ils n'ajoutent rien à la gloire de Sophocle[1].

Ce qui ressort de la moindre étude de fragments ou de titres de pièces perdues, et des maigres commentaires des Anciens à leur sujet, c'est que nos vues sur Sophocle seraient bien plus profondément modifiées, si nous rentrions en possession de son œuvre complète, que ne le serait en pareil cas notre opinion sur Eschyle. L'élément d'enjouement et de gracieuse aménité, très marqué, semble-t-il, chez Sophocle, tant le poète que l'homme, reprendrait sans doute une importance que les graves chefs-d'œuvre qui nous restent ne permettent pas de postuler. Il en irait de même de l'érotique et du romanesque, presque absents des pièces subsistantes, mais présents dans un bon nombre d'ouvrages disparus, soit qu'il s'agisse des amours de Jason et de Médée dans *Les femmes de Colchide*, du viol de Philomèle dans *Térée*, de la jalousie conjugale dans *Procris*, ou du rapt d'Hélène par Pâris dans le drame satyrique sur ce sujet ; soit que le poète mette en scène « l'amour grec », comme dans *Troïlus*, dans *Les Amants d'Achille*, ou dans un pathétique et célèbre épisode des *Niobides*. Enfin, l'élément merveilleux, les scènes de métamorphose ou de magie, comme, dans la pièce de ce nom, la transforma-

1. Voir à ce sujet A. C. Pearson, *The fragments of Sophocles*, nouv. éd. Hakkert, Amsterdam, 1962.

tion de Térée en oiseau, ou, dans *Les Cueilleurs de simples*, la noire cuisine de Médée, nous entraînerait aussi bien loin de l'image trop restreinte que nous nous faisons de Sophocle. Toutes proportions gardées, il se passe pour l'admirable auteur d'*Œdipe Roi* et d'*Antigone* ce qui se passerait pour Shakespeare, si nous ne possédions plus que *Jules César*, *Coriolan* et *Hamlet*, et si le reste des tragédies, des comédies brillantes et romanesques, des féeries et des farces était tombé dans l'oubli. Notre admiration pour Shakespeare ne serait pas moindre, car rien ne pourrait dépasser en hauteur ce qui nous resterait, mais nous connaîtrions très mal Shakespeare.

Fils d'un riche fabricant d'armes, Sophocle nous est décrit par les Anciens comme un homme de goût et de plaisir, presque conventionnellement conforme à l'idée qu'on se fait d'un Athénien élégant de son temps. Chargé plusieurs fois de fonctions tant militaires que civiles, il semble les avoir remplies adéquatement, mais sans éclat particulier. Habile homme, il réussit à faire augmenter, en ce qui le concernait, la stipendie prévue pour toute pièce reçue au concours. Sa carrière dramatique fut triomphale. À vingt-sept ans, il emporta le prix sur Eschyle, alors quinquagénaire ; ses œuvres furent en tout couronnées vingt fois. Acteur peu doué, il parut rarement sur la scène : jeune, il incarna pourtant Nausicaa dans sa pièce *Les Lavandières*, où la partie de balle de la princesse avec ses suivantes lui permit de faire valoir son adresse et sa prestance ; plus tard, dans son *Thamyris*, il tint le rôle du musicien aveugle, qui convenait à ses talents de joueur de lyre. Il aima l'amour et le fit avec une sorte de désinvolture mondaine. On nous le montre, à table, charmant les convives par un gai marivaudage avec un échanson, ou encore victime pas trop penaude d'une tentative d'entôlage. Au cours d'une expédition navale, Périclès eut, dit-on, à lui rappeler qu'un officier dans l'exercice de ses fonctions « doit avoir les yeux chastes ». Vieillard, il se félicita d'être débarrassé du désir comme d'un tyran sauvage. C'est pourtant sur ses vieux jours qu'il s'éprit successivement de deux courtisanes, dont la seconde au moins lui donna des enfants. La légende veut que ses fils légitimes tentèrent de le faire interdire, et que l'octogénaire gagna sa cause en lisant un passage d'*Œdipe à Colone*. Belle histoire, qui ferait de Sophocle lui-même un vieil Œdipe persécuté.

Les dates respectives des pièces qui nous restent de Sophocle sont imparfaitement connues. Nous savons qu'*Antigone* fut jouée en 440 ou 441 : Sophocle avait alors cinquante-cinq ou cinquante-six ans. On suppose qu'*Œdipe Roi* fut présenté peu après l'an 429, et que la description de la peste de Thèbes s'y inspire du spectacle tout récent de celle d'Athènes. *Philoctète*, dont un manuscrit porte la date, est de 409. *Œdipe à Colone* appartient, à n'en pas douter, aux dernières années de la vie du poète, et une tradition veut que la pièce ait été montée en 402, trois ans après la mort de Sophocle. Le passage où les ossements d'Œdipe enterré à Colone sont considérés comme devant servir de palladium au peuple athénien contre l'invasion étrangère semble refléter les angoisses de l'interminable guerre du Péloponnèse, dont la mort lui évita tout juste de voir l'humiliante fin. L'admirable peinture de la verdoyante campagne athénienne, déjà anachronique, semble-t-il, à l'époque où elle fut faite[1], serait alors dans ce même

---

1. Voir dans le *Critias* de Platon, écrit une cinquantaine d'années plus tard, la description du progressif déboisement de l'Attique : « ... Autrefois, les montagnes y étaient couvertes de hautes futaies dont il reste encore de visibles traces ; des collines où l'on ne voit aujourd'hui que des landes dont la végétation nourrit des abeilles portaient alors de grands arbres qui, coupés, ont produit à une époque assez récente les énormes poutres qu'on remarque encore dans le faîtage de certains édifices. Il y avait, de plus, de grands arbres plantés de main d'homme et d'abondants pâturages pour le bétail. ... L'eau ne se per-

Œdipe le produit d'un élan d'amour pour la patrie souvent dévastée. On s'est toutefois demandé si ce passage d'un brio surprenant chez un poète nonagénaire n'antidate pas de bon nombre d'années la tragédie dans laquelle il est inclus[1]. Quoi qu'il en puisse être, toutes les pièces que nous avons de Sophocle (sauf les satyriques *Limiers*) sont, dans leur ensemble, de son âge mûr ou de son extrême vieillesse ; toutes sont d'un homme qui en sait long sur son métier de dramaturge et sur la vie.

Ni le conflit domestique évoqué plus haut, ni les revers de la patrie, ni même la beauté quasi lugubre de son dernier chef-d'œuvre ne semblent avoir assombri pour les Anciens l'amène physionomie du vieux dramaturge. Son épitaphe, composée par un poète mineur de son temps, insiste sur sa qualité d'homme heureux, probablement avec raison. Cet homme heureux au sens quasi superficiel du terme n'en a pas moins laissé, comme l'a constaté Nietzsche, l'image de la vie la plus sombre que nous ait léguée le drame grec. Point soulevé, comme Eschyle, par la grande vague du mythe, point aiguillonné, comme Euripide, par un scepticisme agressif entremêlé d'élans mystiques, Sophocle n'a d'autres remèdes à offrir à l'homme que l'intelligence qui équilibre en soi les poussées contraires, et le courage qui le mène délibérément jusqu'au bout de son destin. On a

dait pas comme elle le fait maintenant, le sol dénudé la laissant couler vers la mer. Une couche d'humus plus épaisse retenait la pluie... et le pays était arrosé de cours d'eau et de sources qu'atteste encore la présence de sanctuaires. »

Si l'on pense aux déprédations de la guerre, d'une part, et de l'autre aux continuelles constructions navales durant un siècle où la puissance d'Athènes fut surtout fondée sur sa flotte, on se rend compte que le déboisement de la maigre Attique, commencé sans doute avant l'époque historique, a dû s'aggraver beaucoup pendant la période où vécut Sophocle.

1. Paul Masqueray, *Sophocle*, 1924, vol. II, p. 145.

dit que l'âpre présentation d'un monde quasi barbare dans certaines des sept pièces qui nous restent était de sa part une forme très consciente d'archaïsme ; il semble plutôt qu'elle découle d'une vue sans illusions portée sur la condition humaine de son temps et de tous les temps. Il flotte autour de l'inévitable écroulement d'Œdipe, des vaines plaintes de Philoctète trompé par l'hésitant Néoptolème, et du conflit d'Antigone avec la raison d'État, un air d'actualité éternelle.

ANTIGONE

L'interrogatoire

CRÉON

... L'as-tu prise
Sur le fait ?

LE GARDE

Justement ! Sûrs qu'il nous en cuirait
À moins que le suspect ne fût appréhendé
Tout de suite et par nous, mornes, nous retournâmes
À notre poste, et nous dégageâmes le mort
Du sol meuble, ainsi que tu l'avais commandé.
Et de nouveau nous l'exposâmes. Sur le bord
Du tertre, on s'est rassis, placés de telle sorte
Qu'on eût le dos au vent, car l'odeur était forte.
Si, par trop fatigué, l'un de nous faisait mine
De fermer l'œil, on le rabrouait. Sur la cime
Où nous étions, en plein midi, ça tapait dur.
Mais le vent tout à coup se leva ; un vrai mur
De poussière nous entoura, et les rameaux

Se rompaient ; les feuilles se pourchassaient ; la plaine
Disparut. Yeux fermés, retenant notre haleine,
Près d'étouffer, nous tînmes bon contre ces maux
Venus des dieux. Enfin, le vent soufflant moins fort,
L'obscurité cessa, et, debout près du mort,
On aperçut quelqu'un. Ainsi qu'une fauvette,
Retrouvant son nid vide et sans petits, volette
Désespérée, et crie, et mène un deuil strident,
Cette fille hurlait, maudissant, demandant
Vengeance, et, ramassant la poussière, couvrait
Le corps ; puis, l'honorant en dépit du décret,
L'abreuva par trois fois d'une libation.
(Elle avait apporté à cette intention
Un grand vase d'airain.) Nous nous précipitâmes
Tous ensemble sur elle et nous l'interrogeâmes.
Elle se laissa faire ; à chaque question,
Tant pour le fait d'hier que celui d'aujourd'hui,
Elle a tout avoué, sans frayeur et sans gêne
Aucune. À dire vrai, ça me fait de la peine
D'avoir dû arrêter quelqu'un qu'on aimait bien,
Qu'on connaissait... Mais chacun pour soi : je préfère,
En ce qui me concerne, être tiré d'affaire.

CRÉON

Soit. Va où tu voudras. Tu n'es plus suspecté.
Mais toi, silencieuse et la tête baissée,
Écoutant sans parler, qu'as-tu à dire ?

ANTIGONE

Rien.

CRÉON

Mais tu as avoué ?

ANTIGONE

Oui.

218

CRÉON

Et cet ordre édicté
Par moi, cette défense en tout lieu annoncée,
Tu les connaissais bien ?

ANTIGONE

Certes. Tous les savaient.

CRÉON

Et dans ton fol orgueil pourtant tu me bravais.
Tu as enfreint la loi.

ANTIGONE

Cette loi alléguée
Par toi, les dieux là-haut ne l'ont point promulguée,
Ni la Justice au cœur serein, ni dans la nuit
Les puissants dieux des morts. Et je ne puis pas croire
Qu'un mortel comme toi vaille d'être écouté,
Quand il ose opposer sa faible volonté
Aux immuables lois qui sont d'éternité.
Je dois mourir un jour, je le sais. Que m'importe
Que ce soit aujourd'hui ou dans quelques années ?
Bien plus, ceux qu'ont broyés les sombres destinées
Craignent peu d'en finir. Ma vie est assez noire
Pour que j'aille avec joie où sont mes parents morts.
Si j'avais sans honneurs laissé ce pauvre corps,
Je souffrirais : ce que j'ai fait me réconforte.
Ces rites accomplis, plus rien ne me tourmente,
Et peut-être es-tu fou, toi qui me crois démente.

LES CONSEILLERS DU ROI

Elle tient de son père et son esprit buté
Ne sait pas s'incliner devant l'adversité.

Comme un fer trop trempé, ces esprits valeureux
Se rompent bien souvent dès qu'on frappe sur eux ;
Le cheval le plus fier se résigne à l'entrave.
Elle a enfreint la loi, et son délit s'aggrave
De l'orgueil insolent qui gonfle ses aveux.
Moi qui suis maître, moi qui suis homme, je veux
Mourir si je me laisse insulter par des femmes !
Allez chercher sa sœur, car ces actes infâmes
Toutes deux à coup sûr les auront combinés
Et perpétrés ensemble. Ah ! Je hais la racaille
Des rebelles, œuvrant en cachette, et qui braille
De grands mots sitôt prise, et fait impression
Sur les sots. Mais pour tous, la rétribution
Viendra dès aujourd'hui.

ANTIGONE

Serai-je torturée ?

CRÉON

Non. Ta mort me suffit.

ANTIGONE

Alors, qu'elle soit prompte.
Ce duel d'arguments nous fatigue tous deux.
Ayant agi en sœur, ma gloire est assurée.
Tes conseillers ici t'écoutent bâillonnés
Par la peur : tout au fond, je m'en sens admirée.
Mais les princes brutaux ont pour doux privilège
D'obtenir le silence ou le oui autour d'eux.

CRÉON

Tu es seule à penser ainsi que tu le fais.

ANTIGONE

Je suis seule à parler.

CRÉON

Et n'en as-tu pas honte ?

ANTIGONE

Il n'y a pas de honte à porter ce doux faix,
L'amour d'un frère mort.

CRÉON

Ta piété sacrilège
Exalte un criminel aux dépens d'un héros.
Le misérable mort, abandonné aux crocs
Des chiens, a combattu contre sa propre ville.
Il a bien mérité sa sépulture vile.
L'autre, qui guerroyait dans nos rangs, fut ton frère
Lui aussi. On l'honore, et toi seule au contraire
Honores le rebelle.

ANTIGONE

Au pays de la mort,
Qui sait comment on juge ?

CRÉON

Et pourtant l'un eut tort,
L'autre raison. La mort n'épure pas ce compte.
Il a trahi, et lui rendre honneur, c'est trahir.

ANTIGONE

Je naquis pour aimer et non pas pour haïr.

Antigone, v. 405-523.

Chant de mort d'Antigone

Regardez-moi, ô citoyens de ma patrie,
  Marcher sur mon dernier chemin,
Contempler, pour la dernière fois, le soleil.
  Puis, jamais plus. Car l'éternel sommeil
Va me saisir, et la Mort me prend par la main.
Ni l'hymne nuptial, ni la branche fleurie
Sur le seuil de l'époux ne me sont destinés.
  L'amour heureux n'est pas pour moi.
Mais vivante, âme et corps dans la tombe entraînés,
  Je descends vers l'Achéron froid.
  J'épouserai la sombre Mort...

On m'a dit autrefois que, subissant son sort,
  La Phrygienne Niobé
  Est assise au pied d'un rocher.
  Elle est là, son vieux front courbé
 Sous le malheur, et peu à peu sa chair se fêle ;
  Le lierre à ses veines se mêle ;
La pluie s'instille sous sa peau ; la blanche neige
Couvre ses longs cheveux ; le vent glacé l'assiège.
Mais ses pleurs sont brûlants, et dessous sa paupière
S'écoulent jour et nuit, bien qu'elle soit de pierre.
Et moi aussi, un dieu dans le malheur va me cou-
          cher...

Antigone, v. 806-833.

LES AMANTS D'ACHILLE

... L'amour, tendres amis, est pareil au glaçon
Que parfois, dans la cour, ébloui, un garçon,
Ramasse émerveillé en une aube d'hiver
Et sa paume est brûlée à ce miracle clair.
Mais le fragile objet s'écoule et devient larmes.
Ainsi de nos amours, de leurs maux, de leurs char-
                                                    mes :
Il ne reste bientôt du beau trésor perdu
Qu'absence, et que brûlure, et deuil du bien perdu...

Cité par Stobée, *Florilège*, 64, 13.

TÉRÉE

Le malheur des femmes

                          ... Bien souvent,
Je me suis dit, pensant à notre sort de femmes,
Que nous n'étions rien. Enfants, cœurs tout nourris
D'insouciance douce, ainsi que les petits
Le sont toujours, nous connaissons, à la maison,
Les jours pleins de bonheur d'une tendre saison.
Mais le bel âge vient, suivi des épousailles.
Un accord est conclu : on nous chasse, on nous vend,
Loin des dieux du foyer et des parents chéris,
L'une unie à un Grec, l'autre à quelque barbare ;
Et dans une demeure où tout semble bizarre,
Étrange, et où l'épouse est parfois mal reçue,

Dès la première nuit notre vie est tissue,
Fixée à tout jamais, de force... Et, pauvres âmes,
Il faut prétendre encore être heureuses...

Cité par Stobée, *Florilège*, 68, 19.

AJAX LE LOCRIEN

... L'homme n'est qu'ombre et souffle...

Cité par Stobée, *Florilège*, 98, 48.

TANTALE

... Car le temps du vivant est court, mais sous la terre
Le mort caché dort un temps éternel...

Cité par Stobée, *Florilège*, 121, 3.

LES CUEILLEURS DE SIMPLES
(Les Rhizotomes)

Prière de Médée

... Soleil, ô Maître, ô divins feux !
Épée ou torche entre les mains
D'Hécate qui toujours voyage !
Soit qu'en son char elle frôle les sommets bleus
De l'Olympe, soit qu'aux carrefours des chemins

Elle rôde, nocturne et ceinte du feuillage
Des grands chênes, et des serpents plein les cheveux...

Cité par le Scholiaste d'Apollonius
de Rhodes, *Argonautiques*, III, 1214.

PUISSANCE DE L'AMOUR

... L'Amour, ô doux enfants, n'est pas rien que
l'Amour.
On l'adore partout sous mille noms divers.
Il est la Mort, il est la Force impérissable,
Et la Démence, et le Désir inguérissable.
Il est la Plainte. Il est activité et calme,
Et violence... Et en tout lieu, dans l'univers,
L'âme vivante et respirante le reçoit
Et se soumet, aussi bien le poisson qui erre
Dans l'océan, que le quadrupède sur terre ;
Pour les oiseaux et pour la bête carnassière,
Pour l'homme, pour les dieux immortels, il est Loi.
Quel lutteur devant lui n'a mordu la poussière,
Fût-il divin ? S'il est permis, comme il se doit,
De dire ce qui est, il dompte Zeus lui-même,
Sans se servir du glaive. À chaque stratagème
De l'homme, à chaque plan des dieux, il fait échec,
Et Cypris règne seule...

Cité par Stobée, *Florilège*, 63, 6.

225

LES EXTRÉMITÉS DU MONDE

... Aux bords extrêmes de l'océan, près des sources
De la nuit, et dans le pays du jour sans fin,
Vieux jardin du soleil...

Cité par Strabon, Géographie, 295.

LE SORT D'UN HOMME

... Mais mon destin tournant sur la divine roue
Sans cesse change ; ainsi la lune qui n'a pas
Deux nuits de suite un même aspect, et que d'en bas
On voit pâle d'abord et neuve s'arrondir,
De mince qu'elle était, et bientôt resplendir,
Beau visage céleste, et puis changer encore,
Et s'affaiblir, et n'être plus...

Cité par Plutarque,
Vie de Démétrius, 45.

*

... Il est doux, rentré au port, après la tempête,
Couché sous un bon toit, d'entendre sur sa tête,
À demi assoupi, l'averse crépiter...

Cité par Stobée, Florilège, 59, 12.

... Esclave de corps, d'esprit libre...

Cité dans Stobée, *Florilège*, 62, 33.

LA GUERRE

... La guerre, ô chères femmes, est aveugle et sauvage :
Arès au groin de sanglier tue et ravage...

Cité par Plutarque,
De la lecture des poètes, IV, 23 B.

LA VIEILLESSE DES SAGES

... La vieillesse jamais n'accable les vrais sages,
Leur esprit alerté par de divins messages,
Nourri de jour, est prophétique, et jusqu'au bout
Sert les humains...

Cité par Stobée, *Florilège*, 117, 14.

Euripide

(ve siècle avant notre ère)

Euripide, dit-on, naquit à Salamine, le jour même de la bataille, d'une famille de petites gens enrichis depuis peu. Aristophane s'est beaucoup moqué de sa mère marchande d'herbes.

Mélancolique, maladif, solitaire, s'installant pour écrire dans une grotte de sa propriété de Salamine, non pas seulement homme de théâtre, mais homme de lettres (il fut l'un des premiers Athéniens à assembler une riche bibliothèque), Euripide contraste avec l'un et l'autre de ses grands devanciers. Deux fois mal marié, il se consola, à en croire une sarcastique épigramme attribuée à Sophocle[1], par des attachements adultères, mal cotés à l'époque : sa misogynie est d'un homme qui a trop aimé les femmes, et en a trop vu les défauts et les travers. Plus tard, on tourna en dérision son intimité avec l'élégant Agathon, jeune dramaturge au talent plus gracieux que robuste, dont l'afféterie portait à sourire. La vocation poétique d'Euripide fut assez tardive : son premier succès à un concours dramatique date de 440 ;

1. Dans Athénée, XIII, 602 a. Rien, certes, n'en démontre l'authenticité, mais celle-ci n'est pas plus improbable en soi que ne le sembleraient, à deux mille ans de distance, certaines épigrammes cinglantes de Racine.

de ses quelque quatrevingts pièces, quatre seulement furent couronnées de son vivant, et une dernière, *Les Bacchantes*, après sa mort. Les plaisanteries d'Aristophane, qui ne rate pas une occasion de ridiculiser, soit la manière, soit la matière d'Euripide, tendent à prouver que ce nom seul suffisait à déclencher le rire des amateurs de poésie traditionnelle. Les maigres honneurs officiels et la résistance des amateurs du vieux style furent évidemment compensés par l'enthousiasme de la jeunesse et des connaisseurs. On en verra plus loin des exemples.

À part *Alceste*, qui est de 438, la plupart des pièces qui nous restent d'Euripide semblent écrites entre 431 et 406, donc au cours de la deuxième et de la troisième phase de la guerre du Péloponnèse, et on a cru discerner chez lui de précises allusions à ces réalités fort sombres. Sauf dans *Les Suppliantes*, pièce perdue, inspirée par le conflit de 424 entre Athènes et Thèbes, ces allusions, vues de près, sont néanmoins assez vagues. Mais on sait qu'Euripide prôna les solutions pacifiques dans son *Érechtée*, autre pièce perdue, et il est certain que l'horreur des brutalités de la guerre, la tendre pitié à l'égard des vaincus, des exilés, des réfugiés, des femmes et des enfants égorgés ou emmenés en esclavage s'expriment un peu partout dans son œuvre. Ces victimes portent chez lui, comme chez tous les poètes grecs, de grands noms tirés d'Homère, Astyanax, Andromaque, Hécube, Polyxène et tant d'autres, mais son époque ne lui en fournit que trop les lamentables équivalents. L'an 431 est celui de l'invasion de l'Attique par les Spartiates et leurs alliés, premier contrecoup de la politique de force de Périclès ; et ces ravages allaient bientôt devenir un phénomène quasi saisonnier. Les années 430-429, sombre fin de régime, sont celles de la peste, qui fut pour Athènes, toutes proportions gardées, ce que la Mort Noire fut pour le Moyen Âge, la ruine d'un certain ordre de choses, et une épreuve dont la ville sortit, dit-on, en proie à une fureur de lucre et de plaisir qui à coup sûr n'était pas neuve, mais pour la première fois s'exprimait sans réticence. En 430 aussi, Athènes met à l'encan les citoyens d'Ambracie, et prend Potidée, où les affamés en étaient venus à se nourrir de chair humaine. En 427, les Spartiates en revanche rasent Platées et déciment sa garnison ; les Athéniens condamnent à mort ou à l'esclavage l'entière population de Mytilène, sauvée de justesse par un revirement à la dernière heure ; les démocrates de Corcyre supplicient les oligarques, tandis que soixante trirèmes athéniennes ancrées dans le port gardent d'abord une neutralité bienveillante, ensuite coopèrent. En 423, prise de Scione en Chalcidique par les Athéniens et massacre de ses habitants mâles ; même jeu à Mélos en 416, mesure instiguée, semble-t-il, par Alcibiade ; les années suivantes verront la désastreuse expédition de Sicile, les conflits civiques, et le mélange de victoires et de revers qui mènera en 404 à l'effondrement d'Athènes. Ce n'est donc pas tout à fait par hasard que les pièces d'Euripide sont pleines de femmes en pleurs devant des cités en flammes.

Mais il serait peu prudent de faire fond sur la sensibilité prodigieusement littéraire d'Euripide. On a de lui un fragment d'ode célébrant l'éclatante victoire d'Alcibiade aux Jeux Olympiques, en 416, l'année du carnage de Mélos, et tout porte à croire que le poète partagea l'engouement général pour le jeune et séduisant stratège, lequel venait de se choisir, parmi les veuves et les filles des Méliens égorgés, une maîtresse dont il eut un fils. Le drame des *Troyennes*, de 415, avec les pleurs des femmes et les gémissements des filles en proie au vainqueur, semble bien, à première vue, flétrir les crimes dont se targuaient insolemment les réalistes de la politique. Mais nous savons trop, et jusqu'à l'écœurement, que la plupart des hommes tolèrent assez bien les massacres, quand c'est leur patrie ou leur parti qui en prend l'initiative. Il n'est pas sûr qu'Euripide qui, dans cette même pièce, montre une jeune Troyenne rêvant d'être emmenée par son nouveau maître dans la prestigieuse Athènes, ait voulu admonester ses compatriotes, et mis le crime ancien en transparent sur le crime d'hier. Le pathétique au théâtre n'est pas nécessairement la pitié ni l'indignation dans la vie réelle[1].

L'humanitarisme d'Euripide, sans effet sur les durs hommes d'État, semble parfois s'être communiqué à tel ou tel autre des contemporains du poète, et, dans certains cas, au plus grand profit des Athéniens eux-mêmes. Après le désastre de Sicile, plusieurs milliers de ceux-ci pourrirent des mois durant dans ces geôles à ciel ouvert qu'étaient les carrières abandonnées (les Latomies) de Syracuse. Décimés par la faim, les épidémies, le froid de la nuit, la chaleur du jour, les plus robustes, haussés sur des tas de cadavres, mendiaient du pain aux bourgeois syracusains venus contempler d'en haut ce premier camp de la mort du monde occidental. Certains de ces malheureux se souvenaient encore de vers d'Euripide, fort appréciés dans cette ville où les nouveautés n'arrivaient qu'avec quelque retard. Plusieurs furent achetés par des Siciliens amateurs de poésie moderne. D'autres, qu'on s'apprêtait à égorger sur le champ de bataille, s'étaient tirés d'affaire de la même façon. Les plus chanceux finirent par regagner Athènes, et d'aucuns, à en croire Plutarque, prirent la

1. Un fragment, cité plus loin, de *Bellérophon*, pièce perdue dont on ignore la date, corrobore toutefois l'indignation qui perce dans *Les Troyennes*. Le poète, ou son personnage, tire du spectacle du parjure, du carnage, de la brutale tyrannie du fort sur le faible, une preuve de la non-existence des dieux. Le même argument sert encore après vingt-quatre siècles.

peine d'aller en personne remercier le poète. Ce même Plutarque rapporte qu'après la prise d'Athènes en 405, le Spartiate Lysandre allait faire subir à la ville détestée le sort de Scione et de Mélos, quand l'un de ses officiers, entonnant la lamentation de l'Électre d'Euripide sur la ruine de Mycènes, obtint de son chef un mouvement de clémence. Si par hasard l'histoire est vraie, les fréquents échecs d'Euripide aux concours officiels furent largement compensés ce jour-là.

Le poète était mort peu avant ces événements, sans doute en 406, après quelques années passées en Macédoine sur l'invitation du roi Archélaüs, grand-oncle d'Alexandre. À l'aide du peu qu'on sait, il serait tentant de décrire Euripide fuyant une ville cancanière, frivole, usée et aigrie par les effets d'une longue et inepte guerre, et dont il était facile de prévoir l'écroulement tout proche, mais un tel portrait resterait du domaine de la biographie romancée. Le dramaturge Agathon et son ami Pausanias, autre poète tragique, tous deux familiers d'Euripide, reçurent eux aussi l'hospitalité d'Archélaüs. Sophocle nonagénaire la refusa, s'apprêtant peut-être à un plus long voyage. Euripide écrivit en Macédoine au moins deux pièces, l'une perdue, en l'honneur de la dynastie régnante, l'autre, *Les Bacchantes*, superbe plongée dans un mysticisme inquiétant et barbare, qui fut jouée à Athènes après la mort du poète. La tradition veut que sa fin ait été accidentelle : il aurait été jeté bas et déchiré par des chiens de garde. De ces chiens dévorants, des commentateurs ont fait une allégorie de la critique. Et pourtant, rien de plus simple que d'imaginer, dans ce pays où les palais princiers ressemblaient encore aux fermes fortifiées d'Homère, une bande de molosses se jetant sur l'étranger ; le vieil Euripide apeuré, excitant sans le vouloir les puissantes brutes par un geste imprudent ou un mouvement de fuite, et expirant renversé dans la boue ou sur un tas de pierres. Quand on pense au conte quasi mythologique concernant la mort d'Eschyle (un aigle aurait laissé choir une carapace de tortue sur ce crâne de vieillard nu et poli comme un rocher), on est frappé par la différence entre les deux anecdotes, séparées l'une de l'autre par moins de cinquante ans. L'historiette concernant la fin d'Eschyle est encore d'un temps où les poètes vivent et meurent à l'orée de la Fable ; la mort d'Euripide est un fait divers.

On a d'Euripide dix-sept tragédies, un drame satyrique, et bon nombre de fragments conservés par les Anciens ou retrouvés à notre époque : en tout, près du quart de son œuvre. Nous le connaissons donc, au moins quantitativement, un peu mieux que Sophocle et qu'Eschyle[1]. Des trois grands dramaturges grecs, il est assurément le plus « moderne ». Il lui arrive encore, non seulement de nous émouvoir, mais de nous surprendre au bout de vingt-trois siècles, et aussi de nous exaspérer comme seul un contemporain peut le faire. Son indéniable originalité semble pourtant décroître quand on le regarde de très près : il a, certes, la passion des effets mélodramatiques et des pièces à grand spectacle ; *Les Troyennes* s'achevaient sur le fracas de Troie qui s'écroule ; dans *Médée*, la magicienne s'enfuit sur un char ailé ; dans *Les Suppliantes*, une jeune femme parée comme pour des noces se jette dans un bûcher comme une veuve hindoue ; mais ce genre sensationnel n'était pas toujours dédaigné par ses prédécesseurs. Il abuse

1. Ces pièces parvenues jusqu'à nous différemment groupées dans des manuscrits d'époques très variées ne semblent pas avoir constitué un canon scolaire. Notons pourtant l'absence des trois tragédies dont l'audace choqua les contemporains : *Sthénébée,* histoire d'une amante adultère ; *Éole,* pathétique histoire d'inceste ; *Hippolyte voilé,* dans laquelle Phèdre osait se déclarer elle-même à l'objet aimé, et qu'Euripide refit avec plus de prudence dans l'*Hippolyte porte-couronne*, qui nous reste. La pudeur antique était plus vite alarmée qu'on ne croit.

du *deus ex machina*, mais le *Philoctète* de Sophocle se termine déjà par l'apparition d'Hercule, et à une époque où les dieux antiques avaient encore devant eux un avenir de six siècles, leur intervention à la fin d'un drame était aussi normale qu'à la fin d'un mystère médiéval celle de la Vierge ou d'un saint. Euripide abuse des « reconnaissances » de théâtre, mais, depuis celles d'Oreste et d'Électre dans *Les Choéphores* d'Eschyle, ces retrouvailles dont allait regorger par la suite la Còmédie Nouvelle avaient droit de cité dans le drame grec. Sauf dans sept ou huit de ses chefs-d'œuvre, comme les deux *Iphigénie* et l'*Électre*, il laisse trop souvent l'intrigue flotter sur place ou la rembourre de péripéties romanesques, mais ce même romanesque paraît avoir empli certaines des pièces perdues de Sophocle[1]. Il semble avoir à peu près renoncé aux « tragédies liées », c'est à dire traitant de sujets apparentés les uns aux autres, mais celles-ci furent toujours, paraît-il, l'exception plus que la règle. Enfin, les sublimes *Bacchantes* mises à part, il tend à réduire les chœurs à d'anodins intermèdes lyriques, qui font déjà prévoir l'opéra moderne, mais la scission entre le drame musical et la tragédie était inscrite dès le début dans le destin du drame grec. Euripide n'a fait que presser le pas.

Ses contemporains le blâmaient d'avoir mis en scène l'adultère et l'inceste ; on ne l'avait pas attendu pour le

---

1. Oserai-je dire que les arguments de certaines tragédies perdues font déjà prévoir le roman grec de basse époque, et, par delà, le genre pastoral et mélodramatique si cher à la Renaissance ? Une intrigue comme celle de l'*Antigone* d'Euripide, dans laquelle on voyait, paraît-il, l'héroïque princesse thébaine mariée à Hémon, sauvée du supplice par son jeune époux, et cachée par lui dans un asile rustique où elle accouchait d'un fils, pourrait convenir au *Pastor Fido* ou au *Conte d'Hiver*. Il semble bien que loin d'être en Grèce une élaboration tardive de dramaturges en quête de nouveauté, ce romanesque y a constitué comme partout le fonds du folklore, et que le génie des grands poètes tragiques a consisté surtout à l'élaguer de leur œuvre.

faire, mais ses devanciers montraient en Clytemnestre
la meurtrière d'Agamemnon plus que l'amante d'Égis-
the ; l'ambition, et non la passion, avait chez Sophocle
uni à Jocaste un Œdipe incestueux à son insu. Ses
amantes adultères et ses couples incestueux semblent
au contraire s'être exprimés avec une relative liberté.
Son goût du féminin, presque scandaleux à une époque
où les femmes restaient au second plan, n'aboutit pas
toujours à l'exaltation de celles-ci. Au lieu des épouses
et des vierges de Sophocle, grandes créatures humaines
qui sont aussi des femmes, ce qui s'ébauche chez lui est
ce personnage si souvent factice qu'est « la femme »
dans la littérature, avec ses ruses coquettes, ses larmes
faciles, et ses petites méchancetés de femme. Rien de si
profond chez lui que la sombre tendresse de la Déjanire
de Sophocle pour Hercule, de Tecmesse pour Ajax, ou
que l'amertume quasi inexprimée de Jocaste. Ses
princesses immolées meurent avec des grâces de cygne,
mais nous sommes loin de l'entêtement sublime d'Antigone. Sa Clytemnestre et son Électre ne font pas que
s'affronter : elles se chamaillent. Électre note malignement qu'Hélène, au cours d'un rite funèbre, s'arrange
pour sacrifier une boucle de cheveux sans déranger sa
coiffure ; Cassandre, éperdue d'apprendre qu'Agamemnon se la réserve comme concubine, danse et chante
une torche à la main au grand scandale de ses compagnes, bel exemple de la « scène de folie » qui agrémen-
tera jusqu'à nos jours les pires mélodrames, mais fait
presque rougir quand on pense au sobre et bouleversant désespoir de la Cassandre d'Eschyle. Cette complaisance envers les lieux communs de la féminité a
pour contrepoids une misogynie sans nuances ; c'est
Sophocle qui se livre à de poignantes réflexions sur la
condition féminine ; Euripide, lui, met dans la bouche
de ses personnages ses propres griefs contre « le sexe » ;
même le virginal Hippolyte, qu'on eût cru moins rensei-

gné, se lance dans une diatribe contre l'indignité des femmes, et finit par le vœu un peu comique que les enfants viennent au monde sans mère.

Ce double glissement vers le mélodrame et la comédie de mœurs est partout sensible. Le drame grec a de tout temps recouru à l'appareil judiciaire, mais, avec Euripide, la passion du contentieux, si forte chez les Athéniens de son siècle, prend souvent indiscrètement le pas sur le pathétique ; on recommandait aux avocats l'étude de ses tirades pleines d'une argumentation serrée ; quand un comparse apporte à Électre des preuves du retour de son frère, au lieu du mélange de doute et d'espoir qui serait de mise, elle démolit l'un après l'autre ces minces indices avec une âpreté de juge d'instruction mal disposé envers un témoin. Impossible de discerner si l'humour de tel passage est volontaire ou non. Euripide se rend-il compte que la querelle d'Admète avec son père, qui refuse de mourir pour lui, et sa promesse larmoyante à sa jeune femme, qui consent à le faire, de placer sur le lit nuptial sa statue grandeur nature, ridiculisent ce prince si avide de vivre ? A-t-il voulu faire du crédule Xanthus, si prompt à croire sien le fils que sa femme Créüse a eu d'Apollon, l'ineffable image du cocu content ? À la distance où nous sommes, nous ne saurons jamais où commençait le sourire sur les lèvres de l'auteur, et encore moins sur celles du public.

Et pourtant, malgré ces failles, ou peut-être à cause d'elles, il est sans doute le premier dramaturge presque aussi complexe que la vie elle-même. Une sorte de crépuscule commence à embrumer chez lui les notions du vrai et du faux, du juste et de l'injuste. Oreste n'est plus un coupable poursuivi par les Furies maternelles, mais un malade qui gémit sur l'épaule d'une sœur tendre. Électre, tombée au bas de l'échelle sociale de son temps, mariée à un paysan qui par respect la laisse vierge, éprouve à l'égard de sa mère, non seulement une vertueuse indignation, mais encore une haine sadique ; la mère indigne, d'autre part, s'inquiète affectueusement de sa fille qu'elle croit sur le point d'accoucher et se laisse attirer par elle dans un guet-apens. Le pieux Hippolyte, dans ce qui est peut-être la scène la plus déchirante du théâtre antique, console le père qui l'a envoyé à la mort, et semble un instant accorder la même pitié à la coupable Phèdre. Dans *Les Bacchantes*, chant sauvage qui termine son œuvre (de sorte que ce que nous appelons le drame classique finit sur une note stridente et barbare), le moment où Agavé s'aperçoit qu'elle a mis à mort son propre fils dans sa furieuse extase de Ménade est en un sens la plus tragique des « reconnaissances » d'Euripide, sorte de sombre symbole de l'égarement où nous vivons tous. Vus de cette manière, les coups de théâtre artificieusement provoqués et les peu convaincantes erreurs sur la personne deviennent, que le poète l'ait ou non précisément voulu, une manière de nous dire que tout est plus étrange et plus compliqué qu'on ne croyait. Même les prolixes argumentations de personnages défendant leur position ou tâchant d'expliquer leurs actes semblent l'authentique écho des ratiocinations dans lesquelles nous sommes presque tous plongés.

L'alternance de la ferveur et du doute ajoute à son œuvre une complexité de plus. L'*Hippolyte*, dans lequel le farouche chasseur mythologique se voit « modernisé » en une sorte de jeune prêtre vêtu de lin blanc, « ne se nourrissant de rien qui ait eu vie », suivant dans les forêts la trace d'une Artémis sensible au cœur, est l'un des très rares témoignages qui nous restent du mysticisme du ve siècle. *Les Bacchantes* décrivent une crise d'hystérie sacrée, de type très primitif, dont le poète exilé à Pella a sans doute été spectateur. L'athéisme passionné de son Bellérophon atteste, par son âcreté même, l'existence de l'inquiétude religieuse chez cet homme qui semble avoir été, au sens exact du mot, un « libre penseur ». Par delà le souci du Juste et de l'Injuste, assurément moins fort chez lui que chez ses prédécesseurs, on croit parfois sentir affleurer une explication de type orphique, ou un détachement « épicurien », bien qu'antérieur de près d'un siècle à la prédication d'Épicure, espèce de retrait volontaire à l'écart des folies et des atrocités humaines. La notion de vie intérieure, rarissime de tout temps chez les poètes du théâtre, pointe chez lui comme un paradoxe de plus.

Avec Sénèque le Tragique, qui d'ailleurs s'inspire de lui, dans sa *Médée* et dans sa *Phèdre*, Euripide a été le plus copié des dramaturges antiques. Le drame « à la grecque », tel que le conçoivent les modernes, est presque exclusivement issu de son œuvre : de Racine à Alfieri, de Goethe à Giraudoux ou à quelques autres, les poètes ont sans cesse été tentés de changer ses *Hippolyte* en *Phèdre*, de refaire, en en variant l'éclairage, son *Électre*, ses *Iphigénie*, son *Alceste*, de pousser à bout ses audaces, d'expliquer ce qui n'est chez lui qu'implicite. Même ceux qui empruntent leurs sujets à Sophocle, comme le Gide d'*Œdipe* ou l'Anouilh d'*Antigone*, sont encore euripidiens sans le savoir. D'autre part, les effets les plus usés et les audaces crues les plus neuves ayant déjà chez lui leur équivalent ou leur source, on peut en dire autant de tout homme de théâtre, de l'auteur des *Deux Orphelines* à Ionesco. Ce qui demeure inimitable chez Euripide, c'est le *phrasé* de ses meilleurs dialogues et leur réalisme sobre et léger, on ne sait quoi de plus plein que chez Racine, de plus flexible que chez Goethe, belle ligne qui fait prévoir avec une avance d'un demi-siècle les brisures pathétiques de Scopas et les douces courbes de Praxitèle.

IPHIGÉNIE EN AULIDE

Agamemnon réveille son serviteur avant l'aube

AGAMEMNON

Viens, bon vieillard ! Sors du baraquement ; suis-moi.

LE VIEUX SERVITEUR

J'obéis. Mais quel est ton désir, ô grand roi
Agamemnon ?

AGAMEMNON

Ne tarde pas !

LE VIEUX SERVITEUR

Maître, les vieux,
Même au cœur de la nuit, ne dorment que les yeux
Mi-clos, et leur sommeil est léger. Je suis prêt.

AGAMEMNON

Cet astre étincelant là-bas, sais-tu quel est
Son nom ?

LE VIEUX SERVITEUR

C'est Sirius, et plus loin, les Pléiades
Encor haut dans le ciel.

AGAMEMNON

Quel silence ! Ni bruit
D'oiseau, ni bruit de vague. En ce reste de nuit,
Les vents eux-mêmes sur l'Euripe se reposent.

LE VIEUX SERVITEUR

Pourquoi avoir quitté si tôt, ô mon bon maître,
La tente ? Les soldats, le long des barricades,

N'ont reporté aucune alerte. Dans Aulis,
Tout est calme. Rentrons.

AGAMEMNON

Pauvre vieux, je t'envie
Toi, et tous tes pareils qui vivez votre vie
Obscure, et sans angoisse, et vos cœurs tout remplis
De paix. Dans les honneurs, c'est moi qui vous jalouse.

LE VIEUX SERVITEUR

Mais la gloire est ton lot.

AGAMEMNON

Oui, le malheur aussi.
Ce qui d'abord fut doux est un amer souci
Par la suite, et les dieux nous font bientôt connaître
Qu'ils punissent l'orgueil et qu'un sort trop altier
Porte à faux et expose à périr tout entier,
Ou l'homme et ses fureurs nous insultent...

LE VIEUX SERVITEUR

Fi donc !
De tels propos, Seigneur, sont indignes d'un rang,
D'un sang comme le tien, fils d'Atrée ! Endurant
Le bonheur, le malheur, sort commun des mortels,
Accepte, Agamemnon, les destins comme tels.
Subis comme il convient les volontés divines.
Mais qu'as-tu ? Quelles sont ces larmes qui ravinent
Ta face ? Tard, la nuit, allumant un brandon,
Prenant, puis repoussant tes tablettes de cire,
Je t'ai vu écrivant, et puis cessant d'écrire,
Scellant, puis descellant l'ordre donné. Pourquoi ?
Depuis qu'accompagnant chez toi ta jeune épouse

J'entrai à ton service, ô grand prince, ma foi
Et ma fidélité ont été sans reproches.
Dis à ton serviteur ce dont tu souffres...

Iphigénie en Aulis, v. 1-48.

HIPPOLYTE PORTE-COURONNE

Hippolyte offre une couronne à sa déesse Artémis

Je t'apporte, Artémis, cette couronne pure,
Mon ouvrage, et pour toi j'en ai choisi les fleurs
Dans un lieu saint, inviolé, dont la verdure
Ne connaît ni le fer ni les broutants troupeaux,
Visité seulement au printemps des abeilles,
Dont une eau chaste lave l'herbe. Son repos,
Ses ombrages sont faits pour les cœurs sans bassesse,
Innocents des leçons humaines, que conseillent
Leurs bons instincts, et qui d'eux-mêmes vont sans
                                              cesse
Vers le bien. Ceux-là seuls ont le droit de toucher
À ses fruits. Les méchants n'en peuvent approcher.
Que ma pieuse main orne tes cheveux d'or
De ces rameaux, car seul j'ai ce sublime sort
De vivre près de toi, de te parler, d'entendre
Ta voix (sans que pourtant tu m'accordes de voir
Tes traits)... Qu'à ce bonheur je sache toujours tendre,
Et que je puisse, ô reine, uni à ta pensée,
Finir ma vie ainsi que je l'ai commencée...

Hippolyte, v. 73-87.

LA MORT D'HIPPOLYTE

(Hippolyte tout sanglant est ramené
à son père par ses compagnons ;
Artémis vient d'apprendre à Thésée
l'innocence de son fils.)

ARTÉMIS

Ô malheureux, quels maux tu souffres ! Ton grand
cœur

T'a perdu !

HIPPOLYTE

Ha !... Mais quoi, des souffles embaumés,
Divins, passent sur moi... Ah, fraîcheur que j'aimais !
Même expirant, je reconnais ton odeur sainte ;
La douleur un instant desserre son étreinte,
Et je respire un peu moins mal... C'est toi, ô claire
Vierge...

ARTÉMIS

Oui, ton amie, et pour toi la plus chère
Des dieux et des déesses....

HIPPOLYTE

Je me meurs. Tu vois
Mon désastre.

ARTÉMIS

Je vois. Mais il n'est pas permis
Aux dieux de répandre des pleurs...

HIPPOLYTE

Ô Artémis,
Ton compagnon guidant ta meute au fond des bois,
Ton serviteur n'est plus...

ARTÉMIS

Je le sais, et je perds
Mon préféré parmi les hommes...

HIPPOLYTE

Et jamais,
Jamais plus, je ne conduirai tes chevaux fiers.
Jamais plus, t'honorant au pied de tes statues...

ARTÉMIS

Aphrodite a tissé le piège où tu péris.

HIPPOLYTE

Hélas ! Je reconnais le pouvoir de Cypris !
Elle m'enveloppa de ses ruses qui tuent,
La Terrible !

ARTÉMIS

Ta chasteté lui faisait tort.

HIPPOLYTE

Elle a mené ainsi trois êtres à la mort,
Trois victimes.

ARTÉMIS

C'est vrai, toi, ton père, et l'épouse
De ton père.

HIPPOLYTE

Ah, mon père, et son acte insensé !

ARTÉMIS

Mais souviens-toi que la déesse l'a poussé.

HIPPOLYTE

Malheureux père, je te plains !

THÉSÉE

J'ai tout perdu
En te perdant, mon fils ! Et le bonheur de vivre
Va s'éteindre avec toi.

HIPPOLYTE

C'est sur toi que je pleure,
Père, plus que sur moi.

THÉSÉE

Ah, mon enfant, te suivre
Là où tu vas ! Te remplacer dans la demeure
Ténébreuse...

HIPPOLYTE

Silence, père ! le farouche
Poseidon déjà n'a que trop bien entendu
Un de tes vœux.

THÉSÉE

Jamais, mon fils, je n'eusse dû
Laisser ces mots hideux s'échapper de ma bouche !

HIPPOLYTE

Mais tu m'aurais tué dans ta rage jalouse !

THÉSÉE

Les dieux m'ont aveuglé.

HIPPOLYTE

Hélas ! Ô misérable
Race humaine ! Si nous pouvions à notre tour
Maudire les dieux !

Non. Calme-toi. Loin du jour,
Sous la terre ton corps va descendre, et tu souffres
Pour avoir été pur et fidèle. Cypris
Subira pour ta mort mes sombres représailles.
Parmi tous les vivants qui brûlent et tressaillent
À son nom, je prendrai celui dont s'est épris
Son cœur : ce préféré, mes flèches vengeresses
Le perceront de part en part. Ta chaste gloire
Va se perpétuer de mémoire en mémoire,
D'hymne en hymne. Toujours, grande ombre, tu vi-
                                              vras !
Tendres, sur ton tombeau coupant leurs blondes tres-
                                                  ses,
Les vierges de Trézène au jour des épousailles
Baigneront de leurs pleurs ton souvenir. Jamais
Nul n'oubliera l'amour de Phèdre. Approche, mets
Ton visage contre le sien, prends dans tes bras
Ton fils, pauvre Thésée ! Injuste et maudissant,
Dans ta noire fureur, tu perdis l'innocent.
Quand les dieux l'ont voulu, l'homme erre, et d'affreux
                                              gouffres
S'ouvrent pour lui. Mais toi, doux prince, connaissant
D'où vous vient ce malheur, sois clément pour ton
                                                père.
Triomphe en expirant d'un reste de rancœur.
À nous, dieux, une loi interdit le spectacle
Horrible de la mort ; le dernier souffle humain,
Exhalé devant nous, souillerait notre essence
Divine. Je te vois sur le seuil redoutable.
Adieu, ami !

HIPPOLYTE

Adieu, reine au grand cœur,
Vierge heureuse ! Mais quoi, aisément il se rompt,

Le fil qui nous joignait ! Ah, le deuil et l'absence
Vous sont légers, à vous les dieux, dans le sublime
Éther ! Ô Artémis, ton ordre est obéi.
Je meurs sans haine... Prends entre tes mains mon
front,
Père, soulève-moi... Mon souffle me trahit,
Soutiens-moi...

THÉSÉE

Ô douleur ! Ta mort me désespère,
Mon fils !

HIPPOLYTE

Je vois s'ouvrir la porte de l'abîme.

THÉSÉE

Et tu t'en vas me laissant seul, souillé d'un crime,
Maudit...

HIPPOLYTE

Non. Je t'absous.

THÉSÉE

Quoi, ton sang sur ma main,
Sur ma pensée, est-il lavé ?

HIPPOLYTE

Il l'est. J'en jure
Par Artémis.

THÉSÉE

Ô cœur magnanime, âme pure !

HIPPOLYTE

Ah ! Puissent les deux fils qui te restent être tels.

Ô le meilleur, ô le plus chéri des mortels,
Merci d'être si bon pour ton père, mon triste
Enfant !

HIPPOLYTE

Je t'aimais, père.

THÉSÉE

Lutte et résiste
Encore !

HIPPOLYTE

Mon courage est épuisé. La mort
Est là. Couvre ma face d'un manteau...

Hippolyte, v. 1394-1458.

LES BACCHANTES

Le Chœur exècre Penthée, violateur des Mystères

Justice, lève
Ton puissant glaive !
Frappe à la gorge le maudit, le vil athée,
Le cœur faux, l'âme révoltée,
Adonné au blasphème, au mensonge, au dol !
Abats le fils d'Échion, le noir brigand né du sol !

Injuste et méprisant la loi,
Il vient combattre contre toi,
Bacchus des orgies !
Il t'épie ! Il nargue ta mère sublime !
Il affronte tes redoutables énergies !

Mais tu le rejetteras, pris en plein crime,
    Dans l'abîme !

        Le sage vénérant les dieux
        Vit heureux, modeste, et comme
        Il sied à l'homme.
        Je ne hais pas ce sage pieux,
Mais moi, suivant ma quête, évitant les abus et les
                                    erreurs haïssables,
Je vivrai jour et nuit tourné vers les seules choses impé-
                                    rissables !

            Justice, lève
          Ton puissant glaive !
Frappe à la gorge le maudit, le vil athée,
    Le cœur faux, l'âme révoltée,
Adonné au blasphème, au mensonge, au dol !
Abats le fils d'Échion, le noir brigand né du sol !

Les Bacchantes, v. 991-1015.

Fragments de tragédies perdues

MÉLÉAGRE

... Sois bon pour les vivants. Le mort n'est qu'ombre et
                                            terre,
Et ce qui est néant va au néant...

Cité par Stobée, *Florilège*, 98, 4.

PHRIXUS

... Qui sait ? La mort peut-être est la suprême vie,
Et ce qu'on nomme vie est agonie et mort...

Cité par Stobée, Florilège, 120, 18.

ÉOLE

... Hélas ! Hélas ! Il a raison, l'antique adage :
Nous, vieux, ne sommes rien, de vains chiffres, des
plaintes
Vaines, songes obscurs au fond d'âmes éteintes ;
Nous nous targuons à tort du savoir du grand âge...

Cité par Stobée, Florilège, 116, 4.

BELLÉROPHON

... On dit qu'il est des dieux, là-haut, au firmament.
Mais c'est faux, mais c'est faux ! Et si quelque imbécile
Ressasse cette fable antique, n'y crois pas !
Juges-en par toi-même, et sans docilement
Ajouter foi à mes propos. Il t'est facile
De contempler partout les tueurs, les pilleurs,
Les menteurs chaque jour triomphant des meilleurs,
Et l'injuste tyran qui meurt ayant vécu
Plus heureux jusqu'au bout que le juste vaincu.
Il est aisé de voir tout un peuple innocent,
Craignant les dieux, périr, étouffé dans son sang,
Et les gros bataillons s'imposer par le nombre.
Et toi, si, par folie, en quelque impasse sombre,

Levant les mains, levant les yeux vers le ciel sourd,
Tu renonçais à tes efforts pour un seul jour,
Tu succomberais, toi et les tiens, convaincu
Qu'il n'est pas de dieux...

Cité par Justin Martyr,
De Monarchia, v. 150.

Les drames satyriques
d'Eschyle, de Sophocle et d'Euripide

(ve siècle avant notre ère)

Le drame satyrique est, comme on sait, une pièce à sujet mythologique, de caractère gai, et dans laquelle figurait presque obligatoirement un chœur effronté de Satyres. On la donnait, en guise de détente, à la suite des trois pièces tragiques de chaque Trilogie. On n'a des drames satyriques d'Eschyle que quelques lignes ; on possède, comme il a été dit plus haut, un seul important fragment satyrique de Sophocle, *Les Limiers*, retrouvé en Égypte à notre époque, et d'un comique assez terne. *Le Cyclope*, au contraire, seul drame satyrique que nous ayons d'Euripide, est d'un brio extraordinaire.

Plus encore que la tragédie, le drame satyrique, espèce de ballet-farce, dépendait des ressources du metteur en scène, des danses et des chants bachiques dont le théâtre grec est sorti. Les textes des poètes furent en un sens un libretto. Dans *Les Limiers*, les Satyres partis à la recherche des vaches du Soleil, volées par Hermès, n'ont à dire que quelques phrases insignifiantes, mais ces chèvre-pieds-limiers flairant le sol, allant et venant à quatre pattes sur la piste, prêtaient à tous les effets chorégraphiques et à tous les gags. Il en allait de même des manifestations de leur terreur animale, en entendant pour la première fois résonner la lyre, nouvelle invention d'Hermès, et cette remarque vaut aussi pour les

Satyres du *Prométhée Allume-Feu* d'Eschyle, embrassant imprudemment la belle flamme nouvelle-née. Même dans *Le Cyclope* d'Euripide, dont le texte se suffit à soi-même, nous perdons beaucoup en n'assistant pas à la danse du Cyclope ivre, aux bonds caprins des Satyres et aux cabrioles de Silène.

Ces drames gais s'inspiraient d'une grande variété de légendes. La grâce et même l'émotion n'en étaient pas toujours exclues. *Les Amants d'Achille*, de Sophocle, dont on a lu plus haut un fragment sur l'amour, d'une élégance exquise, était presque assurément un drame satyrique ; on s'est demandé si l'émouvante *Alceste* d'Euripide n'en était pas un. La plupart des textes ci-dessous attestent l'intérêt des poètes pour les premières inventions de l'humanité, intérêt que manifeste aussi le tragique *Prométhée* d'Eschyle : naissance du feu dans *Prométhée Allume-Feu*, naissance de la musique dans *Les Limiers* ; découverte du vin par le sauvage Cyclope dans la pièce de ce nom. Cette attitude d'esprit s'explique en partie par la tradition sacrée, mais correspond aussi à un regard en arrière jeté par une société très civilisée sur les précaires origines de l'homme. De temps à autre, comme dans une tirade du *Cyclope*, on surprend, sous le couvert de la bouffonnerie, l'obscure nostalgie d'une vie primitive supposée plus vigoureuse et plus libre, ou au contraire une pointe d'ironie, qu'on retrouvera chez le poète comique Eupolis, à l'égard des admirateurs du « noble sauvage ». Euripide a dû beaucoup s'amuser en composant la truculente profession de foi du cannibale qui se suffit à soi-même et se moque des dieux.

Le drame satyrique tomba vite en désuétude. Il n'en est plus guère question après le IVᵉ siècle.

Eschyle

LES RAMASSEURS D'OS

... Et sur la tête il me cassa un pot de chambre
Tout plein, qui ne sentait ni le baume ni l'ambre,
Et qui m'oignit, s'étant brisé en mille pièces,
Et tous riaient...

Cité par Athénée,
Le repas des Sophistes, I, 30, 17 c.

PROMÉTHÉE ALLUME-FEU

... Prends garde, car le feu a l'haleine brûlante :
S'il te souffle au visage...

Cité par Galien,
*Commentaires sur le Traité
des Épidémies d'Hippocrate*, VI, 17, 1.

*

... Ô bouc, tu pleureras ta barbe...

Cité dans Plutarque,
*Comment profiter
de ses ennemis*, II, 86.

.... Je crains le sort stupide
Du phalène brûlé par la flamme.....

Cité par Élien,
Des Animaux, XII, 8.

Sophocle

LES LIMIERS

SILÈNE

Mets le nez sur la piste et flaire
Le sol ! Qu'un dieu tutélaire
Nous protège dans notre quête !

LES SATYRES

Par ici ! Voilà les empreintes
De nos vaches ! Arrête ! Arrête !
Oh ! Regarde ! Sur le sentier,
Ces marques de grandeur pareille...
Qu'est-ce qui frappe mon oreille ?
On mugit ?
        — Non, je n'entends pas !
Mais c'est bien la trace des pas
Des génisses...
        — Mais à l'envers !
Le voleur, le brigand pervers,
A dû les tirer par les queues !

Suis cette piste ! Oh là là ! Maintes
Marques recouvrent tout entier
Le sol ! Notre piste se perd !
Comment suivre pendant des lieues
Ce recul embrouillé des bêtes ?

SILÈNE

Quoi ? tu grognes comme un pourceau ?
Comme un singe, le cul en l'air ?
Et celui-là, il reste sot,
Le cou tordu, tournant la tête ?
Toi, tu trembles ? L'autre grelotte
De peur ?

LES SATYRES

Hou ! Hou ! Hou !

SILÈNE

La glotte
Leur fait mal ? Sont-ils devenus
Muets ?

LES SATYRES

Tais-toi !

SILÈNE

On n'entend rien !

LES SATYRES

Un son m'arrive, aérien !
D'où viennent ces bruits inconnus,
Inouïs dans la race humaine ?......

*La nymphe Cyllène explique aux Satyres
d'où proviennent ces sons.*

LA NYMPHE

... Le nourrisson divin, Hermès, fait proférer
Ces sons délicieux par une bête morte.

LES SATYRES

Sornettes ! Nulle morte ne parle !

LA NYMPHE

                    Mais si !
Vivante, elle est muette, et morte la voici
Qui chante !

LES SATYRES

     Alors, sa forme ? Est-elle biscornue ?

LA NYMPHE

Non, courte, ronde, et sa peau ferme et nue
Est tachetée...

LES SATYRES

     Attends... Un chat ? Une panthère ?

LA NYMPHE

Elle marche à pas lents.

LES SATYRES

            Une taupe sous terre ?
Un scarabée ?

LA NYMPHE

     Eh ! Eh ! Tu brûles !

LES SATYRES

               Peux-tu dire
Qui c'est ?

C'est la tortue, et de sa carapace
L'enfant forme ces sons que la brise qui passe
Apporte, et cette bête a ce beau nom : la lyre...

Les Limiers,
v. 73-135, v. 280-304.

Euripide

LE CYCLOPE

Polyphème s'adresse à son prisonnier Ulysse

... La richesse, petit, est le vrai Dieu des sages.
Le reste ? Des mots creux ! Des nèfles ! Que mon
                                                père,
Poseidon, ait ou non sur le haut promontoire
Un temple, je m'en moque... Et la foudre, mon vieux,
Ne me fait pas trembler. Zeus, le maître des dieux,
N'est pas plus grand au ciel que moi dans mon re-
                                                paire
Bien clos. Qu'il vente ou pleuve, ici j'ai mon manger
Tout prêt, du veau rôti, du gibier, et, pour boire,
Du bon lait. Si Zeus tonne, eh bien, moi, étranger,
Je pète, et de mon bruit recouvre son fracas.
S'il neige, j'ai du feu et de chaudes toisons.
Qu'elle le veuille ou non, l'herbe croît. Les saisons
Se suivent, mon troupeau prend du poids. Je l'abats
Pour moi seul, et des dieux, le seul en qui j'ai foi,
C'est mon ventre, ici présent. Quant à la loi,

257

Et aux gêneurs qui l'instituèrent, qu'ils aillent...
Et moi, lorsque la faim me prendra aux entrailles,
Je te mangerai...

Le Cyclope, v. 316-342.

Critias, l'auteur de Rhésos, Chaerémon et les derniers dramaturges athéniens

(V^e et IVe siècle avant notre ère)

Les trois maîtres incontestés de la tragédie grecque (quatre si l'on compte Phrynichus) avaient vécu et produit au cours d'un même siècle. En l'an 405, quand meurt le vieux Sophocle, l'année même de la prise d'Athènes par Lysandre, la tragédie prend fin en ce qui nous concerne. Mais des auteurs secondaires continuent. Les descendants d'Eschyle et de Sophocle exercèrent honorablement, pendant plusieurs générations, la profession familiale. L'aimable Agathon, dont il a été parlé plus haut, et qui survécut peu, semble-t-il, à son ami Euripide, appartient encore à la grande époque, mais rien ne restant de lui qu'une demi-douzaine de vers isolés, c'est encore par les poétiques propos que lui prête Platon dans *Le Banquet* qu'on se fait le mieux une idée de son style. L'aristocratique Critias, élève de Socrate, tué par les démocrates athéniens, après avoir été un des Trente Tyrans chargés par Sparte de gouverner Athènes, disparaît lui aussi au crépuscule du Ve siècle. Il avait donné dans le théâtre philosophique ; il reste de lui un curieux fragment expliquant les dieux comme d'habiles inventions destinées à inspirer aux méchants une crainte salutaire, tirade athée, sans doute prudemment mise dans la bouche d'un personnage antipathique.

Si Critias fait penser à Voltaire dramaturge, l'auteur probablement plus tardif de *Rhésos*, pièce remarquable longtemps attribuée à Euripide, rappelle Schiller par sa description pittoresque d'un camp et ses chœurs de soldats au lyrisme quasi romantique. Il s'agit du prince thrace Rhésos, allié des Troyens, dont les blancs chevaux assurant la victoire à leur possesseur furent volés par Ulysse et Diomède, qui tuèrent leur maître. À première vue, on croit n'avoir affaire qu'à une nouvelle décoction de *L'Iliade*, mais cette peinture si convaincante de la vie militaire doit quelque chose aux souvenirs de la guerre du Péloponnèse ou de la Ligue Eubéenne ; l'auteur semble avoir su par expérience ce que c'est que s'éveiller la nuit à un avant-poste menacé.

De Chaerémon qui vivait, croit-on, vers le milieu du IVe siècle, on a une description de Bacchantes endormies célèbre pour sa grâce voluptueuse, mais qui ne suffit pas à prouver que ce littérateur exquis fût bon dramaturge. On mentionne aussi vers la même époque des tragédies philosophiques de ce curieux homme que fut le cynique Cratès. Mais l'usure des sujets va désormais de pair avec la sclérose des formes. Quand Aristote, dans sa *Poétique*, publiée probablement vers 340, s'efforce de définir les lois du genre tragique, l'art qu'il analyse est déjà mort.

Par une contradiction en elle-même banale, ce fut durant la décadence de la tragédie que s'éleva à Athènes le théâtre de marbre que nous voyons aujourd'hui, avec sa scène reconstruite et ornée à l'époque romaine, et qui remplaçait le vieil édifice en bois du temps des grands dramaturges. La comédie surtout y régnait. Des reprises de pièces de Sophocle, et surtout d'Euripide, n'y étaient pourtant pas rares, et des règlements municipaux minutieux assuraient l'intégrité du texte. Durant le Ier et le IIe siècle de notre ère, on croit néanmoins savoir que ces vénérables drames étaient donnés sans leurs chœurs, préludant déjà, de ce fait, à ce qu'allait être la « tragédie classique » du XVIIe et du XVIIIe siècle. Un même état de choses régnait sans doute dans les autres grandes villes d'Asie Mineure ou d'Égypte ayant un théâtre. Çà et là, des poètes de métier ou de riches amateurs composaient encore des tragédies calquées sur les anciens modèles, parfois jouées, mais le plus souvent récitées en petit comité, ou simplement lues.

Critias

FRAGMENT D'UN *SISYPHE*

... La force fut d'abord la seule loi. Barbare,
L'homme vivait pareil aux fauves animaux,
Sans récompense offerte aux bons, sans que des maux
Vinssent d'en haut punir le méchant. La justice
Naquit ensuite : on inventa des sanctions
Pénales. Mais ces humaines punitions
N'atteignaient pas les malfaiteurs qui, en secret,
En silence, faisaient le mal. Alors, factice,
Mais utile, la Loi des dieux fut inventée
Par un sage. Il parla de maîtres tout-puissants,
Voyant et entendant sans le secours des sens,
Qui savent ce que l'homme impudemment prépare
Et perpètre, caché. Ainsi donc fut matée
La rude espèce ; ainsi, la sagesse sincère
Sut s'imposer grâce au mensonge nécessaire.

Ces dieux, on les plaça dans les hautes demeures
D'où descendent, sur ceux qui vivent et qui meurent,
L'horreur sacrée, et les terreurs, et les bienfaits.
Dans l'empyrée où l'éclair luit, où roule et gronde
Le tonnerre, où soudain le météore allume
Sa torche, d'où la pluie épanche sur le monde
Ses dons, et où l'on voit ces beaux objets qu'a faits
Le Temps, suprême artiste, et qu'on nomme les as-
                                           tres,
Dans ce ciel d'où tout vient, nos imprévus désastres,
Et les quelques bonheurs mitigeant l'amertume
Du triste sort humain, on mit, sainte imposture,
Ces dieux terribles aux méchants. C'est, je le jure,
Ainsi que la raison fit triompher la loi
Sur la force brute ; et désormais l'homme croit
Qu'il est des dieux...

Cité par Sextus Empiricus,
Dogm. III, 54.

L'auteur de Rhésos

LA RELÈVE DE LA GARDE
AU CAMP D'HECTOR

— Qui ce matin sera de garde ?...
... Les Pléiades vers le couchant
Tombent ! Qui prend la relève ?
L'Aigle de l'aile déjà touche
Le zénith ! Quittez votre couche,
Fainéants ! À l'est se lève

L'étoile du matin ! L'Aurore
Approche et la lune pâlit...

— Qui prendra la première veille ?
— Le fils de Mygdon, Koroibos.
— Après ? Les gens de Péonie
Remplaçaient ceux de Cilicie.
— Nous relevions ceux de Lycie.
— Alors, pour la cinquième veille,
Les Mysiens ! Qu'on les réveille !

— Sur la berge du Simoïs
Le rossignol soupire encore
Et tendrement sa plainte exhale
Sur ses petits, si doux, si beaux,
Tués jadis ! Et sur l'Ida
Déjà paissent les grands troupeaux,
Le blanc bétail du haut pays !
Oui, j'entends au loin les pipeaux...
Le sommeil malgré moi emplit
Mes yeux, jamais mieux goûté
Qu'à l'aube d'un matin d'été...

— Mais qu'est devenu le soldat
Qu'Hector envoya reconnaître
Du côté des nefs ?
                         — Mort peut-être.
Il tarde trop.
                         — Je crains pour lui.
— Regarde ! Déjà le jour luit !...
— Appelez la cinquième veille !...

Rhésos, v. 527-564.

Le conducteur de char raconte l'attaque nocturne
durant laquelle Rhésos fut tué

        ... Je dormis peu, car la pensée
De mes chevaux me réveilla. À pleine main,
Je leur mesurai l'orge, en songeant que demain,
Bientôt, pour le combat, j'aurais à atteler
Les bêtes à leur char. Soudain, dans la nuit noire,
Parmi nos rangs, je vis deux ombres circuler,
Deux hommes... Me voyant debout, ils s'éloignèrent.
Je criai : « Hors d'ici ! » ayant tout lieu de croire
Qu'il s'agissait de chapardeurs, venus du camp
De nos alliés, tout voisin du nôtre. Puis,
Je me suis recouché, n'entendant plus rien. Quand
Enfin je me rendors, vient un terrible songe.
Deux loups sautent sur mes chevaux, et de leurs
                                 queues
Frappent leurs flancs, et de leurs griffes les lacèrent,
Mes bons chevaux, que je nourris, que je conduis
Debout près de Rhésos, mon cher maître ! Et ils ruent,
Ils se cabrent, épouvantés ! Et moi, j'allonge
Le bras ; je veux me lever, crier, porter aide
À mes chevaux ! Et j'entends, faibles, presque tues,
Des plaintes de mourants quasi morts. Un flot tiède
Coule sur moi, le sang de mon maître égorgé !
Et moi, je me levai, cherchant un glaive, et j'ai
Soudain reçu un coup de dague entre les côtes.
Et je tombai, terrassé... Ah ! Ah ! La blessure
Béante est là et me fait mal ! Et je ne puis
Bouger le bras, me tenir debout... Tous deux sautent
Sur le dos de mes bons chevaux ; d'une main sûre,
Ils débrouillent la bride et partent au galop,
Pressant leur fuite... Ils sont loin d'ici, à des lieues

Peut-être... Et je ne sais plus rien... Je souffre trop !
Je ne sais pas qui a tué ces morts ; je ne sais rien
De plus...

Rhésos, v. 770-804.

Chaerémon

FRAGMENT D'UN *ŒNEUS* :
LE SOMMEIL DES BACCHANTES

... Un blanc sein doucement aux rayons de la lune
Luisait hors du lin clair. Danseuse aux membres las,
Une autre avait laissé glisser sa robe. Nue,
Sa chair resplendissait, et ses contours polis
Semblaient peints sur le fond noir de l'ombre. Près
                                                    d'une
Amie et l'enlaçant, l'autre montrait ses bras
Tendres ; une autre encore, en sa grâce ingénue
Offrait à mes regards sa cuisse blonde ; un songe
La troublait, vague émoi d'amours inaccomplis ;
Et ces beaux corps couchés sur l'herbe, la pressant
De leurs formes, faisaient couler la douce sève
Des fleurs, et plier leur tige...

Cité par Athénée,
Le repas des Sophistes, XIII, 608 B.

Aristophane

(ve siècle avant notre ère)

La comédie en tant qu'institution d'État fut à Athènes
la cadette de la tragédie : les concours comiques commencèrent après les guerres médiques. Mais, plus encore que la tragédie, la comédie héritait d'une tradition :
danses bachiques à la fête des vendanges, processions
phalliques de paysans implorant pour leurs champs la
fertilité, rites apotropaïques (c'est à dire destinés à
détourner le malheur ou le mauvais sort) grotesques ou
obscènes ; durant la procession éleusiaque, l'algarade
obligatoire des pèlerins avec la populace, la présence de
femmes se troussant et la joute d'injures font déjà prévoir Aristophane. À l'influence de ces coutumes locales,
il faut ajouter celle des farces péloponnésiennes et sici-
liennes, ces dernières surtout, qui délectaient encore
Platon. Dans l'Athènes du ve siècle, les comiques abondent. L'Ancienne Comédie se résume pour nous en
Aristophane, mais celui-ci eut des devanciers immé-
diats, comme Cratinos, et des rivaux, comme Eupolis,
fort loués des connaisseurs, mais dont presque rien ne
reste aujourd'hui. Bien que la structure de ces pièces
comiques fût moins stricte que celle de la tragédie, et
que le poète puisât à peu près librement dans la légende et le fait divers contemporain, on est frappé par un
air de famille entre ces pièces, ou les arguments que

nous avons de ces pièces, en particulier entre celles d'Eupolis et d'Aristophane : attaques contre les personnalités en vue[1] ; éloge du bon vieux temps et de la vie simple ; quête aux Enfers pour ramener les grands hommes du passé dont les équivalents manquent à une Athènes en décadence[2] ; contraste entre l'Athènes réelle, où tout va mal, et un lieu utopique où tout va bien[3] ; satire des folies judiciaires[4] et des excès chauvinistes[5], et, avant tout, verdeur du style.

C'est grâce aux onze pièces sur quarante-deux qui restent d'Aristophane, et à quelques fragments d'autres maîtres de l'Ancienne Comédie, que nous connaissons dans sa réalité la vie populaire athénienne. Sans eux, nous finirions par croire à l'Athènes de marbre blanc fréquentée seulement par Périclès, Aspasie, les nobles figurants des Panathénées et les beaux jeunes gens du cercle de Socrate, dont rêvaient nostalgiquement les poètes vers la fin du XIXe siècle. Aristophane nous apporte l'humain tapage des rues d'Athènes, fait d'appels, de boniments, de marchandages, de proclamations de crieurs publics, ce brouhaha de sortie de théâtre et d'assemblée politique, oublié de nous, qu'assourdit surtout le bruit des moteurs, et qui nous habituons de plus en plus aux succédanés mécaniques de la voix humaine. Il nous fait sentir l'odeur de friture et de poussière, d'excréments déposés le long des murs et de

---

1. L'*Autolycos* d'Eupolis tournait en dérision un jeune homme de ce nom, modèle de bienséance dans *Le Banquet* de Xénophon, mais dans la pièce comique simple débauché de bas étage ; ses *Baptes* montraient Alcibiade se faisant initier au cours d'une beuverie aux rites, crus obscènes, de la déesse thrace Kottito. Alcibiade, dit-on, fit prendre au poète un bain forcé dans la mer, pour le punir de l'avoir « ondoyé » sur la scène.

2. Eupolis, *Les Dêmes* ; Aristophane, *Les Grenouilles*.

3. Eupolis, *Les Chèvres* ; Aristophane, *Les Oiseaux*.

4. Eupolis, *Les gens de Prospaltès* ; Aristophane, *Les Guêpes*.

5. Eupolis, *Les Villes* ; Aristophane, *Les Acharniens, La Paix*, etc.

produits maraîchers, ou encore la fraîche bouffée d'air marin venue du Pirée, où l'on travaille à remplacer à la hâte les vaisseaux perdus en Sicile. Grâce à lui, nous connaissons ce monde de boutiquiers, d'artisans et de petits propriétaires terriens sur qui se fondait la démocratie.

La politique, ou du moins sa petite monnaie, emplit à tel point les pièces d'Aristophane, ou, au contraire, en est si prudemment absente, qu'il vaut la peine de juxtaposer à sa vie et à son œuvre les tumultueux événements de son temps. Il naquit, de petites gens, vers 445, l'année où Athènes conclut avec les Péloponnésiens la « paix de trente ans », qui dura treize ans. Son enfance se passe dans une Athènes impérialiste et prospère : s'il est vrai que ses parents s'établirent à Égine en 430, c'est évidemment parmi les colons athéniens chargés de remplacer l'habitant, chassé de l'île cette année-là. Aristophane dut peut-être à ce transfert de voir à distance l'épouvantable épidémie qui, en 429-428, dévasta Athènes et emporta Périclès. *Les Acharniens*, où le jeune poète montre une famille de paysans s'efforçant de faire une paix séparée avec Sparte, datent de 425 ; *Les Chevaliers*, attaque contre Cléon, démagogue chauviniste, qui venait de faire rejeter les offres de paix de l'ennemi, sont de 424[1]. Deux pièces à peu près apolitiques, *Les Nuées*, où Aristophane bafoue la nouvelle éducation, représentée par Socrate, et *Les Guêpes*, satirisant la manie athénienne de la procédure, sont l'une de 423, l'autre de 422, année où la mort du bouillant Cléon et de son pendant spartiate Brasilas permit de négocier la paix, dite de Nicias, signée pour cinquante ans, et qui n'en dura pas tout à fait trois. *La Paix*, qui est de 421, et dans

1. Une pièce plus ancienne et présentée sous un pseudonyme attaquait également Cléon, et lui valut des poursuites judiciaires.

laquelle un paysan monté sur un bousier grimpe au ciel afin d'en ramener la déesse chérie, date aussi de cette époque de détente.

Nous n'avons plus ses pièces écrites durant les sept années qui virent le massacre des Méliens, l'engouement pour Alcibiade, puis son exil dû à une crise d'hystérie religieuse provoquée elle-même par « l'affaire de la mutilation des Hermès », dieux-bornes vénérés du peuple, la fuite du philosophe Protagoras s'esquivant pour éviter un procès d'athéisme, et enfin les préparatifs enthousiastes de l'expédition de Sicile. La possession de cette belle île dont presque personne à l'Agora n'eût pu dire les dimensions ni le nombre d'habitants[1], eût solidement installé l'empire athénien en Occident, souffleté Sparte, et porté un coup indirect à la puissante Carthage, prochain objectif des stratégistes. *Les Oiseaux*, donnés en 414, peu après le départ de la flotte pour ce qui semblait une promenade navale, n'empruntent presque rien aux événements du jour : les deux personnages principaux quittent Athènes pour s'installer à Coucouville-sur-Nues dans l'intention de fuir, non la guerre, mais les huissiers. Aristophane n'a garde d'y railler les grands espoirs qui sans doute emplissaient les cœurs bien placés, mais n'y glisse pas non plus de couplet à leur appui. La perte de la flotte et la longue agonie des captifs athéniens dans les Latomies de Syracuse furent sues à Athènes dès l'automne de 413. Dans *Lysistrata*, écrite en 412, jouée peu après, Aristophane répond à ce désastre par la proposition bouffonne de faire cesser la guerre par une grève conjugale des femmes, beau projet jamais réalisé jusqu'ici, puisque le goût

1. La remarque est de Thucydide, VI, XVIII, 1-3. Seuls semblent avoir protesté contre cette équipée impérialiste deux « intellectuels », Socrate et le grand astronome Méton, tous deux cibles favorites des plaisanteries d'Aristophane.

féminin de l'uniforme a au contraire contribué de tout temps à faire du monde un charnier[1].

Peu de mois plus tard, un coup d'État des oligarques fut suivi par une contre-révolution démocratique ; Alcibiade, bien que passé au service de Sparte pendant son exil, reçoit le commandement d'une nouvelle flotte athénienne, prend Thasos et affame Byzance, avant qu'un mince échec le fasse exiler de nouveau ; sur la terre ferme, d'autre part, Lacédémone et ses alliés gagnent du terrain. Dans ce climat politique variable, Aristophane tourne son attention vers la littérature. En 410, *Les Gardiennes des Lois*, facétie de tout repos, houspille deux poètes qui avaient peut-être déjà quitté Athènes, ou s'apprêtaient à le faire : on y voit Euripide, menacé par les Athéniennes qu'enrage sa misogynie, priant son ami et confrère Agathon d'espionner ces dames sous un de ces travestis féminins qu'il affectionne. Dans *Les Grenouilles*, autre farce littéraire, qui est de 405, Dionysos arbitre aux Enfers entre le vieil Eschyle et Euripide mort depuis un an, mais encore assez frais pour être accommodé à la sauce comique ; la pièce contient quelques allusions politiques ; Eschyle est pour ramener d'exil Alcibiade ; Euripide est contre ; le chœur conseille l'amnistie pour les oligarques et accompagne cet avis d'un couplet contre la racaille démocratique ; nulle mention de la récente affaire des six amiraux athéniens mis à mort pour impiété après leur victoire navale des Arginuses, et que Socrate essaya de sauver.

Six mois plus tard, la défaite navale d'Egospotamos fait perdre à Athènes le reliquat de ses colonies et de sa flotte ; la ville voit exécuter trois mille hommes de ses

---

1. Notons du reste que les femmes de *Lysistrata* se plaignent surtout de la guerre parce qu'elle les prive de leur luxe et de leurs compagnons de lit. Un pacifisme plus poussé eût neutralisé les effets comiques.

équipages, raser ses murs, et subit pendant près de deux ans la terreur aux mains des oligarques rentrés d'exil dans les fourgons de Sparte. L'avant-dernière des pièces qui subsistent d'Aristophane, *L'Assemblée des Femmes*, de 393, est postérieure à ce désastre d'une douzaine d'années. Après neuf ans d'abaissement, Athènes fait de nouveau partie d'une ligue antispartiate qui aboutit bientôt à la défaite de Coronée. Entre temps, aussi, Socrate a bu la ciguë. Cette *Assemblée des Femmes* semble à première vue faire écho à *Lysistrata*, mais il y est question, non d'obliger les hommes à la paix par la grève sexuelle, mais d'obtenir pour les femmes l'égalité des droits tant électoraux qu'amoureux. Sujet hardi, mais qui sert surtout à nous montrer une vieille citoyenne réclamant au nom de l'égalité sa part d'un beau garçon.

La dernière pièce qu'on possède, *Plutus*, est de 388. Athènes, sous Thrasybule, a tenté une fois de plus l'aventure coloniale : on re-reprit Thasos ; on s'imposa à Lesbos, à Samothrace, à Byzance, où l'on frappa d'une taxe les vaisseaux traversant le Bosphore. L'assassinat de Thrasybule dans l'une des places conquises mit fin à cette nouvelle tentative. Athènes fourbue devient un État de second rang ; Sparte corrompue par les fruits faciles de la victoire ne vaut guère mieux. Le pouvoir dans les années qui viennent sera Thèbes, jusqu'à l'écrasement de Thèbes par la Macédoine ; puis la Macédoine, jusqu'à l'écrasement de la Macédoine par Rome. *Plutus* ne touche à la politique que par le biais de la finance. Le dieu de la richesse est aveugle ; on lui rendra la vue en dépit des arguments de la Pauvreté, qui soutient que tout ira de travers si les pauvres cessent d'être pauvres, et Plutus reconnaissant remplira les coffres d'Athènes. La pièce est presque une allégorie médiévale, mais sans l'âpre satire révolutionnaire qui caractérise par exemple *Piers the Plowman* dans l'Angleterre du XIVᵉ siècle. Avant de mourir quelques années plus tard, Aristophane écrivit encore, croit-on, une parodie et une comédie d'intrigue où il semble que la politique n'eût plus rien à voir. L'Ancienne Comédie se censurant elle-même devenait la Comédie Nouvelle.

On a dit qu'Aristophane ne se souciait pas de guider l'opinion, mais de la suivre. En fait, ses premières attaques contre Cléon, alors au faîte du pouvoir, semblent avoir failli lui coûter cher ; c'est plus tard, devenu prudent, qu'il griffa de préférence des adversaires moins dangereux ou déjà défunts[1]. Sa ligne politique est assez nette : il a le solide bon sens, et aussi les étroits préjugés de la petite bourgeoisie possédante dont il sortait, et qui constituait sans doute son meilleur public. Il déteste comme elle les démagogues dépensiers et les généraux va-t-en-guerre. Vue fort sage, mais courte, comme tout ce qui repose sur l'intérêt bien entendu : on ne voit pas que, parmi ses énormes insultes à Cléon, Aristophane lui ait reproché d'avoir ordonné les massacres de Mytilène ; on ne trouve pas chez lui de protestation analogue à celle de son rival Eupolis, demandant, dans sa comédie *Les Villes*, un traitement moins dur des cités sujettes. Le résumé comique des débuts de la guerre du Péloponnèse, dans *La Paix*, met en cause Périclès, moins par une vue profonde et thucydidienne de l'histoire que parce que le poète, comme tout réactionnaire de son temps, garde un coin de tendresse pour l'État autoritaire et archaïque qu'était Sparte : sa position semble parfois pro-spartiate autant qu'anti-belliqueuse ; ce n'est pas pour rien que dans *Lysistrata* la célébration de la paix est confiée à un groupe patoisant de troupiers lacédémoniens.

---

1. C'est le cas de Cléon dans *La Paix*, comme l'indique le fragment qui suit. Une comédie aujourd'hui perdue, *Triphallus*, qui s'en prenait à Alcibiade, fut présentée pendant l'un des exils du grand aventurier.

Là où nulle politique n'entre en jeu, le conservatisme le plus étroit règne chez Aristophane. Cet homme d'un goût exquis raille à bon droit les maniérismes d'Euripide, mais sans reconnaître le génie novateur du grand dramaturge. Ce bon convive que Platon nous montre dans *Le Banquet* devisant amicalement avec Socrate fait du philosophe, dans *Les Nuées*, une sorte d'astucieux charlatan, type de l'intellectuel tel que le voient les imbéciles. Il en était sans doute de ces énormes caricatures comme des fléchettes lancées de nos jours par les chansonniers aux personnalités en vue ; elles flattaient peut-être, et n'étaient pas censées tirer à conséquence. Le fait demeure pourtant que c'est Socrate, et non les juges de Socrate, qu'a bafoué Aristophane. Sa morale sexuelle, si ce mot solennel convient au plus bouffon des hommes, est également conservatrice et petit peuple : ses personnages sympathiques sont de bons vivants qui trouvent délicieux de lutiner la servante, ou à l'occasion le fils du voisin, si ce père indulgent n'en prend point ombrage, mais qui se répandent avec une verve populacière contre la jeunesse dissipatrice, les poètes efféminés et les magistrats salaces. C'est se moquer, semble-t-il, que faire de ce baladin exquis un réformateur moral ou social, ou un héroïque dénonciateur de guerres injustes. Cet homme dur et léger, méchant peut-être, presque bassement sensé et pourtant poète jusqu'à la folie, est de ceux que les erreurs humaines indignent ou désolent moins qu'elles ne les font s'esclaffer.

On contraste volontiers le comique dit grossier d'Aristophane et son lyrisme ailé. En fait, comique et lyrisme s'entrelacent. Les Nuées, filles de l'Océan, voguant noblement en plein ciel, sont en même temps des espèces de lutins doués de longs nez, chargés de mettre du brouillamini dans l'esprit des dupes de Socrate. Dans leurs trilles les plus délicieux, les Oiseaux s'interrompent pour laisser choir une grosse plaisanterie sur tel citoyen d'Athènes. Par ailleurs, au milieu des lazzi de la place publique, intervient tout à coup une pause pastorale, un écho des saisons qui passent, réglant la précaire vie des hommes ; la farce se joue sur l'arrière-plan d'un ordre de choses à la fois fol et sage, plus antique que les dieux burlesqués par le poète, fruits eux-mêmes du Temps éternel. Ce réactionnaire qui restait fidèle à Phrynichus et à Eschyle (tout en souriant des tonitruances de ce dernier) semble avoir préféré les audaces présocratiques à la sèche logique des Sophistes et de Socrate, ce qui explique peut-être son antipathie pour ce dernier. En tout cas, le mythe des Hommes-Roues, à la fois ésotérique et burlesque, que Platon, toujours exact à faire parler ses personnages dans le registre de leur voix, lui prête dans *Le Banquet*, rejoint dans ce sens le mythe merveilleux de l'origine du monde pépié dans *Les Oiseaux*. Ce qui surprend, gêne, et éblouit dans Aristophane est la coexistence du goguenard compère de revue et du rêveur un peu insensé.

C'est par les peintures de vases que nous connaissons le mieux les acteurs d'Aristophane aux maillots bariolés, aux masques hilares, affublés de ventres, de bosses et de phallus postiches, ou grotesquement attifés d'affriolants travestis. Peintures et textes nous rendent quelque chose de ce rythme de bonds, de battements de pieds, de derrières se heurtant l'un l'autre, de coassements ou de gazouillis, d'injures claquant comme des gifles ou lancées comme des paquets d'ordures encore chaudes. En dépit d'influences turques très visibles, le théâtre d'ombres de Karagheuz, tel qu'il existait encore en Grèce, du moins dans les îles, il y a environ quarante ans, rappelait les facéties aristophanesques par sa drôlerie cynique, son obscénité gesticulante, et son fantastique mêlé au terre-à-terre. En Occident, le même génie du grotesque a existé, mais de façon extra-littéraire,

dans la tradition carnavalesque, aujourd'hui défunte, et
chez l'impudent Polichinelle. Pour le lecteur peu soucieux de remonter au texte, mais justement méfiant à
l'égard des traductions (y compris les miennes), le
mieux est peut-être de rêver à ce que donnerait un
mélange de l'*Ubu* de Jarry, du *Peer Gynt* d'Ibsen, des
procédés du cirque et du strip-tease, des petits journaux
de chantage, et des féeriques envolées du *Songe d'une
nuit d'été*.

LA PAIX

*Résumé comique de la première phase
de la guerre du Péloponnèse*

Hermès s'adresse au chœur des fermiers athéniens

HERMÈS

Braves fermiers, gens de bon sens, écoutez mon petit
                                                discours ;
Sachez comment la Paix vous quitta, il s'en faut de peu,
                                             pour toujours.
C'est la faute à Phidias et c'est la faute à Périclès !
Pour qu'on ne parlât point des deniers de l'État volés
Et d'esclandres de toute sorte et de procès d'impiété,
Craignant votre dent dure et votre rude honnêteté,
Pour vous distraire, en pleine guerre ce Périclès s'était
                                                     jeté !
Par le blocus de Mégare, petite affaire, sans crier gare, il
                                               mit en l'air
Tout l'univers, et sur ce feu il souffla pour qu'il flambât
                                                    mieux.

Et à la Grèce il ne resta, pour pleurer, que ses deux
beaux yeux.
Et la vigne versa des pleurs et tordit ses verts ra-
meaux
En apprenant, mornes échos, tant de désordres et de
maux.
Et, furieux, le pot de terre alla cogner le pot de terre,
Et ils roulèrent, se brisèrent, et tout ce bruit
Impossible à faire taire, fut tel que la Paix s'enfuit.

LE CHŒUR

Ah ! Elle était bien jolie ! Ah, de rien je ne m'étais
douté.
(C'est la cousine à Phidias ; pas étonnant que ça soit une
petite beauté[1].)
Par Apollon ! On m'avait caché ces histoires, et j'igno-
rais ces faits notoires.

HERMÈS

Mais quand vos états-sujets que vous menez à la ba-
guette
S'aperçurent qu'en famille vous vous battiez à l'aveu-
glette,
L'espoir leur vint de s'affranchir de vos impôts, et ils
offrirent un pot-de-vin
À des Spartiates haut-cotés, pour les mettre de leur
côté.
Et ces gredins, ces croque-voisins, goulûment votèrent
la guerre,

---

1. Paix, en grec Eiréné (Irène, et en grec moderne Irini), est aussi un
nom de femme, fréquent surtout à Byzance où il s'était chargé de
significations chrétiennes et mystiques, mais donné parfois dès l'Antiquité. Il semble que les fermiers prennent la Paix pour une parente de
Phidias.

Et par ce traité éhonté, les fermiers lacédémoniens sur
leur terre
Souffrirent (ils n'en pouvaient mais), car, pour punir
cette ligue,
La flotte, ardente à vous venger, alla chez eux tout ra-
vager,
Et tout manger, et tout ronger, sans leur laisser même
une figue.

LE CHŒUR

Bravo ! Bien fait ! Ces gens-là l'ont bien mérité !
Ils ont coupé mon vieux figuier, le figuier que j'avais
planté,
Mon cher figuier si bien soigné ! Bien fait ! Très juste !
Ces salauds-là ont démoli mon grand coffre à blé !

HERMÈS

Et votre peuple, ô paysans, venu des champs et re-
foulé
Sur Athènes, ne sachant pas qu'on le trahit dans les
cités,
Ayant perdu son marc de raisin et demandant des
figues sèches,
Écoutait tous les discoureurs, ceux qui bavardent et qui
prêchent.
Ces crapules, vous voyant désarmés, dépossédés, désar-
gentés,
Flanquèrent dehors votre Paix en hurlant et gueulant
contre elle.
Et la Paix tournait vers vous ses doux yeux (car son bon
cœur vous est fidèle).
La racaille, pour décourager les gens de bien, vos seuls
amis,
Sachant les mots qui excitent et le soupçon qui tara-
buste,

Vous chuchotait : « Prends garde ! Un pro-spartiate ! Et
un tel, il est compromis ! »
Les gens fuyaient, ces chiens aux trousses ! Et Athènes
verte de peur,
Comme un malade atteint de fringale et mâchant un
mets trompeur
Et nocif, se repaissait de calomnie, abondamment par
eux fournie.
Enfin, on découvrit, pour faire taire leurs accusations,
Qu'il suffisait de leur remplir la bouche de très grosses
subventions.
Ainsi, pendant longtemps ces riches coquins prospérè-
rent,
Et la Grèce désolée et ses amis désespérèrent.
Mais le pire de ces vauriens était un certain tanneur...

LE CHŒUR

Tout doux ! Bon Hermès ! Qu'il dorme en paix, ce fla-
gorneur
Du peuple, ce Cléon menteur,
Brouillon, faussaire, accusateur
Public, couard et retors !
Grand Hermès conducteur des morts,
Conserve-le au pays froid !
Que ce chenapan reste coi,
Il n'est plus à nous, mais à toi !

La Paix, v. 601-656.

LYSISTRATA

Un mari déçu

(Le jeune Cinésias, mari de Myrrhine, parvient à se
glisser dans le camp des grévistes athéniennes sur les

pentes de l'Acropole, et obtient de Lysistrata, leur capitaine, une entrevue avec sa femme.)

CINÉSIAS

... Hélas !

J'existe sans plaisir depuis qu'elle est partie.
Je rôde en gémissant dans notre maison vide.
C'est de joie et d'amour que mon cœur est avide,
Et je prends mes repas sans le moindre appétit.

MYRRHINE (*à part, entrant en scène*)

Je l'aime ! Je l'adore ! Il est charmant ! Mais quoi ?
Que je l'adore ou non mon sang restera froid.
Je ne dormirai pas ce soir sur sa poitrine.

CINÉSIAS

Ô mon amour ! Ma Myrrhine ! Ma Mimyrrhine !
Viens dans mes bras !

MYRRHINE

Eh, non !

CINÉSIAS

Comment, non ? Est-ce moi
Que tu fuis ?...

MYRRHINE

La transaction m'est interdite
Pour l'instant.

CINÉSIAS

Trop longtemps, les rites d'Aphrodite
Ont été négligés chez nous. Reviens...

MYRRHINE

D'abord,

Faites cesser la guerre et mettez-vous d'accord,
Sur-le-champ.

CINÉSIAS

Mon trésor, si tu y tiens, nous sommes
Prêts à le faire.

MYRRHINE

Dès que vous autres, les hommes,
Rengainerez, gaiement, au conjugal séjour,
(Ah, malgré mon serment, mon pauvre amour, je
t'aime !)
Nous rentrerons.

CINÉSIAS

Nous rengainerons.

MYRRHINE

Ce soir même,

Vite ! Faites la paix !

CINÉSIAS

Vite, faisons l'amour !
Couchons-nous.

MYRRHINE

Quoi, ici ?

CINÉSIAS

Cette grotte de Pan
Fera l'affaire.

MYRRHINE

Où accomplir l'ablution
Ensuite ?

280

CINÉSIAS

À quelques pas d'ici, l'eau que répand
La fontaine Clepsydre est bonne à cet usage.

MYRRHINE

J'ai juré. Faudra-t-il que la punition
Céleste...

CINÉSIAS

Non, que sur moi seul la sanction
S'exerce. Oublions-le, ton serment si peu sage.
Viens !

MYRRHINE

Bon. Je vais chercher un lit de camp.

CINÉSIAS

Mais quand
Sera-t-il prêt ? Le sol suffit.

MYRRHINE *(sortant)*

Tu m'es trop cher
Pour te laisser ainsi mortifier ta chair
À même les cailloux.

CINÉSIAS

Elle m'aime, c'est sûr.

MYRRHINE *(rentrant avec un lit pliant)*

Voici le lit. Tu peux l'essayer. Moi, j'enlève
Ma robe... Attends un peu : ce lit est bien trop dur.
Un matelas...

CINÉSIAS

Non, un baiser !

MYRRHINE (*l'embrassant avant de ressortir*)

                    Pour te complaire,
Deux ! Tiens, tiens ! Patiente un moment...

CINÉSIAS

                                        Je suis las
De ces retards. Dépêche-toi...

MYRRHINE (*rentrant avec un matelas*)

                    Le matelas
Est en place. Étends-toi. Ma tunique de gaze
Ne... Où est l'oreiller ?

CINÉSIAS

          Ah ! Que l'oreiller crève !

MYRRHINE (*sortant*)

Il m'en faut un.

CINÉSIAS

          Encor !... Hélas, l'amour m'embrase
De ses feux... Tel, jadis, sur le seuil d'une porte,
Hercule, sans pouvoir pénétrer...

MYRRHINE (*rentrant avec l'oreiller*)

                    Je l'apporte,
L'oreiller ! Dresse-toi...

CINÉSIAS

          Je suis tout dressé.

MYRRHINE

                                        Glisse
L'oreiller sous ta joue... As-tu tout ce qu'il faut ?

CINÉSIAS

Tout.

MYRRHINE

Sauf moi. Mais je viens. Regarde : ma ceinture
Tombe... Mais tout d'abord, prononce ton serment.
Plus de guerre !

CINÉSIAS

Que Zeus impitoyablement
Me frappe...

MYRRHINE *(sortant)*

J'oubliais qu'il faut la couverture...
Je la cherche...

CINÉSIAS

Je n'en peux plus... Il fait trop chaud !
Je...

MYRRHINE *(rentrant avec la couverture)*

Te voilà couvert.

CINÉSIAS

Je voudrais te couvrir.

MYRRHINE

Tout de suite !... Ah, j'y pense : on ajoute au délice
En s'oignant de parfum, et...

(Elle va pour sortir.)

CINÉSIAS

Puisse-t-il mourir,
Le parfumeur !...

Je vais...

CINÉSIAS *(s'emparant d'elle)*

Eh non, mon beau souci,
Cruel ! Reste où tu es, dans mes bras !... Je te tiens !

MYRRHINE

Lâche-moi pour qu'au moins je défasse les liens
De mes souliers... Bonsoir !

(Elle s'enfuit.)

CINÉSIAS

Monstre qui te repais

De mes maux !

MYRRHINE *(de loin)*

Souviens-toi de voter pour la paix !

Lysistrata, v. 864-870, v. 888-951.

LES OISEAUX

Fragments de chœurs

Iô, Iô, Itô, Itô, Itô, Itô,

Venez, venez, tous les oiseaux,
Ceux des fourrés, ceux des buissons, ceux des
roseaux,
Ceux qui picorent dans les champs le grain de
blé,
Ou de millet, ou bien les orges,
Le doux troupeau des rouges-gorges

Trioto, Trioto, Totobrinx,
Les rossignols, et les bouvreuils, et les mésanges, et tout
le peuple vite envolé,
Toujours posés, et repartis, chanteurs gentils,
Tio, Tio, Tio, Ti,

Et vous qui dans les vergers, les potagers, heureux, mangez !
Habitants du sombre lierre au fond du jardin
toujours vert,
Sur l'olivier, sur le caroubier vêtus de même, été
et hiver !
Trioto, Trioto, Totobrinx,

Ô les errants au cri aigu, ô les attrapeurs de
moustiques !
Vous, perchés au bord du marais, ô les moites
oiseaux aquatiques !
Ô les alcyons se posant sur les brisants de
l'océan !
Ô les oiseaux au cou courbe, au bec béant !
Kikkabau, Kikkabau, Kikkabau !
Torotorotorotoro ! Lililinx !

. . . .

Ils sont plus dignes que les dieux de régner au
fond des cieux !
Pas besoin de leur élever des temples de marbre et d'or ;
Il ne leur faut, pour sanctuaire, que les branches
D'un beau chêne, ou d'un buisson d'aubépi-
nes blanches !
Et les plus saints de tous de l'olivier se font un
trône !

Pas besoin d'aller demander un oracle à Delphes
ou bien à Dodone,
Ou encor chez Zeus Ammon dans les
déserts !
Il suffit de lever pieusement les yeux vers le doux
peuple des
airs !
Ils répondent à qui les appelle
De leur arbre, verte chapelle,
Et ne demandent, pour offrande, que quelques
graines !

. . . .

Ô les oiseaux chantant doux, chantant gai, chan-
tant fort !
Compagnons des saisons sereines,
Notes de flûte du printemps
Et du beau temps...
Ô vous, race des hommes, qui passez et qui périssez
comme les feuilles en automne,
En bas, très loin de nous, lourde race aux pensées
amères,
Ô malheureux, ô privés d'ailes, ô éphémè-
res !
Vous pareils à un mauvais rêve, vous qui là-bas peinez
sans trêve,
Écoutez-nous, légers habitants d'en haut, pleins de sa-
gesse éternelle !
Apprenez de nous la naissance du monde et des dieux
et les signes dans les cieux !
Et le Chaos, et les fleuves, et la grande eau mater-
nelle,
Et l'histoire et la gloire du peuple chantant !

(Et le sophiste Prodicos, renvoyez-le, car il n'en sait pas
autant !)
Au commencement régnaient le Chaos, et la Nuit, et les
Ténèbres
De l'Érèbe, et le Tartare hagard et sombre ;
Et ni l'air ni le ciel n'étaient. Puis enfin, dans le sein
profond de l'ombre,
La Nuit aux ailes noires, point fécondée, pondit l'Œuf
originel.
Et quand bien des Saisons eurent passé, formant leur
cercle éternel,
L'Amour, l'aimable Amour jaillit, emplumé d'or, tel un
soleil, et tout pareil aux tourbillons du vent vivant ;
Et l'Amour, s'unissant au Chaos blafard au fond de
l'abyssal Tartare,
Nous enfanta, nous les oiseaux, race première, et nous
montâmes vers la lumière.
Car il n'existait pas de dieux, avant que l'Amour n'eût
tout uni,
Et de lui naquirent le ciel et la terre, et l'océan infini.
Ainsi, nous, les oiseaux, nous sommes plus vieux que
les dieux ;
Et nous volons, car l'Amour vole, et secourons de notre
mieux les amoureux.
Plus d'un amant, trahi par un ami charmant, malgré ses
pleurs et ses serments,
Par un cadeau de beaux faisans, ou de passereaux
apprivoisés,
A obtenu, quand il ne l'espérait plus, un sourire et des
baisers.
Mais le plus beau, le plus utile, est que nous prédisons
la saison fertile,
Et les frimas, et les climats. Quand le héron part pour
l'Afrique,
Le fermier sait qu'il faut semer, et le marin, dans la
crique,

Met à sec son bateau, et prend du bon temps jusqu'au
                                    printemps tiède et doux,
Et le voleur frileux enfile un manteau, avant d'aller de
                                    nuit faire ses mauvais coups.
Puis, quand l'épervier reparaît, planant dans les airs, les
                                    beaux jours sont là, purs et clairs ;
Et l'on tond les moutons, et l'on vend au marchand
                                    d'habits sa vieille casaque en peau de brebis
Pour s'acheter une tunique d'un nouveau modèle sitôt
                                    que revient l'hirondelle.
Pour les voyages, pour les mariages, du vol des oiseaux
                                    vous tirez tous des présages,
Et ceux qui nous honorent seront heureux et sont
                                    sages.

. . . .

          Muse abritée au fond des bois
          Tio, Tio, Tio, Tiotinx,
                Au changeant plumage, à la flexible voix,
Dans la vallée, sur les sommets, ou dans les buissons
                                    d'une dune,
          Tio, Tio, Tio, Tiotinx,
Je fais vibrer mes doux chants dans ma petite gorge
                                    brune,
Je répands mes chansons pour Pan, et pour la Terre,
                                    sainte mère,
          Totototototototinx !
          Le vieux Phrynichus autrefois
          Écoutait mes trilles en plein ciel,
Et les volait comme une abeille vole du miel !
          Tio, tio, tio, tiotinx !

Si vous voulez avoir, spectateurs, des loisirs et des plai-
                                    sirs,

Soyez oiseaux avec nous, vous contenterez vos désirs !
Quelle existence est plus belle que la nôtre avec des
ailes !
Vous n'auriez plus, bien ennuyés, bien affamés, à rester
assis au théâtre à écouter des tragédies,
Toute la matinée, engourdis, sans pouvoir rentrer dé-
jeuner,
Mais vous fuiriez, et reviendriez, l'estomac plein, tout
ragaillardis,
Entendre la comédie que nous donnons dans l'après-
midi.
Patroclidès pris d'un petit besoin ne salirait plus, le
sans-soin,
Son bel habit, mais s'envolerait, très discret, et revien-
drait tout de suite après.
Et l'amoureux, qui voit à l'assemblée, à la tribune,
Surgir l'encombrant époux de sa blonde ou de sa
brune,
S'envolerait pour becqueter sa tendre beauté,
Et reviendrait, ni vu ni connu, avec alacrité,
Tout souriant, reprendre son siège et s'occuper de cho-
ses publiques ;
Et ceux qui volent (je dis volent), nous savons tous qu'ils
font leur chemin dans nos républiques.

. . . .

Moi, je suis l'œil qui voit,
Surveillant tout du haut d'un arbre ou d'un toit.
Les mortels me prient.
Dans les jardins, les champs, les prairies,
Je dévore les insectes funestes qu'ils détestent,
Ceux qui mangent les fleurs et les fruits, ceux qui gâtent
tous les beaux produits, noires pestes !

Et tous les vilains, les chenilles, les hannetons, les lima-
çons, les moustiques, les sauterelles,
Ils mourront tués par moi, petit sauveur aux belles
ailes !

On poursuit les assassins des gens honnêtes ;
Les assassins des oiseaux, qu'on mette aussi à prix leurs
têtes !
Voilà notre proclamation et nos nouvelles instruc-
tions :
Philocrate, tueur de moineaux, est recherché par la
police.
Ce meurtrier endurci est condamné au dernier sup-
plice.
Pour son corps mort, un talent ; et quatre, s'il est pris
vivant.
Il vend les pinsons sept l'obole, et les cailles il les im-
mole ;
Il lie les pigeons par leurs pattes roses, pauvres bêtes, et
les expose ;
Il martyrise les merles, et les colombes couleur de
perle,
Il s'en sert comme d'appeaux, secondant ses mau-
vais desseins,
Pour prendre leurs frères innocents et se baigner
dans leur sang.
Sus à lui, citoyens ! Arrêtez les assassins !
Et vous qui gardez des oiseaux en cage, rendez-les à
leurs bocages,
Ou vous serez encagés, englués dans des réseaux,
Attirant par vos appels d'autres coquins, vos pa-
reils,
Et punis comme il convient par les Juges des oi-
seaux.
. . . .
Mais les humains qui nous aiment

Recueilleront au centuple les grains qu'ils sè-
ment.
Les oiseaux les enrichiront,
Car les pies rechercheront
Pour eux les pièces d'argent
Dont ils ont un besoin urgent.
Nous vous prêterons notre bec en cas de querel-
les.
Et si vous appartenez à quelque administration,
Nous vous aiderons à gober et à picorer tout ce qui
tombera sous votre juridiction.
Mais que nos ennemis n'oublient pas de porter toujours
des ombrelles,
Car, voletant sur eux, nous les salirons,
Et sur leurs beaux habits fienterons...

Les Oiseaux, v. 232-260, 609-629*,
680-722, 736-754, 1058-1085,
1103-1123.

* Ces quelques vers sont extraits, non d'un chœur, mais d'une des
répliques du protagoniste.

Ménandre

(ive et iiie siècle avant notre ère)

Quarante ans environ séparent la mort d'Aristophane de la naissance de Ménandre, mais ces quarante ans pourraient être un siècle. Né en 343, Ménandre passa le meilleur de sa vie dans une Athènes amoindrie, mais prospère, vouée aux plaisirs et aux arts faciles, pour qui les turbulences d'autrefois n'étaient plus qu'un mauvais souvenir. Démétrius de Phalère, tyran bénévole et lettré, d'allégeance macédonienne, fut son protecteur après avoir été son condisciple sur les bancs de l'école. Les dernières années du poète furent sans doute assombries par le siège d'Athènes en 307-304, la prise de pouvoir de Démétrius Poliorcète et l'exil de Démétrius de Phalère.

Dans sa jeunesse, il suivit les cours du savant Théophraste, botaniste célèbre, auteur de *Caractères* traduits et imités par La Bruyère vingt siècles plus tard, et dont l'influence s'exerça, non seulement sur Ménandre, mais sur deux grands contemporains de celui-ci, Épicure et Zénon le Stoïcien. Le goût du théâtre était héréditaire chez Ménandre : son oncle Alexis, dont on a quelques fragments, fut l'un des auteurs comiques les plus appréciés de ce style de transition dit la Comédie Moyenne. Beau, raffiné, tendrement attaché à une charmante maîtresse nommée Glycère, que la légende confond avec une célèbre courtisane de ce nom, l'aimable Ménandre produisit une centaine de pièces ; il se noya accidentellement au Pirée en 292. Son succès, de son vivant, fut modéré[1] ; ses succès posthumes, au contraire, prodigieux, et son influence peut-être excessive.

Avec Ménandre, la Nouvelle Comédie réussit ce rétablissement que la tragédie n'avait pas pu ou pas voulu faire : l'installation sur des positions bourgeoises. Plus d'obscénités, plus d'attaques personnelles, plus d'allusions à la politique, qui d'ailleurs ne comptait guère ; plus de fantastique, ou si peu, et réduit à l'apparition de quelque petit dieu domestique, qui vient parfois, en guise de prologue ou d'épilogue, commenter la pièce ; plus de chœur, ou plutôt un modeste chœur d'opéra-comique chargé de remplir les entractes, car la division par actes désormais s'impose. Les emplois féminins restent tenus par des hommes ; le masque subsiste, mais seuls ceux des parasites, des esclaves, et de quelques vieillards ou vieilles sont encore grotesques, et ce grotesque est devenu discret. La liste des masques, dans les traités techniques, nous renseigne sur les raffinements de la caractérisation, et aussi sur sa conventionnalité : le père noble, le père indulgent, le père grincheux, la respectable dame mûre, la pure jeune première, la « fausse vierge », c'est à dire l'héritière mise à mal, le fils de famille sérieux, le fils de famille étourdi, le fils de famille débauché, et toute une pègre fort variée qui vit aux crochets de ces gens de bonne maison : filles galantes, entremetteuses, parasites, sans oublier ces coquins d'esclaves qui subtilisent pour leurs jeunes maîtres l'argent des pères.

Ces personnes occupées de leurs petites affaires qui s'arrangeront au cinquième acte ont les vertus et les

1. Il ne triompha que huit fois aux concours comiques.

vices d'une morale typiquement bourgeoise. L'argent est le solide ; l'amour est le fait de la jeunesse, dont, comme on sait, il faut qu'elle se passe ; les courtisanes sont un luxe cher ; les épouses, souvent acariâtres et tyranniques, sont obligatoirement chastes ; les filles bien nées ne fautent qu'à leur corps défendant. Le scénario favori, répété avec mille variantes, est l'histoire d'une fille de bonne maison, violée dans le noir par un inconnu, et exposant l'enfant avant d'épouser le bon mari auquel on la destine. Des années plus tard, l'enfant reparaît ; un scandale risque d'éclater, jusqu'à ce qu'il soit prouvé que l'époux lui-même, en complet état d'ivresse, a jadis sans le savoir violé sa future, fredaine de jeunesse qui arrange tout. Un scénario guère moins fréquent nous montre un fils de famille épris d'une indigne créature pour laquelle il détourne les drachmes familiales ; au dénouement, il se trouve toutefois que l'aimable pensionnaire de maison close, restée vierge dans l'attente d'un riche preneur, est en réalité une héritière volée au berceau ou crue noyée au cours d'une traversée : découverte suivie aussitôt par l'attendrissement général et par de justes noces.

Il est probable que cette profusion d'enfants abandonnés et de parents retrouvés, ou d'erreurs sur l'état social ou sur la personne, a appartenu de tout temps au romanesque ou au comique populaire, et que Ménandre et ses émules n'ont fait que lui donner droit d'entrée dans la comédie[1]. À la farce de toujours appartient aussi le procédé du « caractère », c'est à dire du défaut ou du ridicule typifié par un personnage dont on a éli-

---

1. Mais Ménandre en ce domaine hérite aussi de la tragédie, et en particulier d'Euripide, dont l'*Ion*, entre autres, est presque un scénario de comédie. Une différence toutefois subsiste ; ce romanesque situé dans la tragédie aux temps légendaires se place pour Ménandre et les auteurs de la Comédie Nouvelle au temps présent.

miné tout autre trait individuel risquant de compliquer ou d'affaiblir celui-là. Bon élève de Théophraste, Ménandre semble avoir porté ce procédé au degré de perfection auquel il devient une contribution valable à ce qu'on pourrait appeler la morphologie humaine, offrant ainsi, directement ou indirectement, des modèles aux innombrables *Joueurs, Méchants, Glorieux,* ou *Misanthropes* de l'avenir. À travers Térence, qui ne fit guère que copier Ménandre, puis à travers les copistes italiens de Térence, le thème des retrouvailles familiales et des erreurs sur la personne a lui aussi duré et fructifié jusqu'à nos jours, de *La Comédie des Erreurs* de Shakespeare au *Mariage de Figaro,* de l'*Éventail de Lady Windermere* à *La Dame de chez Maxim's.* Les techniques de Ménandre ont été si bien assimilées par les auteurs comiques de tous les temps qu'on ne peut guère les louer ou les critiquer sans faire le procès du genre lui-même.

À partir de la fin de l'Antiquité et jusqu'au XXe siècle, les pièces de Ménandre n'ont été connues que par quelques fragments, presque toujours de type moralisant, cités par des auteurs antiques, ou à travers les décalques latins mentionnés plus haut. Les trouvailles récentes n'ont pas transformé, mais précisé l'idée que nous nous faisions de lui : ami, peut-être disciple des philosophes de son temps, Ménandre a retenu de la sagesse d'Épicure et des vertus stoïques ce qui était acceptable au public de la comédie. Çà et là, comme chez son fidèle imitateur Térence, on sent chez lui se glisser dans le monde bienséant et sec de la bourgeoisie antique un souffle de cette « philanthropie » qui devenait à la mode, et qui est tout simplement la bonté. Dans *L'Arbitration,* une courtisane bienveillante intrigue en faveur d'une épouse en détresse : le mari, qui croit avoir été dupé en acceptant pour femme une fille-mère, exprime, au lieu de colère, de la pitié pour la malheureuse, et s'avoue que sa propre vie, assez dissipée, ne lui permet pas d'être un juge sévère. Dans *Le Bourreau de soi-même* un père se condamne à une vie de pénitence, pour avoir, par sa dureté, poussé son fils à s'engager pour guerroyer en Asie. Caractéristiquement, cet altruisme un peu théorique n'influe guère sur la marche de l'action : il n'empêche pas le personnage d'accepter comme allant de soi ce qui nous paraît indéfendable dans les coutumes de l'époque, et cette contradiction, qui est de tous les temps, est peut-être ce qu'il y a de plus instructif dans Ménandre[1].

Parfois, une notation particulièrement fine nous charme, ou une série de petites touches impressionnistes assez proches de nos techniques d'aujourd'hui ; une note de tristesse ou de désabusement nous attendrit peut-être plus que les sombres constats du malheur de vivre chez de plus anciens poètes. Ce sont ces raffinements que les lettrés antiques, y compris Jules César, ont assurément aimé chez Ménandre. Ils ont apprécié aussi, peut-être plus que nous, cet art d'embrouiller, puis de débrouiller les fils des marionnettes, sans que l'auditeur ait à suivre avec une attention trop crispée une intrigue dont il sait d'avance qu'elle finira bien. Ils ont aimé aussi cette diction juste assez réaliste pour faire croire en des aventures par elles-mêmes peu croyables, jamais assez vulgaire pour choquer ni assez poétique pour déconcerter l'auditoire, ces vers riches en

---

1. C'est ainsi qu'aucun personnage ne proteste contre l'exposition des enfants, tant légitimes qu'illégitimes, qui, loin d'aboutir dans la vie réelle à des reconnaissances romanesques, semble n'avoir été qu'une forme autorisée de l'infanticide. J'ai déjà mentionné, dans *La Périnthienne*, le maître qui a surpris un esclave occupé à le tourner en ridicule et qui fait apporter des fagots pour brûler vif le misérable. L'incident, évidemment, finissait en farce, mais jette une lueur sur certains aspects rarement mentionnés de la vie privée au IVe siècle.

« pensées » faciles à retenir et à citer à l'occasion[1]. Ces qualités aimables ont valu à Ménandre d'être au moins jusqu'au IVᵉ siècle de notre ère l'un des auteurs favoris des « matinées classiques », à une époque où ne triomphaient plus guère au théâtre que des farces et des pantomimes. Elles lui ont valu aussi une belle carrière d'auteur scolaire, non seulement durant la période gréco-romaine, mais à Byzance, où il semble bien que le texte intégral d'un grand nombre de ses comédies était encore lu et expliqué au XIᵉ siècle.

Fragments de pièces perdues

LE PAYSAN ou L'ENFANT SUBSTITUÉ

... La vie, ce champ de foire, et la mort, bonne auberge...

                                ... Celui-là, je l'atteste,
Est heureux, Parménon, qui sans tarder retourne
Au pays dont il vint, ayant jeté les yeux
Sur ces objets sacrés, l'eau, la voûte céleste,
Les astres, et le feu, et le soleil qui luit
Sur tous... Car ni demain, ni au jour d'aujourd'hui,
Que tu vives cent ans ou bien quelques années,
Tu ne verras jamais rien de neuf, rien de mieux.

1. On s'est borné ici à traduire quelques unes de ces « pensées ». Les fragments de dialogues, de par l'extrême complication des intrigues, ne prendraient en effet tout leur sens qu'accompagnés d'un argument détaillé de la pièce à laquelle ils appartenaient.

Pense donc à ta vie ainsi qu'à la visite
Qu'on fait, un jour de fête, en ville, à quelque foire
Célèbre, avec ses jeux, ses tavernes où boire
Un doigt de vin, ses mercantis, et leur licite
Ou illicite gain, et le malin filou,
Le sot perdant aux dés ses drachmes friponnées,
Et la cohue, avec sa poussière et son bruit.

Si tu pars de bonne heure et regagnes l'auberge
Où rien n'est plus à craindre, avant que le dégoût
Et la fatigue ne t'aient pris, tu parviendras
Moins triste au but, et sans laisser ton or en route.
Mais celui qui s'attarde et trop longtemps écoute
Les boniments, ou qui sans profit se goberge,
Et qui vieillit, mécontent sans savoir pourquoi,
Volé, fourbu, en proie à de vains embarras
Et soucis, celui-là mourra mal...

Cité par Stobée, Florilège, 121, 7.

L'HÉRITIÈRE

Les vrais et les faux vivants

... Dans un chœur, au théâtre,
Tous (il s'en faut !) ne chantent pas ; mais deux ou
trois,
Mêlés aux autres, bouche ouverte, restent cois,
Engagés seulement pour faire nombre. Ainsi,
Seuls vivent les vrais vivants...

Cité par Stobée, Florilège, 121, 11.

LE GARDIEN DE LA PORTE

Un dîner de famille

... Il faut un ferme cœur pour prendre place à table
Durant un dîner de famille... D'abord, Père,
Coupe en main, admoneste et plaisante. Puis, Mère
Le relaie ; et puis vient Grand-Mère qui marmonne ;
Puis Grand-Papa, à voix de basse, puis la bonne
Grand-Tante qui, tout miel, appelle « mon joli
Chéri » le fils aîné ; et celui-ci, poli,
Doit répondre aimablement...

> Cité par Athénée, *Le repas des Sophis-
> tes*, II, 162 ; voir aussi *Oxyrhynchi Pap.*,
> vol. X, n° 1235.

LE CONDUCTEUR DE CHARS

... Évitons avant tout les excentricités...

> Cité par Orion, *Anthol.* VII, 6.

LA FEMME DÉVORÉE DE FEUX

... Ah, qu'il périsse, le premier qui s'engagea
Dans les liens du mariage, et le deuxième,
Et le troisième, et puis aussi le quatrième,
Et ses successeurs, jusqu'au bout...

> Cité par Athénée,
> *Le repas des Sophistes*, XIII, 559.

Fragments de pièces perdues
dont on ignore le titre

*

... Reste fidèle, femme, à ta position
De femme, à l'intérieur de la maison. L'infâme
Seule hasarde le pied au dehors. C'est au chien
Qu'est la rue, et jamais à la femme de bien.

Cité par Stobée, *Florilège,* 91, 29.

*

... Épicharme jadis énumérait les dieux :
L'eau et la terre, et puis le vent, et puis les cieux.
Mais moi, je dis que l'or et l'argent valent mieux :
Élevez-leur une chapelle et priez-les
Qu'ils vous exaucent !... Et vous aurez des valets,
Et des maisons, des champs, et de l'argenterie,
Des juges, des témoins en cas de plaidoirie,
Et les dieux même à votre service...

Cité par Stobée, *Florilège,* 74, 11.

*

... L'insolite est partout. L'humain tempérament,
Aidé du temps et du hasard, habilement,
Recouvre notre sort d'étranges chamarrures...

Cité par Stobée, *Eclogae,* I, VIII, 31.

DE PLATON À LUCIEN

Platon

(vᵉ siècle et ivᵉ siècle avant notre ère)

La tradition veut que le jeune Platon, converti à la philosophie par Socrate, ait renoncé à la carrière de poète et brûlé les quelques tragédies qu'il avait déjà composées. Si cette histoire est vraie, les vers qui suivent pourraient nous aider à mesurer l'étendue de cette perte.

Mais l'authenticité des épigrammes attribuées à Platon par les Anciens a été souvent contestée, et une quinzaine au moins sont probablement apocryphes. Restent huit ou neuf pièces fort belles que rien n'empêche de laisser au plus poète des philosophes. On se range ici à l'opinion modérée qui accepte comme authentiques les épigrammes où il est question d'événements contemporains ou de personnes de l'entourage de Platon.

À part les vers qui le concernent, on ne sait rien d'Aster, qui fut, dit-on, le condisciple de Platon adolescent. Agathon, dont les tragédies et l'intimité avec Euripide ont été mentionnées plus haut, est, on s'en souvient, le jeune poète pour qui fut donné en 416 le banquet qu'immortalise le dialogue de ce nom. Toutefois, Platon lui-même n'assista probablement pas à cette fête, n'ayant à l'époque que treize ans. Si l'épigramme adressée à Agathon est authentique, Platon à coup sûr y parle au nom de Socrate.

Quant à Dion, beau-frère de Denys l'Ancien et oncle de Denys le Jeune, tyrans de Syracuse, il fut l'ami de Platon et son fervent disciple. Exilé par Denys le Jeune dont il blâmait les excès, il se réfugia à Athènes auprès du philosophe qui tenta de le faire réintégrer dans ses droits. Finalement, Dion rentra en Sicile et s'empara du pouvoir, mais fut assassiné en 353. Avec lui, Platon octogénaire vit disparaître sa dernière chance de voir régner un prince éclairé acquis à ses théories politiques. Après un début quasi impersonnel, l'épigramme pour Dion s'achève par une sorte de cri de douleur unique dans la poésie grecque, et rarissime partout ailleurs. Il est difficile de n'y pas voir, comme dans les poèmes pour Aster et pour Agathon, l'élan passionné d'un amateur de génie, et non les astuces habituelles d'un professionnel versificateur.

On trouvera également ci-dessous deux pièces d'authenticité plus douteuse, qui ouvrent la longue série des épigrammes écrites en Grèce pour des courtisanes. Celle pour Archéanassa de Colophon, la première « belle vieille » de la littérature, pourrait aussi bien être d'Asclépiade de Samos qui vécut vers le milieu du IIIe siècle, mais Diogène Laërce et Athénée qui la donnent comme étant de Platon avaient sans doute quelque raison pour le faire. *Sur le Miroir de Laïs* est l'une des plus illustres épigrammes antiques ; si elle n'est pas de Platon, à qui la tradition l'attribue, nous ne savons trop à qui la donner.

SUR DES SOLDATS ÉRÉTRIENS
MORTS EN PERSE

Nous, soldats de Chalcis, on nous enterre à Suse.
C'est bien loin de chez nous.

Diogène Laërce, *Vie de Platon*,
et *Anth. Pal.*, VII, 259.

POUR ASTER VIVANT

Tu regardes les cieux, mon astre ! Que ne suis-je
La nuit aux milliers d'yeux pour te contempler
mieux !

Diogène Laërce, *Vie de Platon*,
et *Anth. Pal.*, VII, 669.

POUR ASTER MORT

Tu fus pour nous, vivant, l'étoile du matin ;
Les morts t'ont désormais pour étoile du soir.

Diogène Laërce, *Vie de Platon*,
et *Anth. Pal.*, VII, 670.

POUR AGATHON

Quand j'embrasse Agathon mon âme m'abandonne,
Et s'attache à sa bouche, et me quitte, et je meurs...

Diogène Laërce, *Vie de Platon*,
et Aulu-Gelle, *Nuits attiques*, XIX, 11.

SUR LA MORT DE DION

Femmes de Troie ! Hécube ! Âmes infortunées,
La Parque pour souffrir les marqua sitôt nées...
Toi, vainqueur depuis peu, si haut, si renommé,
Dion, tu disparais, et l'espoir se récuse.
Tu meurs au moins pleuré par ceux de Syracuse,
Toi que j'ai si longtemps éperdument aimé !

Diogène Laërce, *Vie de Platon*,
et *Anth. Pal.*, VII, 99.

POUR LA COURTISANE ARCHÉANASSA

J'ai Archéanassa, et ses rides m'émeuvent
Où l'Amour doux-amer sait toujours se cacher.
Ô vous qui l'eûtes jeune, âme et chair encor neuves,
Quel délice avez-vous connu, et quel bûcher !

Diogène Laërce, *Vie de Platon*,
et Athénée, *Le repas
des Sophistes*, XIII, 589.

SUR LE MIROIR DE LAÏS

Moi, Laïs au rire effronté,
J'ai vu jadis avec orgueil
Les amants assiéger mon seuil,
Mis en émoi par ma beauté.

Ce que je fus, je ne suis plus ;
Ce que je suis, j'en crains l'image.

De ce miroir où je me plus,
Aphrodite, accepte l'hommage !

Anth. Pal., VI, 1,
et Olympiodore le Jeune,
*Commentaires sur l'Alcibiade
de Platon*, I, 3-4.

Aristote

(IVe siècle avant notre ère)

Le grand systématisateur qui allait pour près de deux millénaires codifier la science occidentale n'a laissé qu'un poème : cette *Ode à la Vertu* qui fait l'éloge funèbre d'Hermias, tyran grec d'Atarnée en Mysie, élève et ami du philosophe. Aristote passa quelques années en Asie auprès de son disciple, et ne rentra à Athènes qu'après la mort d'Hermias tué par les Perses. Il recueillit et épousa la nièce de cet ami.

Il est intéressant de voir Aristote lier indissolublement la vertu à une conception héroïque de l'amitié. On notera aussi une certaine ressemblance entre cette ode et le skolion d'Harmodius et d'Aristogiton.

ODE À LA VERTU

Difficile Vertu qui nous coûtes si cher,
Ô le plus bel objet qu'en ce monde de chair
    On puisse atteindre et conquérir !
    Pour toi lutter, souffrir, mourir,
    Vierge, est pour un Grec un beau sort.
Ni l'orgueil familial, ni le repos, ni l'or

Ne valent les maux que tu coûtes.
Castor, Pollux, Hercule ont pour toi sur de dures
routes
Marché ; Achille, Ajax sont descendus jusqu'aux
Enfers,
Pour toi ; et c'est pour toi qu'après les maux
soufferts,
Hermias d'Atarnée est allé chez les Ombres.
Ô Muses, ô Mémoire, honorez-le parmi
Ceux que Zeus favorise et défend jusqu'au fond des
royaumes sombres,
Lui, le dieu qui bénit tout hôte et qui chérit tout ami.

Cité dans Diogène Laërce,
Vie d'Aristote, V, 7-8.

Anyté

(IVᵉ siècle avant notre ère)

On ne sait rien de la poétesse Anyté de Tégée, sinon que certains de ses poèmes figurèrent au Iᵉʳ siècle avant notre ère dans le *Florilège* de Méléagre, qui voyait en elle « l'Homère des femmes ». C'est beaucoup dire, mais les quelques vers qui nous restent d'elle sont en effet d'une fermeté et parfois d'une force peu communes. On a d'Anyté en tout une douzaine d'épigrammes.

MORT D'UN CHEVAL

Damis sous cette pierre a mis son camarade,
Son bon cheval percé par la sauvage Guerre.
Redressé à demi, sa dernière ruade
Frappa le sol, et son sang noir trempa la terre.

Anth. Pal., VII, 208.

MORT D'UN DAUPHIN

J'ai cessé de sauter dans les flots où se jouent
Mes frères bondissant dans la mer agitée.

J'ai cessé de nager au pied des hautes proues
Qui portent fièrement notre image sculptée.
Je suis mort sur le sable et parmi les roseaux,
Laissé à sec, trahi par le recul des eaux.

Anth. Pal., VII, 215.

TOMBE D'ESCLAVE

L'homme qui gît ici, esclave sur la terre,
Est aussi grand que Darius dans le mystère.

Anth. Pal., VII, 538.

JEUX D'ENFANTS

Des enfants près d'un temple ont mêlé à leur jeu
Un bouc barbu ; ils le harnachent ; ils le montent,
Riant, tirant la bride d'or de leurs mains promptes,
Et leurs ébats (qui sait ?) font sourire le dieu.

Anth. Pal., VI, 312.

UNE IMAGE D'APHRODITE

Le lieu est bien choisi, Cypris, pour ta statue,
Près de la mer, ô toi sa reine, ô toi sa fille,
Protectrice des nefs ! La tempête s'est tue ;
L'eau calme réfléchit ton beau bronze qui brille.

Anth. Pal., IX, 114.

Deux poèmes
d'amour anonymes

(Date incertaine, peut-être IVe
ou IIIe siècle avant notre ère)

AUX FEMMES DE LA PERSE

Mères, vos fils sont beaux, mais mon sort est jeté :
Aribaze est pour moi plus beau que la beauté.

Anth. Pal., XII, 62.

LA SÉRÉNADE

Je suis saoul. Je m'en vais chanter devant sa porte.
Esclave, prends ces fleurs. J'ai pleuré bien souvent...
La route est longue, et il fait noir, mais que m'im-
porte
Puisque celui que j'aime est un flambeau vivant.

Anth. Pal., XII, 116.

Poème anonyme trouvé
dans une tombe d'initié orphique

(IVe siècle avant notre ère)

Le poème qui suit, dont l'original est aujourd'hui au British Museum, a été retrouvé dans une tombe à Pétalia, en Eubée ; d'autres, du même genre, et inscrits eux aussi sur de minces feuilles d'or, ont été découverts en Grande-Grèce. Brèves admonitions au mort, ou professions de foi supposées faites par le mort lui-même, ces textes énigmatiques étaient l'équivalent, moins prolixe, du *Livre des Morts* égyptien, des *Libri Acherontici* étrusques, du *Bardo Thödol* tibétain. Leur intention rappelle aussi celle de la prière pour les agonisants dans la liturgie catholique : « Sortez de ce monde, âme chrétienne... » Il s'agit dans tous les cas de venir en aide à l'âme au commencement de l'aventure d'une autre vie.

Ce mystique poème semble témoigner du souci, fréquent chez tous ceux qui croient en une forme quelconque d'existence future, de faire conserver au mort sa pleine lucidité dans l'état frontière où on le suppose. L'immortalité consciente paraît ainsi le fruit d'un effort, la récompense réservée aux saints et aux sages. Une autre pièce, non traduite ici, insiste sur le bonheur d'avoir enfin réussi à rompre « le cercle épuisant et triste » des vies successives, ce qui nous ramène à Empédocle, et, par delà lui, aux données religieuses de l'Inde tant brahmanique que bouddhique. Le rôle essentiel accordé à la mémoire, et l'insistance sur la nature tant terrestre que céleste du suppliant, sont toutefois ici spécifiquement grecs.

*

Sur le seuil de la porte noire,
À gauche, au pied d'un peuplier,
Coule l'eau qui fait oublier.
Âme pure, abstiens-toi d'en boire.

Cherche l'eau du lac de Mémoire ;
Des gardiens sont sur le bord.
Tu leur diras : « Je crains la mort.
Je suis fils de la terre noire,

Mais aussi du ciel étoilé.
Je meurs de soif. Laissez-moi boire. »
Sur le rivage non foulé,
Ils t'offriront l'eau de Mémoire.

Au flot glacé tu goûteras,
Et chez les héros tu vivras…

Tablette de Pétalia,
texte publié par A. Dieterich,
Nekyia, Berlin, 1913.

Cléanthe

(IVe et IIIe siècle avant notre ère)

Cléanthe est l'un de ces sages qui furent aussi des saints ; son style de vie rappelle celui des philosophes de l'Inde. Ses rapports avec Zénon, le Stoïcien, évoquent ceux d'un disciple avec son guru. Très pauvre, prenant ses notes de cours sur des tessons pour économiser le prix de tablettes, il pourvoyait à sa subsistance en faisant de nuit le métier de jardinier et de porteur d'eau. Peu doué, d'esprit lent, il avait du mal à comprendre et à retenir les leçons de son maître. On l'appelait l'âne, et il était fier d'être l'âne de Zénon. Son apprentissage commencé sur le tard (il avait été athlète de profession et ne s'était converti à la sagesse qu'à l'âge de quarante-huit ans) dura des années. À son lit de mort, Zénon désigna d'un geste cet homme simple comme son successeur.

Cléanthe vécut presque centenaire. Accablé de maux, il finit volontairement sa vie par la « sortie rationnelle » recommandée par la secte.

Son *Hymne à Zeus* est un grand texte religieux plutôt qu'un grand texte littéraire, mais ne pas l'introduire ici eût laissé de côté un des plus purs aspects de la piété grecque. Cet hymne exprime le profond théisme qui, pour les philosophes antiques, sous-tendait le polythéisme sans s'opposer à lui. Son Zeus, auteur, modérateur,

315

raison universelle et ordre des choses, se rapproche sur certains points du dieu judéo-chrétien, et, plus encore, du Brahman hindou. C'est à ce texte que paraît avoir fait allusion Saint Paul dans son fameux discours à l'Aréopage sur « le dieu inconnu » dont il se proposait d'élucider pour les Athéniens la nature.

HYMNE À ZEUS

Ô juste maître, auteur et formateur des causes,
Salut ! Toi qui d'en haut régentes toutes choses,
Zeus connu et caché sous mille noms divers,
À qui tout obéit, excepté les pervers !
Nous sommes nés de toi ; c'est de toi que nous vint
Ce pouvoir d'imiter ton modèle divin,
Que seul nous possédons parmi les créatures
Soumises de tout temps à leurs propres natures,
Vivant, mourant, errant avec nous sur la terre.
Il est donc juste et bon que je t'offre mes chants.
Tu tiens entre tes mains la flamme à deux tranchants,
La foudre dont jaillit l'éternelle énergie.
Tout t'obéit, la terre, et la mer assagie,
Et l'air qui à ton gré s'assainit ou s'altère.
Raison, âme, partout tu fais naître et tu meus
Dans le vaste univers les grands et petits feux
Du soleil, et des étoiles, et des êtres.
Tu résous les erreurs que partout enchevêtrent
Nos abus, nos excès ; tu rejoins les contraires,
Et la haine et l'amour se connaissent pour frères.
Mais cette loi, cet équilibre, l'homme inepte
Les fuit, et s'en sépare, et se rue, âcre adepte
De sa propre folie, en de sanglants combats,

Ou par amour du gain hasarde et jette bas
Son propre bien ; ou, triste, et livré à la chair,
Poursuit sans s'assouvir des plaisirs payés cher.
Montre-lui, ô grand Zeus, que l'âme qui s'adapte
Avec art, avec sagesse, à ta volonté,
S'installe à tout jamais dans la félicité.
Instruis chaque pensée et dirige chaque acte.
Ô toi Mesure, ô toi Prudence, ô toi Justice,
Empêche qu'en errant l'homme ignorant pâtisse,
Fais qu'il s'honore, ô Zeus, pour te porter honneur,
Et qu'il comprenne enfin que le plus pur bonheur
Et, même pour les dieux, le plus haut apanage,
Est de louer ta loi qui dure d'âge en âge.

Cité par Stobée,
Eclog. phys. I, 2, 12.

Épigramme anonyme
de type philosophique et bachique

(Date incertaine. Peut-être IIIe siècle avant notre ère)

Cette épigramme qui exprime avec quelque subtilité un total scepticisme pourrait avoir été composée à peu près à n'importe quelle époque entre le IVe siècle avant notre ère et le IVe ou Ve siècle après J.-C. Une certaine grâce dans la présentation ferait peut-être opter pour la date la plus ancienne.

MÉDITATION D'UN SCEPTIQUE

D'où vins-je ? Et où irai-je ? Et pourquoi ? Pour partir
Si vite et de nouveau ? Pour apprendre ? Mais quoi ?
Ce moi né du néant, quoi donc apprendra-t-il ?
Sorti de rien, je vais bientôt m'anéantir.
Tout sera comme avant. Ô mal court et subtil,
Inconsistants humains ! Mais le vin que l'on boit
Est l'antidote à tout. Amis, apportez-m'en
Et que j'apaise ainsi mon perplexe tourment.

Anth. Pal., X, 118.

Théodoridas

(IIIe siècle avant notre ère)

Les quelque vingt épigrammes qu'on possède de Théodoridas proviennent originellement du *Florilège* de Méléagre. Comme celles d'Anyté, plus anciennes, presque toutes sont encore du grand style sévère.

TOMBEAU D'UN NAUFRAGÉ

Embarquez-vous sans peur. La mer causa ma mort,
Mais d'autres, ce jour-là, sont arrivés au port.

Anth. Pal., VII, 282.

ÉPITAPHE D'UN INITIÉ AUX MYSTÈRES D'ÉLEUSIS

Euphorion, qui fut poète, dort sous terre,
Près des murs du Pirée. Offre-lui, ô passant,
Du myrte, ou la grenade aux grains couleur de sang,
Car il était initié au saint Mystère.

Anth. Pal., VII, 406.

Épigramme funéraire
attribuée à Platon

(mais probablement du IIIe siècle avant notre ère)

TOMBE D'UN NOYÉ

Bonne chance sur mer, ô hardis matelots !
Mais sachez que jadis je péris sous les flots.

Anth. Pal., VII, 269.

Posidippus

(IIIe siècle avant notre ère)

On a de Posidippus une vingtaine d'épigrammes
pour la plupart érotiques ou bachiques, et ne dépassant
pas la production moyenne de l'époque. Celle qui suit a
été choisie parce qu'elle rentre dans l'intéressante série
des épitaphes pour les morts de la mer.

SUR UNE TOMBE
AU BORD DU RIVAGE

Moi, noyé, vous m'avez couché sous cette rive ;
Soyez remerciés, mais mon sort est amer.
Devrai-je entendre, à tout jamais, gronder la mer ?

Anth. Pal., VII, 267.

321

Nossis

(IIIe siècle avant notre ère)

Des œuvres de la poétesse Nossis figuraient dans le *Florilège* de Méléagre. D'une dizaine d'épigrammes qui nous restent d'elle, l'une au moins, d'une voluptueuse langueur, explique qu'on ait dit que l'Amour lui-même fondait la cire pour ses tablettes. Les deux derniers vers de ce petit poème ont eu l'honneur d'être exquisément imités par André Chénier :

> *Celle qui n'aime pas Vénus sur toutes choses,*
> *Celle-là ne sait pas quelles fleurs sont les roses.*

De la vie de Nossis elle-même, on ne sait rien. Elle était peut-être originaire de Locres en Grande-Grèce.

ÉLOGE DE L'AMOUR

La douceur de l'amour surpasse toutes choses,
Croyez-m'en, moi, Nossis. Le miel a moins de prix.
Celle qui n'a pas eu le baiser de Cypris
Ne sait pas distinguer quelles fleurs sont les roses.

Anth. Pal., V, 170.

Asclépiade de Samos

(IIIe siècle avant notre ère)

D'Asclépiade de Samos restent une quarantaine d'épigrammes, la plupart érotiques, souvent empreintes de préciosité, mais spirituelles, parfois tendres. À peu près contemporain de Théocrite, qui en fit l'éloge, il semble avoir été, lui aussi, poète de cour des Ptolémées.

LA CACHETTE DES AMANTS

Douce en un chaud midi une boisson de neige,
Doux au printemps les vents légers, les flots cléments,
Lorsque l'hiver enfin a levé son long siège.
Mais plus doux le manteau qui couvre deux amants,
Couchés sur le sol tiède, également épris,
Et se donnant l'un l'autre en offrande à Cypris.

Anth. Pal., V, 169.

Callimaque

(IIIe siècle avant notre ère)

Callimaque naquit à Cyrène, en Libye, et, dit-on, de la race royale des Battiades. Il étudia à Athènes, puis fit carrière de poète et d'érudit à Alexandrie, où il devint bibliothécaire du Musée. Chef d'école, supportant mal les coteries rivales, ses dernières années furent emplies par une longue querelle avec Apollonius de Rhodes, dispute qui rappelle assez, par l'âcreté du ton, les algarades entre érudits de la Renaissance.

Sa production comprenait des études bibliographiques et critiques que nous n'avons plus, et un grand nombre d'œuvres poétiques, la plupart perdues. Il nous reste au complet une série d'*Hymnes* d'un art savant et allusif, aujourd'hui mines d'informations pour les mythologues, et qui semblent avoir eu pour cet intellectuel un intérêt moins religieux qu'esthétique, voire déjà archéologique. Des fragments de poèmes lyriques, de tons très variés, souvent d'une virtuosité rare, et plusieurs morceaux provenant d'un docte recueil de légendes intitulé *Les Origines* ont été exhumés en Égypte à la fin du siècle dernier et au début de ce siècle. On a aussi d'assez longs passages d'une épopée de poche, *Hécalé,* déchiffrés sur une tablette de bois conservée à Vienne et publiés en 1893 pour la première fois. Ce morceau réaliste et pittoresque décrit l'hospitalité offerte à Thésée par une vieille paysanne au cours d'une nuit d'hiver. On en trouvera plus bas quelques vers évoquant les bruits et les activités du petit jour avec une vivacité presque impressionniste.

Un poème perdu, *La chevelure de Bérénice,* que nous connaissons par la traduction latine de Catulle, poussait fort loin la flatterie à l'égard de la dynastie régnante. Le poète y faisait parler une boucle de cheveux sacrifiée par la femme de Ptolémée Évergète pour obtenir le prompt retour de son frère-époux, alors en guerre avec les Séleucides. L'heureuse boucle devenue une constellation au ciel regrettait le front royal qu'elle ombrageait naguère. Dans ce galant poème, le bibliothécaire du Musée s'acquittait de ses fonctions de poète de cour.

L'art compliqué, scintillant et souple de Callimaque, fort admiré des Anciens, fut d'autre part souvent moqué par les épigrammatistes de son temps qui dénonçaient sa virtuosité toute livresque, et l'étouffante odeur de chapelle imprégnant son œuvre, mais qu'irritait aussi, et peut-être surtout, l'impitoyable rigueur du grand critique.

Le bref fragment tiré d'*Hécalé* mis à part, on s'est borné ici à donner une dizaine des quelque soixante épigrammes qui nous restent de Callimaque, choisies parmi celles qui nous touchent le plus par leur beauté mordante ou poignante. Cet homme intelligent et contrôlé semble y avoir dit son dernier mot.

SUR LA TOMBE
DE TIMON LE MISANTHROPE

— Eh bien, Timon ?
                        — C'est pis. Ô tourbe délétère !
L'Hadès est plus peuplé que ne l'était la terre.

Anth. Pal., VII, 317.

ÉPITAPHE D'UN ENFANT

Nicandre a déposé Théon dans ce tombeau :
Son fils. Il fut douze ans son espoir le plus beau.

Anth. Pal., VII, 453.

LES DÉGOÛTS D'UN RAFFINÉ

Je hais le puits public, le chemin fréquenté,
Le bel ami facile au plaisir trop porté,
Et des vers trop connus les sottes ritournelles.
Je hais tes tristes dons, à chacun dispensés.
Quand je t'ai dans mes bras, je vois dans tes prunelles
Le douteux défilé de tes amants passés.

Anth. Pal., XII, 43.

APRÈS LE SUICIDE DE CLÉOMBROTOS
D'AMBRACIE

Il dit : « Adieu, soleil ! », enjamba le rempart
Et sauta. Quel malheur expliquait ce départ ?

Sa vie était sans maux, sans remords, sans hiver.
Mais on trouva chez lui le *Phédon* entrouvert.
Depuis qu'il l'avait lu, il éprouvait l'envie
D'explorer, sans tarder plus longtemps, l'autre vie.

Anth. Pal., VII, 471.

SUR LA TOMBE D'UN NOYÉ

Comment t'appelais-tu ? Pauvre homme, on t'a trouvé
Rejeté par la mer et des vagues lavé.
Léotichos pour toi fit poser cette pierre.
Soins pieux. J'ai vu couler des pleurs de sa paupière.
Pour toi ? Pour lui plutôt, car son métier amer
L'expose tous les jours au péril de la mer.

Anth. Pal., VII, 277.

LE CRÉPUSCULE DU MATIN

... Elle ne parlait plus ; l'autre n'écoutait plus.
Les oiseaux sommeillaient. Un voisin, tout à coup,
Tout gourd de froid, les réveilla et dit : « Debout ! »
L'aube vient. Les fermiers allument leurs lanternes.
Les voleurs rentrent de chasse. Près des citernes,
Les porteurs d'eau déjà chantent. Déjà, grinçants,
Enrageant les dormeurs logés près de la route,
Les pesants chariots s'ébranlent. Déjà toute
Suante, dans la forge allumée, une équipe
D'esclaves trime, et les marteaux assourdissants
Dérangent un chacun...

Hécalé, Tablette de Vienne,
Colonne III, v. 9-15

ÉCHANGE DE PROPOS
ENTRE UN MORT
ET UN VIVANT

— Que veux-tu ?
    — Savoir.
        — Quoi ?
           — Dans le royaume sombre,
Que voit-on ?
    — Rien.
        — Quoi, rien ? Cerbère ?...
           — Fariboles.
Pas de Cerbère.
        — Et le nocher, et les oboles
Qu'on lui doit ?
        — Pas de Charon. Pas d'Achéron.
— Et le Juge ?
    — Pas de Minos.
        — Mais...
           — Rien, la mort.
Mais si tu veux de moi un mot de réconfort :
Plus de soucis d'argent quand on n'est plus qu'une
                    Ombre.

Anth. Pal., VII, 524.

SUR UN POÈTE MORT À L'ÉTRANGER

J'apprends ta mort, mon Héraclite, et je revois
Nos promenades et nos entretiens d'autrefois,
Si souvent prolongés jusqu'au soleil couchant.
Et tu n'es plus... Au loin, la terre t'a reçu,
Depuis longtemps déjà, sans que nous l'eussions su.
Mais la mort qui prend tout ne prendra pas ton chant.

L'oiseleur noir est sans pouvoir sur tes poèmes,
Et ces vivants ramiers consolent ceux qui t'aiment.

Anth. Pal., VII, 80.

Épigramme anonyme
dans le goût de Callimaque

(Date incertaine. Peut-être IIIe siècle avant notre ère)

ÉPITAPHE DE MISANTHROPE

Je suis mort sans laisser de fils, et regrettant
Que mon père avant moi n'en eût pas fait autant.

Anth. Pal., VII, 309.

Apollonius de Rhodes

(IIIe siècle avant notre ère)

Apollonius de Rhodes fit carrière littéraire à Alexandrie, où il fréquenta le cercle de Callimaque avant de devenir l'ennemi du grand bibliothécaire. Ce dernier ne pouvait souffrir les œuvres longues : *Les Argonautiques* d'Apollonius en sont une. Callimaque trouvait sans doute à ce poème d'autres défauts, encore sensibles aujourd'hui. Une guerre poétique se déclara, qui rappelle par le ton les attrapades de Vadius et de Trissotin. Découragé par l'accueil fait à son ouvrage au cours d'une lecture publique, Apollonius rentra à Rhodes, puis, après un assez long intervalle, revint à Alexandrie, où son œuvre remaniée lui valut du succès. Il finit, dit-on, bibliothécaire du Musée, succédant ainsi, à un intervalle de quelques années, à son redoutable adversaire.

Épopée savante, plus brève de moitié, si longue qu'elle semblât à Callimaque, que les grands poèmes anciens, *Les Argonautiques* sont, comme l'était déjà *L'Odyssée*, un roman de voyages, embelli de fabuleuses aventures, mais nullement soutenu, comme le poème d'Homère, par l'admirable humanité de son principal héros. Jason et ses compagnons de bord ne sont guère chez Apollonius que d'insipides et pâles silhouettes, et, quels que soient les dangers maritimes évoqués çà et là, au lieu du grand souffle qui pousse la nef d'Ulysse, les voilés du navire Argo ne semblent capter qu'une toute petite brise. La géographie toute livresque d'Apollonius est plus fantaisiste encore que celle d'Homère : le retour des Argonautes remontant le Danube, puis redescendant le Pô et le Rhône, évidemment confondus, puisque ce dernier est donné comme débouchant dans l'Adriatique, nous prouve qu'à l'époque où Érastosthène mesurait le monde et où Pythéas longeait les côtes de la Norvège, et, peut-être, de l'Islande, l'Europe centrale restait encore une *terra incognita*, analogue à ce que le centre de l'Afrique a été jusqu'au XIXe siècle. Il se peut, cependant, que le moindre armateur ou marchand d'Alexandrie en ait su davantage sur le sujet : cette géographie de conte de fées paraissait sans doute au poète partie de l'attirail épique ; il imite Homère dans ce domaine comme il l'imite dans les listes généalogiques, dans l'intervention de dieux auxquels il ne croit guère, dans les corps à corps et les échanges oratoires des temps héroïques ; ces éléments encore vivants et probants chez Homère lestent son poème d'un accablant poids mort, comme ils le feront des *Franciades* et des *Henriades* futures.

Il nous charme davantage quand il sacrifie aux grâces alexandrines : son Aphrodite peignant sa chevelure, son Éros jouant aux osselets avec Ganymède sont évidemment inspirés par les chefs-d'œuvre de sculpteurs contemporains ; sa Médée transpercée par la flèche de l'Amour est un tableau d'époque que nous reconstituons d'après ce que les fresques d'Herculanum et de Pompéi nous font entrevoir de la peinture antique. D'autre part, ses récits de géants qui s'entre-tuent et de taureaux crachant des flammes remontent souvent, comme Jason lui-même, du fond d'un passé plus immémorial que celui de l'épopée homérique, très vieux folklore pour lequel les lettrés de son temps avaient des curiosités d'antiquaires. Le goût de la magie, fréquent, à ce qu'il semble, à Alexandrie, jette d'étranges feux sur certaines scènes, comme celle où Thétis s'efforce de faire obtenir à son fils Achille l'immortalité. Cette œuvre composite et froide, mais çà et là relevée de mystère, fait presque songer aux mythologies de Gustave Moreau.

Un portrait de femme sauve Apollonius de l'oubli. Certes, bien des poètes avaient évoqué avant lui Médée, mais aucun (du moins de ceux qui sont venus jusqu'à nous) n'avait mis sous nos yeux Médée vierge. Sorcière, comme il convient à une nièce de Circé, déjà habituée aux opérations maléfiques, elle est encore, en matière d'amour, une fille timide et presque innocente, prise entre la peur de désobéir à son père et la compassion pour le bel étranger. Quand, toute tremblante, aussi enfiévrée que la Natacha de Tolstoï s'apprêtant à fuir avec le douteux Anatole, elle quitte de nuit la maison de ses parents pour rejoindre Jason et l'aider à ravir la Toison d'Or, la subtile analyse de ses angoisses appartient au roman, tel que nous le comprenons encore aujourd'hui.

Mais cette flambée ne dure pas. Médée enlevée se revêt de la même insignifiance que Jason et ses compagnons. En dépit d'une colère vite calmée, nous ne voyons pas se dessiner, peut-être dès les premières caresses, la Furie qui un jour égorgera ses enfants et brûlera vifs dans leurs habits de noces Jason et la fade épouse qu'il lui préférera un jour. Le poète finit comme il a commencé, dans le pastiche épique.

Parfois, un détail trop singulier pour n'être pas authentique fait rêver, comme cette mention des rites funéraires de la Colchide, si proches de ceux des Indiens du Pacifique Nord.

CONTRE CALLIMAQUE

CALLIMAQUE : substantif, masculin, singulier. Ce mot
Signifie imbécile, ou pédant, ou cuistre, ou grimaud.

Anth. Pal., II, 275.

FEU QUI COUVE

Telle une pauvre femme, ouvrière en tissage,
Entasse au soir, sur son foyer, des bouts de bois
Morts, rameaux secs, qui serviront, aux matins froids,
Lorsqu'elle se relèvera toute transie
Pour se mettre à l'ouvrage, à raviver le feu
Du brandon presque éteint, ainsi l'Amour, dur dieu
Destructeur, favorable à toute frénésie,
Met dans ce triste cœur un flamboiement sauvage,
Et tantôt rouge, et tantôt pâle...

Arg. III, 291-298.

MÉDÉE QUITTE LA MAISON PATERNELLE

... C'est l'heure où les marins, levant les yeux, regar-
dent
Vers l'Ourse et Orion ; où sommeillent les gardes,
Où dort le vagabond ; où la mère qui pleure
Son fils mort s'assoupit, l'oubliant pour une heure ;
Où les chiens dans la rue ont cessé d'aboyer,
Où les passants...

. . . .

          Au lit, aux portes de sa chambre,
Elle donne des baisers d'adieu ; et ses mains
Caressèrent les murs ; puis, coupant une tresse
Et la mettant sur l'oreiller, pâle, elle dit :
« Mère, je pars à tout jamais, sans lendemains
De retour. Et plains-moi dans mon destin maudit
Lorsque tu trouveras cette natte... Ô Jason,
Que n'es-tu mort, noyé en mer, ou chaviré
Sur les rochers, avant d'atteindre ce rivage !
Adieu, maison, parents aimés ! »
                              Le cœur navré,
Elle pleurait... Ainsi qu'en son humble détresse,
Une fille arrachée à ses champs, asservie,
Inexperte aux travaux où va s'user sa vie
D'esclave, assujettie à quelque âcre maîtresse,
Fuit ses maîtres cruels et leur riche maison,
Ainsi fuyait Médée hors du palais natal.
La grande porte, en bas, sur ses gonds de métal,
Tourna sans bruit lorsqu'à mi-voix elle chanta.
Elle sortit, pieds nus, et avança d'un pas
Rapide, d'une main se voilant le visage,
De l'autre relevant, de peur de trébucher,
Sa jupe. Mais soudain la nuit l'épouvanta :
Hors des murailles, loin des tours, elle courut,
Frémissante, invisible aux gardes. Puis, parut
Le temple environné par de funèbres bois
Où souvent elle avait ramassé de ses mains,
Pour s'en servir dans ses philtres, des os humains,
Ou des simples qui font mourir... Mais, cette fois,
Elle avait peur. Bientôt, du sommet d'un rocher
Dominant la rivière, elle aperçut un feu
Brûlant sur l'autre bord ; heureuse, elle appela
Et un canot se détacha, car c'était là
Que Jason l'attendait...

                    Arg. III, 746-750 ; IV, 26-54, 66-70.

COUTUMES FUNÉRAIRES
DE LA COLCHIDE

... Car, même de nos jours, ils ont, dans ce pays,
Horreur d'incinérer leurs morts, et tout autant
De les coucher en terre, et d'amasser sur eux
Un tumulus en leur honneur, mais ils font choix
D'un grand arbre dressé au fond des vastes bois,
À quelque forte branche attachant par des nœuds
Le corps enveloppé dans des peaux non tannées.
Ainsi de l'homme, mais les femmes destinées
Au tombeau, ont leur fosse, et dorment dans la terre
Qui de la sorte, comme l'air, a son content
De dépouilles...

Arg. III, 202-210.

Théocrite

(IIIe siècle avant notre ère)

Né à Syracuse vers l'an 310, Théocrite, dit-on, essaya
d'abord de la médecine à Cos, dont l'école était célèbre
depuis l'époque d'Hippocrate. De ces années d'étude, il
garda un ami, le médecin Nicias, son ancien condisciple, poète lui aussi, dont le nom figure dans ses œuvres.
La littérature l'ayant emporté sur la matière médicale,
Théocrite se rendit à Alexandrie, où il fréquenta les cercles poétiques à la mode. Ces deux villes furent, à ce
qu'il semble, ses résidences préférées : il y a situé ceux
de ses poèmes qu'il ne place pas dans sa Sicile natale.
L'un d'eux, *La fête des moissons,* décrit une partie de campagne à Cos à laquelle participent, tantôt sous leurs
vrais noms, tantôt sous de rustiques pseudonymes, un
certain nombre de lettrés de son temps, Aratus, Philétas, Asclépiade, Sotadès, et peut-être même le futur Ptolémée Évergète qui avait fait ses études à Cos sous la
direction de Philétas. Théocrite a beaucoup loué le
monarque régnant, Ptolémée Philadelphe et sa terrible
sœur-épouse, Arsinoé. Ces protecteurs des lettres et des
arts savaient tirer vengeance de littérateurs plus indépendants d'esprit : Sotadès ayant satirisé l'union du frère et de la sœur, le roi et la reine le firent enfermer dans

un coffre et jeter à la mer. Il y avait déjà du sultan dans ces Lagides[1].

La tradition veut que Théocrite soit retourné sur ses vieux jours en Sicile, et ait été décapité à Syracuse pour avoir critiqué les excès de Gélon, fils de Hiéron II. Cette dernière assertion, sans doute légendaire, ne s'étaie sur rien.

Théocrite est peut-être le plus méconnu des grands poètes grecs : le succès d'un genre qu'il a porté très haut a obscurci son image. De Virgile, qui le plagia avec génie, et recouvrit de pâleurs crépusculaires ou lunaires les fonds ensoleillés du poète de Syracuse, jusqu'aux savantes pastorales de Sannazar et aux bergeries du XVIIIe siècle, une longue tradition d'artificialité s'est substituée à son puissant réalisme. Poète des pâtres, Théocrite prend ses thèmes dans le milieu sicilien où il a grandi. A Palerme, on voit dans les vitrines du musée des gobelets d'os et des flûtes taillées par des chevriers du XIXe siècle, dont la forme et le dessin rappellent les beaux et naïfs objets qu'échangeaient les bergers du poète antique ; les concours musicaux et les chants alternés d'un lyrisme exquis entremêlé çà et là de grosses injures, ont répondu, quasi jusqu'à nos jours, à une réalité authentique, bien que de ce lyrisme nous doutions aujourd'hui, nous qui vivons en un temps où le peuple a désappris de chanter.

Mais Théocrite n'est pas le poète exclusif de la vie pastorale, il s'en faut de beaucoup. Le mot *Idylles*, donné d'ailleurs assez tard pour titre à son recueil de poèmes, n'avait pas alors la signification bucolique, encore moins les résonances doucereuses qu'il a acquises de-

---

1. On pourrait s'étonner que Sotadès, dont l'œuvre érotique, aujourd'hui perdue, passait pour obscène, ait pris si à cœur ce mariage à l'égyptienne. Mais la loi athénienne n'autorisait que les mariages entre frères et sœurs utérins, et non entre frères et sœurs nés du même père. La morale est faite de ces petites différences.

puis ; il semble n'avoir guère signifié que « descriptions[1] ». Certaines *Idylles* se situent dans les faubourgs
d'une ville : à Cos, dans le logis de Simétha, fille d'humble condition, si pauvre qu'elle emprunte à une amie la
robe qu'elle portera pour voir passer une procession ; à
Alexandrie, dans celui où la commère née native de
Syracuse reçoit une amie et compatriote, rabroue la servante, gronde son marmot, déblatère contre son mari,
et d'où ces dames se rendent à la chapelle du palais
pour assister à la Déploration d'Adonis, un peu comme
deux Espagnoles de nos jours iraient admirer les fleurs,
les cierges, le Christ au tombeau et la Soledad du Same-
di Saint. Plusieurs de ces récits sont des mimes ; seul, on
ne sait quoi de plus riche et de plus ample dans le faire
différencie *Les Commères* des sketches contemporains
d'Hérondas.

Le poète emprunte ailleurs ses protagonistes au petit
peuple des campagnes : bouviers et chevriers, certes,
mais aussi moissonneurs s'arrêtant en plein champ
pour échanger les on-dit du village, petit vieux tentant
sa chance auprès d'une servante, journalier amoureux
d'une belle fille basanée qu'on méprise parce qu'elle
n'est pas d'ici, soupirant contrarié qui cherche à s'engager dans une compagnie de mercenaires. Le même
riche réalisme se retrouve dans les récits mythologiques : on croit au danger couru par le petit Hercule
dans la chambre où se sont faufilés deux serpents. *Hylas*
évoque en quelques lignes le mystère des rives inhabi-
tées sur lesquelles les Argonautes amarrent au crépuscule leur navire, la préparation du repas sur la plage,
l'enfant cher à Hercule partant à la recherche d'un
point d'eau et tombant dans la source, « telle l'étoile du
soir », victime des nymphes comme les adolescents des

1. On exagérerait dans un autre sens en traduisant « Choses
Vues ».

légendes celtiques ou scandinaves le sont des ondines. Quand Hercule, renonçant à la Quête de la Toison d'Or, s'enfonce dans les forêts presque vierges, hurlant vainement le nom de l'ami perdu, ce mélange de l'immuable majesté des bois et de la violente douleur humaine fait déjà penser à des œuvres qui, des siècles plus tard, allaient réaliser ce qu'on appelle l'idéal classique, ce qui signifie peut-être simplement une sorte de sérénité subsistant sous-jacente aux affres et aux vicissitudes humaines. On pense aux bocages et aux landes dans lesquels s'enfonce l'Orion aveugle de Poussin « en marche vers le soleil levant ».

D'autres pièces sont également éloignées du bucolisme conventionnel. *L'Ami*, en dépit de quelques allusions trop ingénieuses et trop savantes, est sans doute le plus beau des derniers grands poèmes consacrés à « l'amour grec », à une époque où cette nuance d'amitié héroïque était déjà à peu près effacée. *L'Épithalame d'Hélène*, gracieux chant de noces, a pu être un poème de circonstance en l'honneur d'une moins mythologique union. *La fête des moissons*, déjà mentionnée, évoque avec splendeur la richesse du grain engrangé, les fruits de l'automne, les bruissements de la vie animale, coassements de grenouilles, pépiements d'oiseaux, bourdonnements d'abeilles. Ici, ce n'est plus, sautant à pieds joints à travers les siècles, à Poussin qu'on pense, mais aux dernières esquisses mythologiques de Rubens, à ses puissantes figures telluriques ou célestes qui semblent contenir en elles toute la plénitude des saisons.

La Quenouille n'est qu'une lettre, mais exquise, accompagnant l'envoi d'un présent à la femme de cet ami de Théocrite, Nicias, le médecin dont il a été parlé plus haut. Quand Racine, lecteur du roi, traduisit ce poème à son auguste auditeur, le monarque en prisa, dit-on, la délicate galanterie, et, en effet, nuls vers n'évoquent mieux, au fond d'une demeure amicale, la discrète présence d'une épouse aimée. Les familiers de Racine gardaient aussi l'impression inoubliable d'une lecture de *La Magicienne*, cette Simétha d'autant plus touchante qu'elle n'est ni princesse, ni magicienne professionnelle, mais rien qu'une humble amoureuse, et dont un peu de l'ardeur a sans doute passé dans *Phèdre*.

Certains poèmes tenus de tout temps pour authentiques se situent davantage à mi-côte. Deux récits épiques, point dépourvus de vigueur, sentent pourtant l'huile des veillées alexandrines ; des épîtres au monarque n'échappent pas à l'ennui inhérent au genre. Même dans *Le Cyclope*, une des idylles les plus fréquemment citées, les charmantes et un peu nigaudes descriptions de la vie campagnarde faite par Polyphème à sa belle insensible sont gâtées par le clin d'œil trop visible fait par le poète à son auditoire de bon ton. Certains apocryphes, ou crus tels, tombent dans le fade ou le sentimental : *L'Amant* a été gentiment traduit par La Fontaine (*Fables,* XII, 26, *Daphnis et Alcimadure*), qui a changé le sexe de l'objet aimé sans embellir ce quelconque poème ; *L'Oaristys*, admirablement rendu par André Chénier, montre avec vivacité des arrhes prises par un beau bouvier sur la fille du voisin, avant le jour des noces, mais sa grâce un peu sèche semble bien éloignée de l'ampleur théocritienne. *Les Pêcheurs*, adjugés par la critique moderne à Léonidas de Tarente ou à son école, sont néanmoins dignes de Théocrite par la chaleureuse poésie qui se dégage d'humbles objets et d'humbles propos. À quelque poète qu'elle appartienne, cette description de l'extrême pauvreté émeut sans rien des appels du pied des « pauvres gens » romantiques, et ce thème du rêveur déçu correspond à notre expérience à tous.

LA MAGICIENNE

Thestylis, les lauriers ! Donne-les-moi ! Apporte
Aussi le van et l'écheveau couleur de sang
Dont je forme des nœuds pour ligoter l'absent.
C'est le douzième jour, c'est la douzième nuit
Qu'il est parti, sans s'informer si je suis morte
Ou vivante, et jamais il ne frappe à ma porte.
J'irai demain à la palestre, où, calme, enduit
D'huile douce, il passe le temps, pour lui crier
Ma peine... Il aime ailleurs : Aphrodite ou l'Amour
L'ont tenté... Et ce soir, pour forcer son retour,
J'entreprends le rite fatal... Ô toi, Sublime
Lune, Hécate, Artémis, écoute-moi prier...

(Va, vole, oiseau magique, et me rends mon ami !)[1]

Brille sur nous, car je t'attends, ô doux visage
Virginal ! Et pourtant c'est la reine sauvage,
Avide du sang noir des victimes, qui luit
Sur les sépulcres alignés le long des voies,
Et les chiens rampent, pris de peur, quand ils la
                                                voient.

(Va, vole, oiseau magique, et me rends mon ami !)

L'orge grésille sans se consumer. Ranime
Le feu, ô Thestylis, et jette une poignée
Encore. N'es-tu pas, ma servante, indignée
Que ta maîtresse soit en proie à la risée
D'un chacun ? Non, hélas ! Pour l'écart que je fis,
Même de toi, parfois, je me sens méprisée.
Sotte, jette ce grain, et dis : « Brûle, Delphis ! »

---

1. « L'oiseau magique » est une sorte de rouet dont Simétha se sert
pour ses conjurations.

(Va, vole, oiseau magique, et me rends mon ami !)

Laurier, craque et noircis ! Toi, cire, fonds, et pleure !
Delphis m'a fait du mal : qu'il souffre ; j'ai souffert.
Que sa chair se dessèche ; et qu'il brûle, et qu'il
                                     meure,
Ou qu'il m'aime à nouveau, et revienne, et demeure,
Guidé par toi, rouet magique au bruit de fer !
Par trois fois, je verse le vin ; j'accomplis
Le rite noir. Frappe sur le fer, Thestylis !
Enfin ! Séléné vient ! Heurte le gong d'airain !
Les chiens, dans les carrefours, hurlent à la lune.

(Va, vole, oiseau magique, et me rends mon ami !)

Et la mer est sereine, et le ciel est serein,
Mais mon cœur plus jamais ne connaîtra la paix,
Bouleversé par le désir et la rancune ;
Car je brûle pour lui, l'homme qui m'a laissée
N'étant plus vierge... Ah, quel que soit l'objet qu'il
                                     aime,
Fille ou garçon, qu'il le quitte, ô déesse, et fais,
Toi qui peux tout, qui, dans ta noire traversée
Des Enfers, régis le pays souterrain,
Qu'il se lasse de la palestre, et, de lui-même,
Me revienne, tout plein de feu, et bondissant,
Comme un poulain dans les prés verts de l'Arcadie !

(Va, vole, oiseau magique, et me rends mon ami !)

La frange de son manteau, il l'a perdue !
Au feu ! Toujours au feu ! Ô noire maladie
D'amour ! Sangsue avide à mon flanc suspendue !
Je broierai un lézard et l'enverrai demain
À Delphis pour...
                      Mais toi, ma servante, va-t'en

Avec ces cendres et ces sucs, prends le chemin
De la maison, tu sais de qui (hélas, c'est là
Que j'habite, j'y vis encor, mais il l'ignore !) ;
Frotte le seuil, et le heurtoir, et le battant
De sa porte, frotte-les fort, mais fais en sorte
De te cacher ; revêts-les bien du sombre enduit ;
Oins-les sans nul bruit dans la nuit, et sans éclat
De voix, dis trois fois en crachant : « La mort sur
                                                    lui ! »

(Écoute, ô Séléné, d'où me vint mon amour !)

Enfin ! Elle est partie... Et je pourrai sans honte,
Ô Séléné, te raconter ce qui me tue,
Mon grand amour... Jusqu'où faut-il que je remonte ?
D'un mot dit au hasard naquit ma passion.
Tout commença le jour de ta procession.
La prêtresse, la jeune Io, et ta statue,
Et les vases sacrés, l'or pur, l'argent qui brille
Et les bêtes vivant sous ta protection
Dans tes bosquets, ce jour-là défilaient en ville.
Ma voisine me dit : « Viens ! » Pour me parer mieux,
J'empruntai à une amie une tunique
Toute neuve, et je mis ma plus belle résille
Et mon écharpe de lin fin...

(Écoute, ô Séléné, d'où me vint mon amour !)

                        Soudain, mes yeux,
Près du temple et de la maison de Mélité,
Virent deux jeunes gens, deux des beaux de notre île,
Philinos et Delphis, deux amis ; tels des dieux,
Les cheveux et la barbe oints d'huile, et la chlamyde
Entrouverte, laissant voir la poitrine lisse.
Et moi, je regardai Delphis avec délice,
Et l'amour s'empara de mon cœur agité.

Et je restai clouée à ma place, timide,
Pâlissante, et je revins dans mon logis ;
Le corps brûlé de fièvre et les yeux tout rougis
De larmes, insomnieuse, et jeûnant, maigrissant,
Je m'alitai, pensant toujours au bel absent.
J'en mourais, mes cheveux s'en allaient par poignées.
Ah, combien de magiciens, de rebouteux,
J'ai consultés, que de drachmes ils ont gagnées !
Et j'ai cherché, dans leurs taudis, bien des sorcières.
J'ai bu sans résultat leurs potions grossières,
Perdant le sens...
           Alors, bien que ce soit honteux,
J'envoyai de ma part Thestylis chez cet homme
Le supplier qu'il vînt ; et j'attendis, et comme
Je me désespérais, soudain, j'ai reconnu
Son pas vif et léger, car il était venu.
Et il entra, tranquille, et s'assit sur ma couche,
Et, désinvolte, dit :
              — Ô Simétha, ta bouche
N'a que peu devancé la mienne, et je songeais,
Abandonnant pour toi d'autres tendres projets,
À venir, escorté d'amis, et des brandons
Dans les mains, et des noix et des raisins pour dons,
Fleurir ton seuil pour obtenir un seul baiser.
Mais si je t'avais vue, hostile, refuser
Mes offres, je serais entré par violence,
Brûlant tout, brisant tout. Et mon désir s'élance,
Te suivant d'aussi près qu'aujourd'hui, sur la piste,
J'ai suivi Philinos, qui décrocha le prix.

(Écoute, ô Séléné, d'où me vint mon amour !)

Et se taisant, il m'embrassa, et je le pris
Dans mes bras, et dans mon lit je lui fis place.
Une douce chaleur monta du plus profond
De nos corps rapprochés ; nous fîmes ce que font

Ceux qui s'aiment. Bientôt, tous les deux, à voix
                                                        basse,
Comblés, nous devisions, l'un de l'autre contents.
Mais à quoi bon, ô Reine, évoquer ce mystère ?
Nous nous aimions. Suffit. Et le reste est à taire.

(Écoute, ô Séléné, d'où me vint mon amour !)

Et ce bonheur dura : Delphis vint chaque jour.
Et je l'aimais, et il m'aimait. Puis, quelque temps
Passa... Sans qu'il fît signe... Et enfin, aujourd'hui,
À l'heure où sur le ciel et la mer l'aube luit,
Une vieille survint qui me parla de lui.
C'est la mère de Mélixo, notre flûtiste,
Qui sait tout ce qu'on fait en ville, et chaque bruit
Qui court. Elle m'a dit que Delphis aime ailleurs.
Mais si c'est un garçon ou si c'est une femme,
La vieille, jusqu'ici, ne le sait pas encor.
Mais il aime. Aux festins, il boit à son amour
Sans le nommer, et escorté de ses meilleurs
Amis, et brandissant une torche allumée,
Il se rend sur le seuil de la maison aimée
Et la fleurit... Mais j'ai dessein de me venger.
Je garde dans un coffre un poison étranger,
Assyrien, qu'on dit insidieux et fort.
Et dès demain Delphis aux portes de la mort
Ira frapper.

              Adieu, ô Séléné, poursuis
Ta blanche route dans le ciel et sur la mer.
Étoiles, suivez-la ! Moi, je reste où je suis,
Seule, ayant à souffrir accoutumé mon âme,
Et supportant, jusqu'à la fin, mon sort amer...

Idylles, II.

L'AMI

Ton absence a duré trois nuits et trois aurores,
Ami tant désiré, te voilà de retour,
Mais celui qui t'attend vieillit en un seul jour.

Ainsi que le printemps est plus doux que l'hiver,
La pomme que la prune ou le brugnon suret,
Ainsi que la brebis, ô laineuses pléthores !
Est plus douce au toucher que le frêle agnelet,
Ou plus douce la vierge en sa neuve innocence
Que la veuve trois fois en pouvoir de mari,
Ainsi m'est ton retour après la dure absence !

Et comme un voyageur s'élance avec un cri
De joie, apercevant un jeune chêne vert,
Après la longue marche en de brûlants chemins,
Je m'élance vers toi...

          De ton souffle embaumé,
Éros, souffle sur nous ! Et qu'on dise à jamais :
Gloire à ces deux amis qui d'un seul cœur s'aimaient
L'un, qu'on nommait l'Amant au pays d'Amyclées,
L'autre, qu'en Thessalie on surnommait l'Aimé[1] !
Et que toujours, de lendemains en lendemains,
Nous demeurions vivants sur tes lèvres, Jeunesse !

Fasse, gens de Mégare aux fortes mains ailées
D'avirons, qu'un dieu bon quelque jour reconnaisse
De quels rites, quels soins, quels dons inépuisés,
Vous honorez encor ce Dioclès, votre hôte,
Qui jadis, sous vos murs, prit sa part du combat

---

1. Le poète se sert de deux termes dialectaux, εἴσπνηλος et ἀΐτης.

Pour sauver un ami, et près de lui tomba.
Au pied du tertre où gît cet homme à l'âme haute,
Se donne chaque année un concours de baisers.
Et l'enfant qui le mieux sur une lèvre chère
Pose la sienne, heureux, retourne vers sa mère.
Ah ! Que l'arbitre de ces jeux invoque l'aide
Du bel adolescent céleste, Ganymède,
Pour choisir sans erreur, et qu'en ce jour sa bouche
Possède les vertus de la pierre de touche
Dont le changeur se sert, séparant à coup sûr
Les métaux plus grossiers d'avec l'or le plus pur.

Idylles, XII.

LES PÊCHEURS

Deux vieux pêcheurs dormaient dans la cabane basse,
Construite de roseaux. Par les cloisons fendues,
Passaient ici et là quelques vrilles tordues
D'un plant maigre et jauni ; pêle-mêle, une nasse,
Un filet éraillés, des voiles suspendues
Comme un rideau troué, quelques hardes, des plombs,
Des lignes, des épieux, et des fagots qui font,
Plantés dans l'eau de quelque crique, un labyrinthe
Où l'imprudent poisson va s'engager sans crainte.
Des pots pour la langouste et le poulpe ; un baril
Pour la saumure, et dans un coin, sur un étai,
Un canot délabré.
                          Et la porte n'était
Close que d'un loquet, et verrou et serrure
Manquaient ; et pas de chien de garde ; nul péril
De vol, car voler quoi ? Et, dans les alentours,
Nuls voisins. Mais les murmures doux et sourds
De la mer tout près d'eux leur tenaient compagnie.

La lune encor n'était qu'à mi-chemin des cieux
Tout noirs ; mais les pêcheurs dorment peu, et leurs
                                                    yeux
S'ouvraient.

ASPHALION

                    Ils mentent, ceux qui disent que la nuit
Est plus courte, l'été. J'ai déjà, je t'assure,
Rêvé plus de mille rêves... On devrait voir
L'aube, si tout était dans l'ordre accoutumé.

SON CAMARADE

N'insulte pas, vieil homme, à l'été bien-aimé !
Non : les saisons n'ont pas changé ; le soleil suit
Son cours habituel, mais l'angoisse qui ronge
Les pauvres gens vient t'agiter dans ton sommeil
Et t'éveille trop tôt sur ton lit d'algue sèche.

ASPHALION

Sais-tu interpréter les songes ? J'en ai un
Que je veux partager avec toi, camarade,
Comme nous partageons, sur terre ou dans la rade,
En loyaux compagnons les fruits de notre pêche.
Je voudrais avec toi revivre ce beau songe,
Et puisque cette nuit, semble-t-il, se prolonge,
Quel meilleur passe-temps que raconter son rêve
Et deviser au bruit de la mer sur la grève ?
Tu es sage et prudent : tu me feras savoir
Ce qu'il faut en penser.

SON CAMARADE

                        Soit. Car c'est le devoir
D'un ami d'écouter ce que l'ami rêva
De bon ou de mauvais. Et je t'écoute : va !

Hier, las d'avoir trimé sur la mer rembrunie
Et maussade, trempés par l'aveuglant embrun,
Nous soupâmes. Frugalement, tu le sais bien,
Car nos ventres sont toujours creux. Puis, un sommeil
Pesant me prit : je crus me voir sur un rocher,
Pêchant en mer, mais le poisson ne mordait pas
(Car, moi, je rêve de poisson, tout comme un chien
Rêve de pain)[1], et dédaignait mes vains appâts.
Tout à coup, ça mordit, et sur le flot, du sang
Coula. Mais mon captif se débattait ; le poids
Plia la ligne, et, tout courbé, et à deux doigts
D'être entraîné par lui dans la mer tressautante,
Je tirai ; je hissai la bête palpitante
Sur le récif ; je chancelais, mais mon effort
Fut repayé : mon poisson était tout en or.
Mais mon bonheur bientôt se mélangea d'effroi :
Ce beau butin, ce grand poisson resplendissant,
Était peut-être un favori du vert nocher
De l'abîme, du tempétueux Poseidon,
Nourri et caressé par la main d'Amphitrite.
Ou peut-être les dieux nous faisaient-ils ce don
Pour alléger nos maux ? Prudent, je décrochai
Le hameçon, de peur qu'un peu d'or n'y restât.
Vite, craignant d'avoir commis quelque attentat
Monstrueux, et tout tremblant, je me dépêchai
De quitter le rivage. Ainsi, traînant ma proie
Sur le sol sec, je me jurai, tout plein de joie,
De ne plus m'exposer à la mer hypocrite
Et cruelle, et sur terre, à jamais, comme un roi
De passer mes vieux jours.

---

1. Les chiens grecs étaient nourris de pain, la viande passant pour
les rendre sauvages.

　　　　　　　Pauvre rêveur, tais-toi !
Il reste encore une heure ou deux de sommeil. Sache
Que jusqu'au bout notre vieillesse est condamnée
À besogner sur mer, journée après journée.
Reprends demain, sans amertume, notre tâche.
Réveille-toi dispos, prêt à peiner sans trêve,
Car tu mourrais de faim avec l'or de ton rêve.

Idylles, XXI.

DÉBUT D'UNE IDYLLE

Il est doux, ce grand pin tout murmurant au vent.
Il est doux, chevrier, le bruit des eaux chantantes ;
Et tes pipeaux sont doux...

Idylles, I, 1-3.

351

Bion et Moschus

(IIIᵉ et IIᵉ siècle avant notre ère)

Avec Bion et son successeur Moschus, séparé de lui par près d'un siècle, la poésie pastorale devient de plus en plus un genre traditionnel. Mais le poème *À l'étoile du soir* de Bion est un limpide madrigal, et sa *Lamentation pour Adonis*, venant après celle de Théocrite, nous prouve la vogue à Alexandrie du jeune dieu syrien mort et ressuscité.

C'est sur le modèle de ces *Adonies* que Moschus, par la suite, composa sa *Lamentation pour Bion*, empoisonné, à l'en croire, par des gens de lettres envieux, et qui eut l'honneur d'inspirer, près de deux mille ans plus tard, l'admirable *Adonais* de Shelley à la mémoire de Keats, grand poète mort à vingt-six ans et persécuté jusqu'au bout par des critiques hostiles.

À L'ÉTOILE DU SOIR

Beau flambeau d'Aphrodite, ardent Vesper, concède
À mon amour, ce soir, ta brillante clarté !
Je m'engage dans un chemin infréquenté
Pour rejoindre un ami dans sa hutte au toit bas.

La lune en ce moment ne nous éclaire pas.
Je ne vais pas, brigand, cherchant l'obscurité,
Prendre au passant sa vie ou le peu qu'il possède.
Mais j'aime... Et les amants méritent qu'on les aide.

Bion, XI.
Bucol. Graec. Reliquae,
Teubner.

Léonidas de Tarente

(IIIe siècle avant notre ère)

Léonidas de Tarente est représenté dans l'*Anthologie Palatine* par plus de cent dix épigrammes, provenant en partie du *Florilège* de Méléagre. Son art minutieux décrit avec une tendresse contenue la vie des humbles et des pauvres. Il s'était spécialisé dans les dédicaces, réelles ou fictives, d'ex-voto offerts par de petites gens, artisans, pêcheurs ou bergers ; on trouvera plus loin celle d'un tableautin votif représentant dans tous ses détails l'accident auquel le donateur avait miraculeusement échappé, tout pareil à ceux qu'on voit encore de nos jours dans certaines églises de campagne. Deux épigrammes martiales, non traduites ici, décrivent, l'une des trophées pris aux Lucaniens, l'autre une offrande faite par Pyrrhus après une victoire sur son douteux allié, Antigone Gonatas. Ce chantre de la vie simple vécut au milieu des guerres, des renversements d'alliances, des exactions, des rapines qui préparent en Italie du Sud la conquête par Rome. On suppose qu'il finit sa vie dans l'indigence, éloigné de son pays natal.

Pauvre, en tout cas, par goût autant que du fait des circonstances, cynique sans outrance, épicurien dans le vrai sens du terme, Léonidas de Tarente voit dans le dénuement le constant rappel du peu que nous sommes et du peu qu'il nous faut, le contact direct avec l'ordre

naturel des choses. C'est cette notion surtout qui donne
du prix à son œuvre.

LA SAGESSE DU PAUVRE

Homme, à quoi bon errer, rôdant de terre en terre ?
Si tu possèdes quelque part un humble toit,
Un petit feu à ton foyer, contente-toi.
Qu'il te suffise, à tes repas, d'un peu d'eau claire,
De gâteaux de farine bise, bien pétris
Par tes soins, et de menthe, et d'un peu de sel gris.

Anth. Pal., VII, 736.

LA CABANE DE CLITON

Cliton habite ici ; cette masure est sienne
Et ce champ qu'au printemps il laboure et cultive,
Ces quelques vignes, peu de plants, mais suffisants
Pour sa récolte, avec leur treille très ancienne.
C'est tout : quelques fourrés, un peu d'herbe chétive,
Mais Cliton a vécu ici quatrevingts ans.

Anth. Pal., VI, 226.

UN CHEVRIER REND
GRÂCES AU DIEU PAN

Un vieux fauve accablé par la bise et la neige
S'abrita l'autre nuit parmi nos pauvres bêtes,

Et nous tremblions tous. Mais, nos prières faites,
Le vent cessa ; le roi, le lion que protège
La nuit, est reparti sans nous causer de maux.
Pan qui prends soin de nous et de nos animaux,
J'ai peint pour toi, dieu bon, de ma main inexperte,
Sur cette planche lisse et de cire couverte,
Ce miracle authentique et dont nous rendons grâces
À toi, maître des monts aimés des chèvres grasses !

Anth. Pal., VI, 221.

CONSEIL AU VOYAGEUR

Ne bois pas, voyageur, dans cette solitude,
Au flot boueux de ce torrent dont le bruit rude
Assourdit. Va plus loin, monte sur ce plateau
Où paît le beau bétail ; tu trouveras bientôt
Sous un grand pin, sortant du roc qui la protège,
L'eau murmurante et aussi fraîche que la neige.

Anth. Pal., XVI, 230.

ÉPITAPHE D'UNE NOURRICE

Le petit Médéus fit dresser cette stèle
Pour sa nourrice thrace, et mit son nom « Eunone ».
À cause de ses soins et de son tendre zèle,
Elle aura à jamais l'honneur d'être « la bonne ».

Anth. Pal., VII, 663.

Lycophron et la poésie cryptique

(IIIe siècle avant notre ère)

La poésie cryptique en Grèce avait été aussi vieille que le langage oraculaire. Poète et prophète ne faisaient qu'un. Mais de tout temps, et par tout pays, le poète-qui-est-plus-que-poète tend à réinventer l'ambiguïté sacrée de Delphes, les logogriphes de l'Apocalypse, ou l'équivalent des rébus divinatoires du *Yi-King*. La Clytemnestre d'Eschyle, appelant son mari « un homme achevé », et étalant sous ses pas un tapis de pourpre qui signifie la victoire, mais aussi présage le sang versé, imite les doubles ententes de l'Oracle ; chez ce même poète, la métaphore insolite, souvent dénoncée comme une faute de goût par des commentateurs modernes, « la poussière, sœur assoiffée de la boue », la fumée « sœur noire du feu », nous impose une vue inattendue des choses, au prix d'un *déroutement* auquel nous obligent aussi Gongora ou Rimbaud. Bon nombre de petits-maîtres de l'épigramme alexandrine usent et abusent des assemblages de contrastes bizarres : arbre planté sur la mer, devenu mât de navire ; lièvre étranglé par une pieuvre, cerfs pris dans la glace, immobilisés en pleine nage ; vieille barque livrée au feu après avoir été corrodée par l'eau. Nous limitons trop souvent à un froid jeu d'esprit ces procédés qui servent au poète à exprimer l'*étrangeté* du réel, mais qui tournent souvent au procédé pur et simple.

L'une des méthodes les plus courantes du cryptisme moderne, le bris syntaxique, l'érosion quasi totale des formes du discours, n'a pas, il est vrai, d'équivalent dans la poésie grecque, bien que les balbutiements des Sibylles et les cris des initiés allassent dans ce sens. Le procédé qui consiste à recouvrir l'idée sous une accrétion de vocables rares et d'allusions doctes fut, au contraire, assez souvent employé en Grèce par les maîtres de la poésie savante. Ces couches verbales superposées, ces gisements d'informations mythologiques, généalogiques, géographiques, pénétrables aux seuls érudits, ont toujours satisfait chez le poète le besoin d'étonner, le goût de s'exprimer en circuit clos pour un groupe choisi, et la tentation de mêler aux délices de la poésie celles des mots-croisés. Lycophron, dans son *Alexandra*, ne fait que pousser à bout les procédés de Callimaque et de son école.

Né à Chalcis en Eubée, Lycophron vécut peut-être une partie de sa vie en Grande-Grèce. Poète et grammairien, il finit conservateur de la collection des poètes comiques au Musée d'Alexandrie. Nous n'avons de lui que son abstrus poème, *Alexandra*, dans lequel il nous montre la princesse troyenne plus connue sous le nom de Cassandre prophétisant les événements qui se dérouleront au cours des siècles depuis la chute de Troie, et, incidemment, la future grandeur de Rome. Tout cela passe confusément devant nous comme les tourbillons de fumée d'un incendie de forêt, dans lesquels il est presque impossible de distinguer la conflagration elle-même.

L'ouvrage semble avoir été composé, soit vers la Première Guerre Punique, soit plus tard encore, à l'époque des premières victoires romaines en Orient grec. Quoi qu'il en soit, l'idée, à vrai dire assez indistincte, que les triomphes des Romains, descendants d'Énée, vengeaient en quelque sorte la défaite troyenne, contient déjà en germe, à deux ou trois siècles de distance, le sujet central de *L'Énéide* de Virgile.

La célébrité de Lycophron fut durable. Jusqu'en pleine époque byzantine, et même par la suite, il semble bien que de petits cénacles se soient ingéniés à décoder ce poème énigmatique, à peu près comme des connaisseurs de nos jours discutent du sens de tel sonnet de Scève ou de tel *Canto* d'Ezra Pound. Hadrien, amateur de poésie difficile, prisait, paraît-il, Lycophron. Parmi ces quelque quinze cents vers intraduisibles, on a choisi d'en donner une dizaine des moins obscurs.

LES DERNIERS JOURS DE TROIE

... Et les malheurs-serpents, rampant, sifflant dans
> l'onde amère,
Annonçant à ma patrie le feu, la ruine...

... Le loup rapide[1], frappant de son pied pélagien
Le sable de la berge, fit jaillir une source cachée.
Arès, danseur, bondit tout en feu, et dans sa conque fait
> rugir
Le chant du sang. Et, sur les campagnes ravagées,
Les piques, au lieu d'épis ; et, de la tour
Jusqu'aux tranquilles royaumes de l'air, j'entends mon-
> ter
Des thrènes de femmes déchirant leurs robes, attendant
> de voir
Venir, à la file, les désastres...

> *Alexandra*, v. 215-217, 249-257.

1. Achille.

Hérondas

(IIIe siècle avant notre ère)

Jusqu'à la découverte, en 1859, d'un manuscrit contenant sept mimes d'Hérondas, et plusieurs fragments très mutilés de quelques autres, on ne connaissait de ce poète alexandrin que son nom. Encore s'orthographie-t-il de plus d'une manière. D'après de minces indices épars dans son œuvre, on croit savoir qu'Hérondas vécut à Alexandrie et dans l'île de Cos, à peu près contemporain de Callimaque et de Théocrite.

Le mime n'était pas précisément un genre nouveau, mais c'est, toutefois, dans l'Alexandrie du IIIe siècle qu'il semble être devenu une forme littéraire quasi indépendante de toute réalisation scénique. Les mimes d'Hérondas, ou encore celles des *Idylles* théocritiennes qui sont en réalité des mimes, ont pu, comme des *Proverbes* du XIXe siècle, être joués dans l'intimité par des amateurs ; ils paraissent néanmoins surtout faits pour la lecture en petit comité, alors fort en vogue. Mini-dialogue ou simple monologue, le mime est ce qu'on eût appelé hier une tranche de vie : pas d'élans lyriques, absents chez Hérondas, réduits, dans *Les Commères* de Théocrite, à une cantate d'apparat ; dans ses *Moissonneurs*, à une chanson folklorique. Pas d'intrigue compliquée, ou, mieux encore, pas d'intrigue ; pas de « pensées » morales, et guère plus de gros effets comiques ; à peine, çà et là, un imperceptible et condescendant sourire. Moins coloré, moins plantureux que Théocrite, et infiniment moins poète, Hérondas a sa grâce sèche bien à lui. Le langage de ses personnages, tantôt raffiné, tantôt vulgaire, ou alternativement l'un et l'autre, est rendu avec une fidélité de bande sonore. Les sept mimes recouvrés nous donnent une idée de son répertoire très varié de sujets, choisis, semble-t-il, pour leur platitude ou leur futilité même. Une maquerelle est poliment éconduite par une honnête femme ; un tenancier de maison close se plaint en justice d'un client qui a maltraité une fille ; un instituteur promet à une mère affligée de mater son garnement de fils ; une matrone un peu mûre n'a pas le cœur de faire fustiger son esclave, décidément trop bel homme ; deux dévotes contemplent avec une curiosité naïve les objets d'art d'un sanctuaire ; deux élégantes font des emplettes dans une cordonnerie de luxe, et le marchand offre à la cliente attitrée une paire de mules en cuir rouge, en guise de discrète commission ; ces deux dames, ou deux autres toutes pareilles, discutent en tête à tête des mérites d'un instrument de plaisir artificiel, à peu près comme deux femmes d'aujourd'hui discuteraient des mérites d'un contraceptif. On trouvera ci-dessous une traduction à peine abrégée du *Tenancier de maison close*, d'un comique un peu plus accusé que le reste, qui suffira pour donner une idée des ïambes volontairement « boiteux » d'Hérondas, et de son réalisme photographique.

LE TENANCIER DE MAISON CLOSE

LE TENANCIER

Messieurs les Juges, je le sais, votre équité
Est telle que le nom, l'argent, la qualité
De l'accusé n'y changent rien. Ce capitaine
De vaisseau, Thalès (qu'il dit) est propriétaire
D'un grand cargo, et moi, pauvre gueux, prolétaire,
Je n'ai pas le sou. Tous deux, on est étrangers
À Cos, des métèques, quoi ! Moi, de sang punique,
De Tyr, et lui, quoi qu'il prétende, de Phrygie.
Il s'appelle Artimnès ! Il amène un témoin ?
Moi aussi. Deux boxeurs retraités. Et le mien
(Présent) est encore en forme, et son coup de poing
Abat un homme. Si cette crapule ment
Sur les faits, je l'invite à tomber sa tunique,
Ce soir, après l'audience. On verra bien
Qui a la loi. S'il dit : « Le ravitaillement
De l'île en blé, c'est moi qui l'assure », eh bien, moi,
Je la ravitaille en filles... Et les dangers,
Les pertes, c'est pareil. Il n'autorise point
Qu'on lui moule son blé sans le payer comptant :
Dans ma profession, Messieurs, j'en fais autant.
Ce bat-l'eau sur la mer courant la prétentaine
Ne se rend pas compte que la vie est régie
Sur terre par des lois justes. Le scélérat
Vint de nuit, torche en main, mit le feu à l'enseigne
De mon commerce, et l'arracha toute brûlée,
Et enfonça ma porte, et me frappa (j'en saigne
Encore) et sans payer tripota cette belle !
Vous êtes là, Messieurs, pour punir ce rebelle !
Il a beau arborer, pour se garer du froid,
Quand il s'en-va-t-en-mer, sa capote en bon drap
Athénien, et moi, ma pelure pelée,
Mes savates, et commander un bâtiment,

Tandis que moi, je tiens maison : est-ce ma faute ?
On ne fait pas ce qu'on veut dans la vie. Il m'ôte
Le pain de la bouche. Eh ! La clepsydre a lâché
Toute son eau, déjà, et il me faut me taire !
Bon greffier, boucle-la. Et toi, le secrétaire
Public, lis-nous la loi, et que ça déconcerte
Ce salaud-là.

LE SECRÉTAIRE PUBLIC

      Item, quand un propriétaire
A subi, du fait d'un malfaiteur, une perte,
Part de son bien, immeuble, ou meuble, ou bien es-
                                  clave,
Ou dégâts, et qu'avec préméditation,
Malignement, on l'a, dans sa profession,
Lésé, l'amende...

LE TENANCIER

      Oui ! Oui ! Bravo ! C'est la voix
De la loi, ce n'est pas la mienne ! Ses voies
De fait, il les paiera, ce coquin qui vous brave,
Gens de Cos ! Mille drachmes pour violation
De domicile, et cent pour l'enseigne, et deux mines
Pour les coups. Viens ici, viens, ma douce Myrtale !
Montre ce qu'il t'a fait dans sa fureur brutale :
Des bleus partout, hélas ! Et ne fais pas ces mines
Pudiques. Ces bons juges sont pour toi des pères...
Non ! Des frères plutôt... Quoi ? Il s'est entiché
D'elle ? Il l'aime ? D'accord. Moi, j'aime les gros sous.
Donnant, donnant. J'en ai d'ailleurs pour tous les
                                    goûts.

Citoyens, il importe à votre indépendance
Nationale que ce coquin soit condamné...
Moi-même, j'aurais dû... Mais l'âge a enchaîné
Mon bras... Nul Cossien avec cette impudence
N'eût bafoué ainsi un marchand respecté.

On rit ? Eh oui, Messieurs, c'est de tradition
Dans ma famille, nous sommes tous maquereaux
Depuis des générations... Ô dieux, héros
Locaux, ô citoyens bienveillants et prospères,
Île qu'Hercule honore, admirable cité
Qui reçus Esculape et vis naître Latone,
Punissez ce méchant dont l'insolence étonne !
Et, bons juges, songez que le sage dicton
Est qu'un dos phrygien est fait pour le bâton.

Hérondas, *Mime* II.

Diotime de Milet

(IIIe siècle avant notre ère)

La vie de ce poète nous est inconnue, et il ne reste de lui qu'une dizaine d'épigrammes. L'une d'elles, *Le retour du troupeau,* est parfois attribuée à Léonidas de Tarente.

L'ENFANT BIEN GARDÉE

Nourrice de malheur ! Faut-il que tu aboies
Quand j'admire la belle enfant que tu conduis ?
Je l'admire. C'est tout. Ensuite, je poursuis
Mon chemin. Vieille chienne, est-on jaloux des yeux ?
Peuvent-ils l'abîmer ? Les dieux si beaux, les dieux
Acceptent (on le dit) que des humains les voient.

Anth. Pal., V, 106.

TOMBE DE SŒURS JUMELLES

Anaxo et Cleino, deux très vieilles prêtresses.
Ma sœur, de Déméter. Et moi, j'eus pour maîtresses
Les Grâces. Remplissant nos tâches coutumières,
Nous avons toutes deux atteint quatrevingts ans.
Nous aimions nos maris, nos enfants... Bienfaisants,
Les dieux nous ont permis de partir les premières.

Anth. Pal., VII, 733.

LE RETOUR DU TROUPEAU

Le bétail est rentré sous la pluie et l'orage,
Vers l'étable, le soir, à l'heure accoutumée ;
Mais le maître tué par la foudre enflammée
Dort couché sous un chêne au bord du pâturage.

Anth. Pal., VII, 173.

Addée de Macédoine

(IIIe et IIe siècle avant notre ère)

La dizaine d'épigrammes que nous possédons d'Addée de Macédoine suffit pour dessiner l'image d'un gentilhomme campagnard aimant les animaux, sachant s'y prendre avec les belles filles, épris des gloires déjà anciennes de son pays natal. Ses deux courts poèmes en l'honneur de la dynastie de Macédoine ont sans doute été écrits à l'époque où sa patrie voyait approcher la conquête romaine.

Les poèmes d'Addée avaient été recueillis au Ier siècle de notre ère dans l'*Anthologie* de Philippe.

LE VIEUX BŒUF DE LABOUR

Usé par le travail et fatigué par l'âge,
Tu n'iras pas, vieux bœuf, finir à l'abattoir,
Et je t'assurerai jusqu'à ton dernier soir
Ton repos bien gagné dans ton bon pâturage.

Anth. Pal., IV, 228.

LES RELEVAILLES DE LA CHIENNE

La chienne ayant mis bas une heureuse litière
Te rend grâce, Artémis, vierge des délivrances,
Car la femme et la bête, en leurs grandes souffrances,
À ta pitié, à ton amour ont part entière.

Anth. Pal., IX, 303.

BON CONSEIL

Si tu veux conquérir celle qui t'a su plaire,
Sache mettre d'abord sa main au bon endroit.
Si tu dis : « Je t'honore. Aime-moi comme un frère ! »,
La gêne vous prendra, et tu resteras coi.

Anth. Pal., X, 20.

EN L'HONNEUR
DE LA DYNASTIE DE MACÉDOINE

I

TOMBEAU DE PHILIPPE II

Moi, Philippe, qui fis la Macédoine forte
Et formai ses soldats. Passant, ci-gît ma cendre.
Un seul roi fut plus grand. Un seul autre l'emporte
En gloire : c'est mon fils. Il se nomme Alexandre.

Anth. Pal., VII, 238.

II

TOMBEAU D'ALEXANDRE

Ici le deuil est vain et l'éloge succombe :
Il a trois continents pour lui servir de tombe.

Anth. Pal., VII, 240.

Alcée de Messénie

(IIIe et IIe siècle avant notre ère)

Des quelque vingt épigrammes qui restent d'Alcée de Messénie, on a traduit ci-dessous l'une des trois pièces satiriques contre Philippe V, roi de Macédoine, dont la défaite à Cynoscéphales ouvrit aux Romains la porte de la Grèce. Elle frappe d'autant plus que les allusions aux événements politiques sont fort rares dans la production de l'époque.

La réponse de Philippe, qui suit, est composée sur les mêmes rythmes.

CONTRE PHILIPPE V, ROI DE MACÉDOINE, APRÈS LA BATAILLE DE CYNOSCÉPHALES
(197 avant notre ère)

Nus, mornes, sans honneurs, au bord d'un champ d'avoine,
Vaincus, après les coups reçus, les coups donnés,
Tu vois ici, passant, nos corps abandonnés,
Trois mille bons soldats. Sanglote, ô Macédoine !
Nous gisons entassés dans l'oubli et la mort,
Seuls. Quant à notre roi Philippe, il court encor.

Anth. Pal., VII, 247.

PHILIPPE, ROI DE MACÉDOINE

Réponse au poète Alcée de Messénie

Nu, morne, sans verdure au soleil balancée,
Tu vois ici, passant, l'arbre où va pendre Alcée.

Anth. Pal., XVI, 26.

Dioscoride

(iie siècle avant notre ère)

Dioscoride, homonyme du médecin et botaniste de ce nom, fut un épigrammatiste ni pire ni meilleur que bien d'autres, dont une quarantaine de pièces avaient été recueillies dans l'*Anthologie* de Méléagre. L'épitaphe d'un esclave zoroastrien, qui suit, a l'intérêt de nous donner une idée des rapports entre maîtres et serviteurs de son temps, et de nous montrer par quels humbles chenaux a parfois passé en Grèce la connaissance des coutumes et des croyances de l'Orient.

DERNIÈRES PAROLES
D'UN ESCLAVE ZOROASTRIEN

Je suis de bonne race, ô maître, bien qu'esclave,
Né là-bas, dans l'Iran... Défends, je t'en conjure,
Qu'on me brûle : le Feu est saint ! Et qu'on ne lave
Mon corps : dans mon pays, nous vénérons l'Eau pure.

Anth. Pal., VII, 162.

Tymnès

(Date incertaine, peut-être IIe siècle avant notre ère)

Nous ignorons tout de Tymnès, sinon que certaines de ses œuvres se trouvaient dans l'*Anthologie* de Méléagre. Il reste de lui sept ou huit épigrammes, la plupart funéraires.

TOMBEAU D'UN CHIEN

Nous l'appelions Taureau. Un griffon aux poils sombres...
Taureau chasse aujourd'hui sur la piste des Ombres,
Sans bruit... J'écoute encore, assis près du foyer,
Mais je ne l'entends pas, dans la nuit, aboyer.

Anth. Pal., VII, 211.

SUR UN EX-VOTO OFFERT
AU TEMPLE D'ATHÉNA

Le vieux hérault Mykkos détache de sa bouche
Pour te l'offrir, Pallas, l'objet au cri puissant,
La trompette d'Arès, grande flûte farouche,
D'où la guerre surgit et la paix redescend.

Anth. Pal., VI, 151.

L'OISEAU MORT

Doux oiseau bel à voir, un grand silence noir
Étouffe à tout jamais ton doux chant que j'aimais.

Anth. Pal., VII, 199.

TOMBE D'UNE ÉTRANGÈRE

Philaenis l'étrangère en ce tombeau sommeille,
En pays grec, et non près du Nil paternel.
Femme, sois sans regret, car la route est pareille ;
Un seul chemin conduit au royaume éternel.

Anth. Pal., VII, 477.

Antipater de Sidon

(IIe siècle avant notre ère)

Un choix des œuvres d'Antipater de Sidon avait originellement figuré dans l'*Anthologie* de Philippe, au Ier siècle de notre ère. Poète un peu froid, mais érudit et virtuose, Antipater fut également célèbre comme improvisateur et comme rhéteur. L'*Anthologie Palatine* a conservé sous son nom une centaine d'épigrammes, mais quelques unes de celles-ci doivent probablement revenir à son homonyme Antipater de Thessalonique, d'époque plus récente.

Les vers d'Antipater de Sidon n'intéressent plus guère aujourd'hui que les spécialistes de la poésie ou de la versification antique. Quelques uns, pourtant, expriment avec une nostalgique beauté des idées et des émotions qui étaient déjà celles du passé grec. Ainsi, la noble épigramme consacrée à Hipparchie, femme extraordinaire de la fin du IVe siècle, qui renonça au luxe auquel elle avait été habituée depuis sa naissance pour s'unir à cette espèce de saint laïque que fut le cynique Cratès, rejetant avec lui, non seulement les conforts, mais même les plus simples décences de la société humaine. Ainsi, encore, *Tombeau d'un Soldat*, célébrant une héroïque amitié militaire à une époque où l'héroïsme en Grèce n'avait plus guère cours. Quant à la pièce *Sur les ruines de Corinthe détruite par Mummius*, c'est l'une des rares allusions par un poète de ce temps à l'actualité contemporaine : elle nous apporte l'écho de ce que représentèrent pour les Grecs ces journées d'incendie et de pillage qui marquaient définitivement la fin de la Grèce libre, ou s'imaginant encore l'être.

SUR LES RUINES DE CORINTHE
DÉTRUITE PAR MUMMIUS
(146 avant notre ère)

Corinthe, où sont tes murs ? Où sont tes forteresses,
Tes palais, tes jardins, et ton orgueil détruit ?
Où sont les beaux époux et les tendres maîtresses ?
Ton peuple, par milliers, où dort-il aujourd'hui ?

La guerre a tout brisé dans son obscène rage ;
Rien ne subsiste plus du luxe dispersé ;
Et seule, nymphe grise errante sur la plage,
La mouette semble pleurer sur le passé.

Anth. Pal., IX, 151.

TOMBEAU D'UN SOLDAT

Amyntor. Un soldat. Il repose en Lydie.
Il n'est pas mort surpris par un lâche ennemi,
Ni fiévreux, emporté par quelque maladie :
Il tomba de plein gré pour sauver son ami.

Anth. Pal., VII, 232.

PROFESSION DE FOI D'HIPPARCHIE,
FEMME DU CYNIQUE CRATÈS

Arrière, doux parfums, broches, souple tunique,
Sandale au lacet d'or, résille au fil ténu !
Je vous ai préféré le manteau du cynique
Fait de laine grossière et couvrant le corps nu,
Le vieux sac où l'aumône a mis un rogaton,
Le sol pour y dormir, pour marcher un bâton.
Que m'importe Atalante, et sa course, et sa gloire ?
J'ai d'autres buts. Je veux suivre ma route noire,
Et que ma vie austère et dure enfin m'amène
Sur l'extrême rebord de la sagesse humaine.

Anth. Pal., VII, 413.

Méléagre de Gadara

(1er siècle avant notre ère)

Méléagre, né d'un père grec à Gadara en Syrie, vécut à Tyr une grande partie de sa vie, puis se retira à Cos sur ses vieux jours.

Il fut surtout le tendre poète des amours faciles. Ses vers à la fois vifs et limpides sont empreints çà et là d'une langueur quasi nostalgique qui semble la part de l'Orient chez cet homme qui se prénommait lui-même « le Syrien » et qui fut l'un des plus exquis parmi les poètes grecs.

À côté de pièces parfaites dont la simplicité même décourage la traduction, Méléagre a laissé un certain nombre d'épigrammes d'une mièvrerie irritante, qui ont été malheureusement les plus traduites et imitées. On renonce à donner une fois de plus ces vers sur les moustiques qui piquent la tendre Zénophile, et dont le poète se déclare jaloux, sur le sommeil qui lui dérobe sa maîtresse, sur ces Amours volés, vendus à la criée, ou cachés dans la prunelle d'une belle fille, sur ces garçons qu'une paire d'ailes transformerait en Éros, ou que Zeus prendrait pour Ganymède. On ne trouvera donc ci-dessous que quelques poèmes d'une beauté plus directe et dont le contenu nous touche encore.

Lettré, érudit, compilateur doué d'un rare sens critique, Méléagre a laissé une œuvre anthologique au moins égale en valeur à sa production personnelle. Son *Anthologie* (« La couronne de Méléagre »), dont nous possédons encore l'instructive préface, contenait, outre ses propres vers, ceux de très nombreux poètes des siècles précédents et du sien. Elle a servi de modèle à toutes les anthologies suivantes.

De l'œuvre originale de Méléagre, il nous reste environ cent vingt-cinq épigrammes ; un assez long fragment, de style descriptif, inséré sous son nom dans l'*Anthologie Palatine*, est d'authenticité incertaine. Il avait, de plus, écrit des œuvres en prose aujourd'hui perdues.

*

Lorsque Théron paraît, tout le reste s'efface,
Et sitôt qu'il s'en va, qu'importe tout le reste ?

Anth. Pal., XII, 60.

LE RÊVE

Je croyais l'embrasser, couché sous mon manteau,
Contre moi, dans mon lit... Mais le jour vint trop tôt.
Dix-huit ans... Yeux rieurs... Où donc es-tu, fantôme ?
La brûlure demeure et l'espoir m'a quitté.
Même errante la nuit au mensonger royaume,
Apprends, ô ma pauvre âme, à craindre la beauté.

Anth. Pal., XII, 125.

LA LAMPE

Nous prîmes pour témoins et la lampe et la nuit ;
Il trahit maintenant ces nuits qui furent nôtres ;
Ses faciles serments le font rire aujourd'hui
Et la lampe le voit entre les bras des autres.

Anth. Pal., V, 8.

PRIÈRE POUR UNE VICTIME
OFFERTE EN SACRIFICE À ZEUS

Dieu du ciel, prends pitié de la pauvre victime !
Le bœuf craignant la mort mugit près de l'autel.
Sauve ce suppliant, ô Zeus, Taureau sublime !
Amant d'Europe, épargne-lui le coup mortel !

Anth. Pal., IX, 453.

POUR HÉLIODORE

La chaleur de la fête a flétri sa couronne,
Mais, rose, elle sourit sous ses roses fanées...

Anth. Pal., V, 143.

CRAINTES POUR HÉLIODORE

Que dis-tu ? Enlevée ? Ah, quel monstre sauvage ?
Enlève-t-on l'Amour ? Elle est l'Amour fait femme.

380

Des torches ! Vite ! Allons !... Quoi ? Sa voix, son
visage...
C'est elle... Je suis sauf. Viens dans mes bras, mon
âme !

Anth. Pal., XII, 147.

PROJET DE RUPTURE
AVEC HÉLIODORE

Ma fierté, ma raison m'ordonnent de briser,
De partir, mais comment ? La rusée est d'accord.
Mais ses tendres adieux me rengagent plus fort,
Et tout est renoué par son dernier baiser.

Anth. Pal., V, 24.

PRIÈRE À LA NUIT

Mère de tous les dieux, douce Nuit, je t'implore,
Toi complice longtemps de mes bruyants plaisirs !
Si quelqu'un prend ma place auprès d'Héliodore,
Fais qu'il échoue, ô Nuit, en ses sombres désirs,
Et tel Endymion, marbre plutôt que chair,
Qu'il dorme sans jouir du corps qui m'est si cher.

Anth. Pal., V, 165.

POUR HÉLIODORE MORTE

Coulez, mes pleurs, suprême don, sur cette tombe,
Descendez vers le lieu où gît Héliodore.
Pleurs âcres à pleurer, eau que le sol dévore,
Coulez sur le désir, coulez sur la tendresse,
Sur le rameau brisé et sur la fleur qui tombe
Et qui gisent, souillés, dans l'aride poussière !
Coulez sur l'oiseau pris par la mort carnassière !
Mais toi, Terre nourrice, ô profonde maîtresse,
Prends la belle contre ton sein ; doucement presse
Celle que dans l'angoisse et le deuil j'aime encore...

Anth. Pal., VII, 476.

SA PROPRE ÉPITAPHE

La vieillesse et la mort tenant conciliabule,
J'ai fait ces vers, moi, Méléagre, fils d'Eubule,
Bon poète... Vis vieux comme moi, Étranger !
Cos, belle île, a mes os. Gadara, ma patrie,
Puis Tyr, m'avaient nourri, chères villes ! Passant,
Khairé, si tu es Grec, *Salâm,* si de Syrie,
Et si Phénicien, je te dis, *Haidoni* !
Rends-moi mon doux salut, bénissant et béni,
Et, près des morts pieux, passe d'un pied léger,
Car l'homme, quel que soit son pays et son sang,
Fils du Chaos, sort de la terre et y descend.

Anth. Pal., VII, 417.
Anth. Pal., VII, 419.

Zonas de Sardes

(1er siècle avant notre ère)

On ne sait rien de Zonas de Sardes, sinon qu'il vivait probablement au 1er siècle avant notre ère, et que certains de ses poèmes furent recueillis dans l'*Anthologie* de Philippe. Il ne reste de lui que sept ou huit épigrammes.

AUX ABEILLES

Voici du romarin, des graines de pavots,
Du trèfle, un plant de thym et des fleurs de pêcher
Et quelques raisins secs sur les pampres nouveaux.
Chères abeilles, c'est pour vous. Que vos travaux
Se poursuivent en paix sous un limpide ciel,
Que le fermier qui construisit votre rucher
Avec Pan, votre ami, savoure votre miel,
Et lorsqu'il saisira, entouré de fumées,
Vos beaux rayons, que sa main sage, ô bien-aimées,
Vous laisse avant l'hiver, pour prix de tant d'efforts,
Une petite part de vos propres trésors.

Anth. Pal., IX, 226.

POUR UN ENFANT MORT

Sombre passeur Charon, dans la noire vapeur
Du Styx, parmi les eaux blêmes, parmi les âmes,
Lorsque viendra l'enfant qui nous quitte aujourd'hui,
Sois bon, tends-lui les bras, lâche un instant tes rames.
Il est petit ; il marche à peine ; il aura peur.
Aide-le à grimper l'échelle étroite et rude,
Et pour le long, le froid passage de la nuit,
Place-le dans ta barque avec sollicitude.

Anth. Pal., VII, 365.

LA CRUCHE D'ARGILE

Donnez-moi pour y boire une cruche de terre,
Terre d'où je suis né et où j'aurai mon lit.

Anth. Pal., XI, 43.

Poème anonyme dans le style de Zonas de Sardes

(Date incertaine. Peut-être 1ᵉʳ siècle avant notre ère)

TOMBE DE JARDINIER

Ô terre, ô notre mère, accepte ce vieillard !
Pendant sa longue vie, exerçant un bel art,
Il planta l'olivier pour t'en faire un ombrage,
Il suspendit la vigne à l'orme ; en son grand âge,
Il parfuma d'anis et de thym ton haleine
Et sema le froment dont s'enrichit ta plaine.
Il rouvrait et fermait au matin les rigoles
D'où l'eau, balbutiant de liquides paroles,
S'écoule sur ton sein et nourrit le verger,
Gonflant le fruit juteux sur le noir oranger.
En retour, reçois-le, et fais que l'herbe pousse
Sur sa tombe, et les fleurs sauvages, et la mousse...

Anth. Pal., VII, 321.

Crinagoras de Rhodes

(1er siècle avant notre ère — 1er siècle de notre ère)

Originaire de Rhodes, Crinagoras fut d'abord, à ce qu'il semble, poète de cour d'Antoine et de Cléopâtre à Alexandrie. C'est sans doute de cette époque que date son épitaphe de Philostrate, philosophe et savant de l'entourage de Cléopâtre, malmené et peut-être mis à mort par les soldats d'Octave. Après la chute d'Antoine, il prit le tournant, et accompagna en 27 en Espagne l'empereur Auguste. Le reste de sa vie paraît s'être écoulé à Rome.

Attaché jusqu'au bout aux descendants d'Antoine, on le voit adresser à Cléopâtre Séléné, fille du malheureux triumvir et de la reine d'Égypte, un compliment pour ses noces avec le roi de Numidie ; il offre, pour sa fête, une collection de poèmes grecs à Antonia, fille d'Antoine et d'Octavie, et grand-mère de Caligula ; il prie pour elle à l'occasion de ses couches. D'autre part, il célèbre comme tout le monde le jeune Marcellus, neveu d'Auguste, dont Virgile a pleuré la mort. Il porte aux nues la chèvre dont l'empereur boit le lait et un perroquet qui répète son nom. Une épigramme exalte les succès militaires du jeune Tibère, une autre la mort héroïque d'un légionnaire de Varus. Une troisième nous assure que Rome, en dépit de certains incidents malheureux en Germanie, n'aura jamais rien à craindre des Barbares.

C'est avant ces flatteries quelque peu serviles à l'égard des maîtres du monde que se place chronologiquement le poème qui suit, protestation indignée contre la reconstruction de Corinthe par Jules César et son repeuplement par une colonie d'esclaves.

Les quelque cinquante épigrammes qui restent de Crinagoras comportent aussi, outre divers compliments mondains ou mortuaires, un poème où il s'attriste à l'idée de son lit devenu trop grand depuis le départ de sa maîtresse, et une couple d'affectueuses épitaphes pour un esclave mort d'insolation, pour une lavandière noyée en accomplissant sa tâche. Les vers sur les Mystères d'Éleusis semblent indiquer que ce Grec humain et lettré qui s'arrangeait pour vivre dans un monde nouveau était initié.

SUR LA RECONSTRUCTION
ET LE REPEUPLEMENT DE CORINTHE
ORDONNÉS PAR JULES CÉSAR
EN 46 AVANT NOTRE ÈRE

D'ou viennent ces gens-là, malheureuse Corinthe ?
Remplacent-ils ton peuple ? Hélas, triste cité,
Mieux valait t'enfoncer dans ton sol dévasté,
Plus aride à jamais que les déserts du sable,
Qu'accepter dans ton sein cette bande haïssable,
Coquins trois fois vendus, insolents affranchis...
Ô rois issus d'Hercule ! Ô gloire ineffaçable !
Les nouveaux habitants font honte aux os blanchis...

Anth. Pal., IX, 284.

LES MYSTÈRES D'ÉLEUSIS

Oui, même si tes goûts sont en tout sédentaires,
Si tu crains les vaisseaux, et non moins les chemins,
Va en Attique, assiste aux fêtes des Mystères ;
Prends part dans la nuit sainte aux rites salutaires
Consolant à jamais les faibles cœurs humains,
Embellissant ta vie, et quel que soit ton sort,
T'assurant à jamais du bonheur dans la mort.

Anth. Pal., XI, 42.

Bianor

(1er siècle avant notre ère — 1er siècle de notre ère)

L'*Anthologie Palatine* contient une quinzaine d'épigrammes de Bianor le Grammairien, de Bianor de Bithynie, et de Bianor tout court ; il ne s'agit sans doute que d'un seul poète, qui vécut à la cour de Tibère. Deux ou trois épigrammes de Bianor sont d'un animalier admirable, sensible aux émois de la bête et aux souffrances que lui infligent ses contacts avec l'homme. En ce qui concerne les rapports humains, le célèbre distique intitulé ici *Étonnement* fait rêver : le misérable que décrit le poète est-il « maître d'une âme » parce qu'il a droit de vie et de mort sur un esclave, ou a-t-il su, malgré tout, se faire aimer par quelqu'un ?

L'anthologiste Philippe, qui avait recueilli les œuvres de Bianor, comparait cette poésie âcre et grave à la feuille du chêne.

ÉTONNEMENT

Cet homme est nul, grossier, sans pudeur et sans flamme.
Tel quel, il est pourtant le maître d'une autre âme.

Anth. Pal., XI, 364.

SUR UN CHEVAL TRANSPORTÉ
À BORD D'UN CARGO

Le beau cheval hennit, et se cabre, et s'ébroue ;
Lui, dont les bonds couvraient l'espace illimité,
S'indigne d'être ici, sur le pont, à la proue,
Comme un inerte fret que la vague secoue,
Sur ce vaisseau roulé par le flot agité.
Ne vous étonnez pas qu'il écume et qu'il morde,
Entravé, insulté par une indigne corde,
Sur un autre élément injustement porté.

Anth: Pal., IX, 295.

LA VACHE MALTRAITÉE

Le fermier fait traîner par la vache aux flancs mous
Son soc dur et pesant. Son nouveau-né la suit.
Elle avance, craignant une grêle de coups
Au moindre arrêt, tardant le plus possible afin
Que le faible petit (il a froid, il a faim)
Chancelant, ne soit pas trop laissé en arrière.
Ô fermier au cœur dur, écoute ma prière !
Laisse un peu de repos à la mère inquiète,
Et consens qu'elle dorme ou rumine aujourd'hui,
Flanc à flanc, à côté de celui qu'elle allaite.

Anth. Pal., X, 101.

DOUBLE ÉPITAPHE

Théonoé mourut, mais la Mort ennemie
M'avait laissé l'enfant... Hélas, il est parti,
À son tour, lui aussi... Prends le pauvre petit,
Perséphone, et mets-le sur la mère endormie.

Anth. Pal., VII, 387.

Lollius Bassus

(1er siècle avant notre ère — 1er siècle de notre ère)

Lollius Bassus, de langue et d'origine grecques, semble avoir vécu à Rome vers l'époque de Tibère. Il reste de lui sept ou huit épigrammes, dont l'une est un hommage à la grandeur romaine. Peut-être fit-il partie du groupe de lettrés qui entourait Sénèque.

Le sujet du distique ci-dessous a été plus d'une fois traité par les épigrammatistes grecs.

LE TRONC D'ARBRE

J'étais un pin. Le vent m'abattit. Matelots,
Pourquoi m'envoyer, mât, braver les sombres flots ?

Anth. Pal., IX, 30.

Marcus Argentarius

(1er siècle de notre ère)

Marcus Argentarius, dont certains poèmes semblent avoir figuré au 1er siècle dans l'*Anthologie* de Philippe, vécut sans doute à Samos, puis à Rome, peut-être dans l'entourage de Sénèque. Malgré son nom romain, il était probablement grec, et probablement aussi affranchi ou fils d'affranchi. Des trente-six épigrammes qui nous restent de lui, une bonne moitié appartient au type bachique, érotique ou funéraire de production courante ; d'autres se réduisent à des plaisanteries décochées contre des ivrognes, des pauvres, ou des personnes affligées d'infirmités physiques, et à deux ou trois pièces égrillardes salies par un moralisme hypocrite. Mais les poètes les plus quelconques obtiennent parfois la grâce d'une pièce parfaite. L'épigramme qui suit, elle aussi du genre convivial, est en quelque sorte son « Ode Secrète ».

À L'INSTAR DES ASTRES

Sans troubler ceux qui parlent bas ou qui reposent,
Toute la nuit je danse, ou, couronné de roses,

Je chante et fais sonner ma lyre sous mes doigts...
Arrière, sots censeurs ! J'obéis à des lois,
Car, parmi les dessins que dans l'ombre on peut lire,
Le ciel nous offre aussi sa Couronne et sa Lyre.

Anth. Pal., IX, 270.

Nicarchus

(1ᵉʳ siècle de notre ère)

Ce poète, dont l'*Anthologie Palatine* conserve une quarantaine de petites pièces, est bien près d'être un épigrammatiste au sens moderne du terme, c'est à dire un
diseur de bons mots. De ceux qu'il nous a laissés, beaucoup sont fort plats ; quelques uns drôles. L'épigramme
suivante, sorte de monologue comique, est d'une verve
populaire digne du mime alexandrin.

De Nicarchus lui-même, on ne sait rien. Il semble
qu'il ait vécu à Alexandrie et à Rome.

DÉSINVOLTURE

N'écoute pas ta mère. À quoi te sert ?... Je file.
Je pars et je te quitte. Et je quitte la ville.
Ne te fais pas de mauvais sang pour ça. Travaille.
Tu sauras t'en tirer mieux que moi. La racaille
Clabaude ? Moque-toi des ragots. Le loyer ?
Quand tu auras des sous, tâche de le payer.
Et s'il en reste, et si tu pouvais m'envoyer
Un bon manteau d'hiver, ce serait fort gentil.
Conduis-toi bien... Ne reste pas comme une souche

À ne rien faire... Et écris-moi un petit mot
Pour me dire où tu vis et avec qui. Prospère !
Va ton chemin ! Si tu es grosse, eh bien, accouche,
Oui, accouche ! C'est tout. Bonne chance au marmot.
Et quand il sera grand il cherchera son père.

Anth. Pal., V, 40.

Antiphile de Byzance

(1er siècle de notre ère)

Antiphile de Byzance, poète de l'*Anthologie* de Philippe, vécut sous Auguste et sans doute sous Tibère, dont il célèbre le séjour à Rhodes avant l'accession à l'empire.

Parmi les quelque cinquante épigrammes qui restent de lui, celle qui suit valait d'être traduite parce qu'elle évoque avec vivacité ce dont la poésie grecque nous offre rarement l'image : une excursion au large, et les plaisirs variés d'un homme qui aime la mer.

LA PROMENADE EN BARQUE

J'aime parfois dormir à la proue, et entendre
Les bâches résonner sous les paquets de mer.
Sur son lit de gravier, le feu commence à prendre ;
Le pot bouillonne, et la vapeur monte dans l'air.
J'aime manger avec, pour ma table, une planche ;
J'aime le mousse, encor que mal débarbouillé.
Puis, les dés. Une partie. Et la voix franche
Des marins plaisantant et buvant leurs rasades.
Vivre ainsi me convient, gai, un peu débraillé,
Moi qui goûte avant tout les joyeux camarades.

Anth. Pal. IX, 546.

Alphée de Mytilène

(1ᵉʳ siècle de notre ère)

Alphée de Mytilène, dont les œuvres figuraient dans l'*Anthologie* de Philippe, semble avoir vécu du temps d'Auguste ; une de ses épigrammes fait allusion à la reconstruction de Troie au début de notre ère.

De la douzaine de poèmes qui restent d'Alphée, on trouvera ci-dessous une épigramme contre l'impérialisme romain, elle-même imitée d'un des poèmes d'Alcée de Messénie contre Philippe V de Macédoine. Satire ici de tout repos, puisqu'on peut aussi bien prendre ces quatre lignes comme une sorte d'hommage hyperbolique au vainqueur. Deux pièces à thèmes historiques ou littéraires témoignent de la nostalgie grandissante du passé grec chez ces Hellènes assujettis à Rome.

Enfin, une épigramme érotique est à retenir en tant que l'une des dernières expressions de l'idéalisme amoureux tel que les Grecs l'ont compris (et qu'ils réservaient d'ailleurs à « l'amour grec »), dans lequel la passion physique et le souci de « bien dire et bien faire » demeuraient, en principe du moins, liés. Ces accents anachroniques tranchent sur une littérature cantonnée de plus en plus à l'époque dans l'aimable libertinage ou dans l'obscénité tout court.

CONSEIL À ZEUS

Barre l'accès, ô Zeus, des sommets surhumains
Et ferme les portails de la cité des dieux !
Rome a tout pris, les champs, les villes, les chemins,
Et la terre et la mer. Défends au moins les cieux.

Anth. Pal., IX, 526.

À LA GLOIRE D'HOMÈRE

Andromaque, toujours nous entendons ta plainte,
Et les clameurs d'Ajax. Autour des murs d'enceinte,
Nous voyons à jamais traîner le triste Hector
Et les palais troyens, croulants, brûlent encor.
Ta voix résonne, Homère, et ne peut plus se taire,
Et ton pays n'est plus la Grèce, mais la terre.

Anth. Pal., IX, 97.

À LA GLOIRE DE THÉMISTOCLE
MORT À MAGNÉSIE DU MÉANDRE
APRÈS LES GUERRES MÉDIQUES

Sculptez sur son tombeau la mer et les montagnes,
Et le soleil témoin de ses vastes succès,
Et les fleuves profonds errant dans les campagnes
Et taris par la soif des soldats de Xerxès.
Gravez-y Salamine, et mettez sur le socle,
Ô gens de Magnésie, « Ici gît Thémistocle ».

Anth. Pal., VII, 237.

À LA GLOIRE DE L'AMOUR

Malheureux sont ceux-là qui vivent sans amour.
Sans lui, peut-on jamais ou bien dire ou bien faire ?
Je vieillis. Mon esprit est lent, mon souffle court,
Mais que vienne vers moi celui que je préfère,
Et je revis. Un chant s'exhale de ma bouche !
N'oppose pas au beau désir un cœur farouche.
L'âme est d'or, et l'amour est sa pierre de touche.

Anth. Pal., XII, 18.

L'Empereur Hadrien

(Ier et IIe siècle de notre ère)

Hadrien avait composé des vers, tant grecs que latins, dont certains ont été conservés. L'*Anthologie Palatine* lui prête trois épigrammes grecques : l'une est la dédicace de trophées offerts par Trajan au sanctuaire de Zeus Cassius, près d'Antioche, et date de l'époque où Trajan préparait dans cette ville sa malheureuse campagne contre les Parthes. Tout porte à croire qu'Hadrien, alors gouverneur de Syrie, et incertain héritier présomptif du vieil empereur auquel il importait de plaire, a laborieusement composé lui-même ces vers officiels. Des deux autres morceaux, l'un, une inscription en l'honneur d'Archiloque, est dans le ton de ce grand lettré, amateur de poésie archaïque ; l'autre, un aigre distique rejetant les sollicitations d'un philosophe mendiant, n'étonne pas venant de cet homme irritable et vite dégoûté. D'autre part, une pièce sur les ruines de Troie, pour laquelle l'*Anthologie* nous laisse le choix entre Germanicus et Hadrien, revient sans conteste au premier : Germanicus visita Troie peu après la reconstruction ordonnée par Auguste, et vers l'époque où Virgile célébrait ce berceau de la race d'Énée. L'épigramme en question, avec ses sentiments patriotiquement romains, prend tout son sens dans ce contexte. Elle surprendrait au contraire provenant de l'empereur philhellène. Hadrien à Troie semble s'être préoccupé d'honorer Achille et Ajax plutôt qu'Hector.

Il faut regretter la perte de l'inscription, assurément versifiée, qu'Hadrien composa pour la tombe d'Épaminondas. Elle eût fourni une preuve de plus de son admiration passionnée pour ces antiques héros grecs que faisaient revivre, de son temps, les *Vies Parallèles* de Plutarque. On a, par ailleurs, retrouvé sur place la dédicace en vers d'une fourrure d'ourse offerte par l'empereur au temple d'Éros, à Thespies, après une chasse dans ces parages. Ces quelques lignes se réfèrent à deux sujets chers à Hadrien, l'amour et le combat avec les bêtes fauves. Il est intéressant de l'y voir implorer les faveurs de « l'Éros sage » et celles d'Aphrodite Ouranie, représentée dans *Le Banquet* de Platon comme la déesse des amours héroïques, dans lesquelles l'union des esprits et des cœurs autorise et ennoblit celle des corps[1].

On ne sait rien des *Catacrinnae*, mélange, à ce qu'il semble, de vers et de prose, évidemment composées par Hadrien en grec. Son biographe dans l'*Histoire Auguste* nous assure que l'empereur y prenait pour modèle un poète du ve siècle avant notre ère, Antimaque, dont l'œuvre savante, au style souvent obscur, n'est pas parvenue jusqu'à nous.

SUR DES TROPHÉES OFFERTS PAR TRAJAN AU SANCTUAIRE DE ZEUS CASSIUS, PRÈS D'ANTIOCHE

Zeus du mont Cassius ! Trajan, enfant d'Énée,
Maître du monde, t'offre, à toi maître des cieux,

1. *Le Banquet*, discours de Pausanias, 180 c.-185 c.

Une corne d'urus savamment adornée
Et deux hanaps sertis de métaux précieux.
Il conquit ce butin, beau fruit de son audace,
Quand de sa lance il jetait bas l'insolent Dace.
Fais, seigneur de l'éclair, que les destins décident
En sa faveur, là-bas, au pays de Xerxès,
Et qu'il mette à tes pieds, preuve de ses succès,
Les trésors arrachés aux princes Arsacides.

Anth. Pal., VI, 332.

POUR LA TOMBE D'ARCHILOQUE
INVENTEUR DE L'ÏAMBE

De peur qu'il surpassât l'hexamètre d'Homère,
La Muse lui donna l'ïambe au rythme amer.

Anth. Pal., VII, 674.

SUR UN TROPHÉE DE CHASSE
OFFERT AU TEMPLE DE L'AMOUR,
À THESPIES

Archer, fils de Cypris, Hadrien te rend grâce.
Sur les coteaux de l'Hélicon, près de la source
De Narcisse, lançant son cheval sur la trace
Des fauves de ces bois, il abattit une ourse.
Il suspend sa dépouille au mur du sanctuaire.
Amour, ô sage dieu ! exauce sa prière,
Et répands sur ses jours le charme et l'harmonie
Que dispense d'en haut Aphrodite Ouranie.

Kaibel, *Epigram. Gr. ex lapid. Coll.,* 811.

SUPPLIQUE D'UN GRAMMAIRIEN
ET MUSICIEN MENDIANT
À L'EMPEREUR HADRIEN

Mort à moitié, et pour le reste aux morts pareil,
Je t'implore, empereur ! Soutiens mon demi-ton !

RÉPONSE D'HADRIEN AU MÊME

Va ! En voyant le jour tu fais tort au soleil !
En évitant la mort tu fais tort à Pluton !

Anth. Pal., IX, 137.

Denys le Sophiste

(ıı^e siècle de notre ère)

Ce Denys semble avoir été un rhéteur de l'époque
d'Hadrien. On n'a de lui que cette seule et gracieuse
épigramme, souvent citée.

*

Sur la place publique assise chaque jour,
Vends-tu des roses, belle, ou vends-tu ton amour ?

Anth. Pal., V, 81.

Ptolémée l'Astronome

(IIe siècle de notre ère)

Géographe, mathématicien, astronome, auteur de traités d'optique, de tables chronologiques, d'un essai *Sur les harmoniques*, et d'un ouvrage philosophique *Sur les critères et les principes directeurs de l'âme*, Claude Ptolémée, qui vécut à Alexandrie vers l'époque de Marc Aurèle, est l'un des plus grands représentants de la science grecque déjà sur son déclin. Disciple lui-même du grand astronome Hipparque, de Bithynie, plus vieux que lui d'un demi-siècle, il corrigea et compléta l'œuvre de son prédécesseur, portant par exemple de 850 à 1022 le nombre des étoiles fixes cataloguées par Hipparque. Il fut aussi astrologue. Ses ouvrages, traduits en arabe, servirent de fondement à l'astronomie musulmane du Moyen Âge ; en Europe, son système géocentrique de cycles, d'excentriques et d'épicycles s'efforçant d'accorder les données mathématiques avec le mouvement apparent des astres régna jusqu'à Copernic et Galilée.

L'épigramme qui suit est le seul poème que nous possédions sous son nom.

*

Moi qui passe et qui meurs, je vous contemple, étoi -
les !
La terre n'étreint plus l'enfant qu'elle a porté.
Debout, tout près des dieux, dans la nuit aux cent voi -
les,
Je m'associe, infime, à cette immensité ;
Je goûte, en vous voyant, ma part d'éternité.

Anth. Pal., IX, 577.

Straton de Sardes

(IIe siècle de notre ère)

Straton vécut probablement au temps d'Hadrien. On
a de lui un recueil anthologique intitulé *La Muse adolescente* (Μοῦσα παιδική), d'inspiration pédérastique,
composé par moitié d'œuvres de poètes presque tous
plus anciens, et la plupart fort célèbres, et, pour le reste,
de ses propres œuvres. Ce volume fut inclus au Xe siècle
de notre ère par Céphalas dans son *Anthologie*, dite *Palatine*, dont il constitue le Livre XII.

La Muse adolescente contient de Straton lui-même près
de cent cinquante épigrammes. Certaines sont obscènes, et marquées pour la plupart de l'incurable sottise
qui caractérise souvent (pas toujours) la pornographie ;
d'autres consistent en banales plaisanteries au sujet
d'adolescents vénaux ou cessant d'être imberbes : elles
ne sont ni pires ni meilleures que celles dirigées par
d'autres poètes contre des courtisanes avides ou vieil-
lies. Le reliquat au contraire est d'un libertinage fréquemment spirituel et parfois exquis. À peu près dé-
pourvu de l'attirail mythologique qui encombre presque tous les érotiques de l'*Anthologie*, Straton a laissé de
la vie quotidienne de son temps quelques légers croquis
nullement négligeables.

LE VENDEUR DE COURONNES

Il m'offrait ce jour-là des couronnes qu'il vend
Et tresse de ses mains dans l'échoppe en plein vent.
Et moi, touchant du doigt les corolles mi-closes,
Je murmurai : « Combien ? » Plus rouge que ses roses,
Il chuchota : « Va-t'en, mon père nous écoute ! »
J'achetai la guirlande et je repris ma route.
J'ai couronné de fleurs mes Lares familiers,
Mes dieux... Et longuement, je les ai suppliés.

Anth. Pal., XII, 8.

*

— Prends !
        — Quel est ton dessein ? L'or ne peut
                  m'entraîner.
— Donne alors, comme un dieu, pour l'orgueil de don-
                  ner.

Anth. Pal., XII, 214.

JEUNE ESCLAVE

Si tu ne savais rien, j'hésiterais peut-être.
Mais tu reçus déjà les leçons de ton maître,
Il s'endort près de toi aussitôt contenté.
Moi, je t'offre l'amour, la tendre intimité,
Le rire, le propos qui succède au baiser,
La douce liberté, parfois, de refuser.

Anth. Pal., XII, 211.

*

J'aime les teints dorés, ou bien couleur de miel
Ou de neige... Les beaux yeux bruns, les beaux yeux
clairs.
Mais je préfère à tout, pareils au sombre ciel,
D'étincelants yeux noirs pleins d'ombre et pleins
d'éclairs.

Anth. Pal., XII, 5.

*

Ne t'étends pas ainsi sur le marbre insensible :
Il ne peut pas jouir.

Anth. Pal., XII, 213.

JEUNE BOXEUR

Le combat s'achevait ; chancelant, je le pris,
Je le portai chez moi ; il avait eu le prix.
Je nettoyai le sang qui lui souillait la joue.
Ô parfums, ô rubans où la brise se joue,
Vous ne m'êtes plus rien ! Je préfère, et je veux,
L'odeur de la sueur mêlée à ses cheveux.

Anth. Pal., XII, 123, et XII, 192.

*

Qui t'a paré de fleurs ? Ton amant ou ton père ?
Ton père ? Dans ce cas, lui aussi a des yeux.

Anth. Pal., XII, 189.

*

Que me veux-tu ? Un air lugubre, des yeux tristes ?
Encor des pleurs ! Tu tends la main ? Quoi, tu insis-
                                                    tes ?
C'est de l'argent qu'il veut ! Hélas, on t'a appris
Que tant de gentillesse et de charme ont leur prix.
Maudit qui t'enseigna !... Il a fini bien tôt
Le temps où te plaisait un beau fruit, un gâteau,
Ou de blancs osselets... Ah ! L'innocence est morte.
On l'a gâté. Pourtant sa grâce est la plus forte...

Anth. Pal., XII, 212.

*

Trop jeune, c'est honteux. Et trop âgé aussi.
Et dans chacun des cas l'infamie est plus grande
Pour celui qui consent que celui qui demande.
Mais il est un moment où l'amoureux souci
A ses droits. Nous voici à ce moment si court
Où nous pouvons, sans indécence, aimer d'amour.

Anth. Pal., XII, 228.

L'amant qui vit sans cesse avec l'objet qu'il aime
Ne le voit pas vieillir. Tu es toujours le même.
Si tu me plus hier, pourquoi pas, mes amours,
Aujourd'hui, et demain, et jusqu'au bout des jours ?

Anth. Pal., XII, 248.

Honestus de Byzance

(Date incertaine. Peut-être IIe siècle de notre ère)

On ne sait rien de ce poète qui fut sans doute un Grec portant un nom romain, et qui est souvent confondu avec son homonyme Honestus de Corinthe, probablement un peu antérieur à lui. Il reste d'Honestus de Byzance quatre ou cinq épigrammes dont seule la suivante a paru digne d'intérêt.

On a placé à la suite de l'épigramme d'Honestus sur Diogène une autre, anonyme celle-là, sur le même sujet, et dont la date est également incertaine, mais sans doute tardive.

ÉPITAPHE POUR DIOGÈNE

J'ai tout pris avec moi. Rien ne reste sur terre.
Mon bagage, ô passeur, n'encombre pas mon ombre.
Un vieux sac, un manteau, un bâton. Ô Chien sombre,
J'ai vécu libre, en chien. Laisse passer ton frère !

Anth. Pal., VII, 66.

ÉPITAPHE ANONYME POUR LE MÊME

Reçois ce sage, ô nautonier des eaux amères !
Il dénuda la vie et jugea nos chimères.

Anth. Pal., VII, 63.

Lucien de Samosate

(IIᵉ siècle de notre ère)

Ce Syrien hellénisé, qui fut pour un court moment professeur en Gaule avant de faire carrière de sophiste et de conférencier dans l'Athènes du temps de Marc Aurèle, fut, on le sait, l'un des plus brillants prosateurs de son siècle. Le grand persifleur aurait, à en croire la tradition, laissé aussi quelques poèmes. Il n'est pas sûr que les deux pièces ci-dessous soient de lui.

*

Les objets, les couleurs, les sons,
Tout passe... Ou plutôt nous passons.

Anth. Pal., X, 31.

ÉPITAPHE D'ENFANT

Je n'avais que cinq ans et la mort vint me prendre.
Ne pleurez pas : j'étais sans crainte aucune.
J'ai peu vécu, c'est vrai, mais m'en vais sans apprendre
L'humain mensonge et l'humaine infortune.

Anth. Pal., VII, 308.

DES HYMNES ORPHIQUES
À DAMASCIUS

Hymnes orphiques,
chants dits sibyllins
et derniers oracles

(Du IIe au IVe siècle de notre ère)

Le grand mouvement de régénération païenne, contrarié d'une part par les railleries des sceptiques, comme Lucien, de l'autre par la montée du christianisme, s'est poursuivi, à divers degrés d'intensité, du commencement du IIe à la fin du IVe siècle. Du seul point de vue poétique, ces manifestations se divisent en trois groupes : les hymnes dits orphiques, quelques rares allusions à la ferveur païenne dans les prétendus chants sibyllins, eux-mêmes de fabrication juive, et enfin certains oracles païens, émanant, soit de sanctuaires grecs célèbres, mais déjà bien déchus, soit de temples de divinités étrangères, comme Sérapis, soit de thaumaturges néo-platoniciens censés capables de transmettre et d'interpréter les messages des dieux.

I. *Hymnes Orphiques.* L'hymne liturgique semble avoir été dans la religion païenne une innovation tardive. Les *Hymnes Homériques* (VIIe ou début du VIe siècle avant notre ère) sont des légendes versifiées, et nullement des hymnes au sens que nous donnons à ce mot. Plus tard, de grands poètes grecs, d'Alcée à Callimaque, ont écrit des *Hymnes*, presque toujours consacrés eux aussi à la narration d'une aventure divine ; il est probable que nombre de ces compositions furent chantées ou récitées dans des sanctuaires, sans doute aux frais de puissants protecteurs du poète, mais rien n'indique qu'ils aient régulièrement fait partie des rites. C'est seulement sous l'influence de religions orientales, et finalement du christianisme lui-même, que s'est développé dans les petits groupes piétistes du paganisme ce goût d'une liturgie psalmodiée et chantée. La plupart de ces conventicules se réclamaient d'Orphée, et gardaient en effet certaines traditions, sinon du prophète thrace lui-même, du moins de l'orphisme tel que l'avaient connu les beaux temps de la Grèce. Les auteurs de ces *Hymnes* de basse époque ont donc qualifié leurs produits d'orphiques, moins par supercherie, comme on pourrait le croire, que par dévotion envers l'inspiré mythique qu'ils s'imaginaient continuer. Chaque hymne s'accompagne de la mention d'aromates à brûler durant sa récitation, encens, styrax, ou myrrhe, et ce raffinement lui-même est d'époque tardive. Imprégnés d'hermétisme et de théologie néo-platonicienne, ces *Hymnes* sont de véritables litanies énumérant les aspects et les attributs d'une divinité. Celui qui suit est adressé à Protogonos, personnification divine en qui les uns reconnaissaient l'Amour, d'autres, avec plus de raison peut-être, le Temps Infini.

II. *Chants Sibyllins*. Les prétendus *Chants Sibyllins* semblent à première vue devoir être exclus de cette liste des dernières manifestations de la piété païenne, puisque ces prophéties *post factum*, composées et répandues à fins politiques, furent de fabrication juive ou judéochrétienne. Mais que ces écrits tendancieux aient circulé sous le nom des antiques Sibylles montre de quel prestige renouvelé jouissaient ces devineresses légendaires. Un intérêt passionné pour la magie et l'illuminisme païens se traduit en tout cas dans l'étrange portrait « prophétique » d'Hadrien, tracé en deux endroits des *Chants Sibyllins* par un Juif assurément anti-romain, mais frappé, peut-être séduit, par la singulière personnalité de l'empereur. Le premier portrait semble un panégyrique, le second est considéré comme une diatribe, mais certains vers du second morceau sont restés tels qu'ils étaient dans le premier, comme s'il s'agissait d'un même texte retravaillé après coup[1]. Rien qui ressemble moins à l'image banale qu'on pourrait se faire d'un empereur romain que ce bizarre poème. Les préoccupations théurgiques d'Hadrien, ravalées par Gibbon et par Renan, qui voyaient surtout en lui un sceptique, à une curiosité frivole, ne sont nulle part mieux évoquées que dans ces vers d'un Juif sans doute obsédé lui-même par les secrets de la magie.

III. *Les derniers oracles païens proprement dits.* Leur tardive renaissance est souvent expliquée, sans plus, par les superstitions et les impostures qui fleurissaient dans ce monde en décadence. L'homme moderne, qui pratique de nouveau, sous un autre nom, l'interprétation des songes, et s'en remet de plus en plus de ses décisions aux machines cybernétiques qu'il a lui-même construi-

---

1. En fait, la seconde tirade, étrange présentation d'un Hadrien sorcier et richissime, ne contient que deux traits condamnatoires : l'accusation de parcourir le monde d'un pied « impur » (mais certaines recensions substituent « d'un pied agile »), et celle d'avoir renversé les lieux saints, c'est à dire, évidemment, ceux d'Israël. Contrairement à ce à quoi l'on s'attendait, aucune insulte n'accompagne la mention de l'apothéose d'Antinoüs : c'est Renan qui, dans sa discussion du morceau, ajoute de son cru « culte infâme » à la brève mention de l'adolescent divinisé. La référence à la magie semble réprobatrice, mais ne fait que développer certaines formules du premier morceau, tout élogieux, concernant les pouvoirs quasi surnaturels de l'empereur. « Le roi de chair et de sang qui amasse des richesses » n'est pas, en soi, un personnage abhorré par la mystique juive, et l'accent est mis ici sur les largesses du prince. On serait tenté de supposer les deux morceaux écrits vers 130, à l'époque où la visite d'Hadrien à Jérusalem pouvait susciter certains espoirs chez des Juifs libéraux et hellénisés, puis le second des deux retouché après la guerre juive. Resterait à expliquer pourquoi le premier morceau a gardé son caractère tout eulogieux, bien qu'il contienne un détail (l'allusion aux *trois* héritiers présomptifs d'Hadrien) datant à coup sûr des dernières années du règne. Ce texte amphigourique est décidément hérissé de difficultés.

tes, est mal venu à traiter de haut l'incoercible besoin de recevoir du dehors des réponses qui en réalité sont nôtres, mais dans lesquelles une faille incompréhensible et dangereuse laisse parfois se glisser l'inexpliqué. Le premier des oracles ci-dessous, celui de Sérapis, n'est, du reste, en rien « prophétique », mais, comme certains antiques prononcements de Delphes ou de Dodone, constitue l'assertion pure et simple de la puissance du dieu consulté. Cette assertion prend ici une forme cosmogonique nettement orientale : tout comme une voix juive parlait grec dans les *Chants Sibyllins*, cet oracle de Sérapis est énoncé en grec par une voix égyptienne.

Les deux textes qui suivent datent du temps de Julien l'Apostat. L'un est la réponse tout humaine des desservants delphiques à Oribase, médecin et confident de Julien, envoyé à Delphes pour s'enquérir des moyens de remédier à la déchéance du temple. C'est l'un des rares écrits qui nous prouvent que les derniers « Grecs », c'est à dire les derniers païens, ont ressenti, comme nous le faisons aujourd'hui en présence des ruines de leurs sanctuaires, le pathétique de « la mort des dieux ». Le second, sorte de poétique exhortation à bien mourir, fut prononcé au chevet de Julien l'Apostat, mortellement blessé sous les murs de Ctésiphon. Il émanait sans doute de ce Maximos, mi-voyant, mi-charlatan, en qui Julien avait mis sa confiance, et servit à consoler les derniers moments du prince.

HYMNE ORPHIQUE À PROTOGONOS
(parfum : la myrrhe.)

Je t'invoque, ô Protogonos, ô double forme !
Ailé d'or, né d'un œuf, errant au fond du ciel !

Toi qu'on entend de loin, ô taureau mugissant !
Toi l'indicible ! Ô toi l'occulte ! Ô toi l'énorme !
Toi sonore toujours ! Toujours resplendissant !
Ô toi dont le coup d'aile est le rythme du monde !
Toi qui ouvres nos yeux au jour essentiel !
Ô roi générateur ! Ô prudent ! Ô produit
D'accouplements divers dans la profonde nuit !
Ô bonheur manifeste ! Ô vérité féconde
Qui répands tes bienfaits dans notre âme assagie !
Maître du sacrifice et de la sainte orgie !

Hymni Orphici, VI,
G. Hermann, *Orphica*, Leipzig, 1805.

PORTRAIT PROPHÉTIQUE D'HADRIEN
TIRÉ DES « CHANTS SIBYLLINS »

Un roi aux crins d'argent régnera sur le monde,
Il portera le nom d'une mer agitée.
Il sera sans égaux. Tout le savoir divin,
Tout le savoir humain en son âme profonde
Se verront rassemblés ! Ô gloire illimitée !
Ô le parfait ! Ô le sublime ! Ô le devin !
Sous toi et sous tes fils, tes triples héritiers,
On verra. . . . .
. . . .
Un roi aux cheveux gris régnera sur le monde.
Il portera le nom d'une mer orageuse.
Pèlerin en tous lieux, son âme voyageuse
Scrutera l'univers ! D'un pied souillé de fange[1],
Il ira, rassemblant l'or, l'argent, et versant

---

1. μιαρός (impur) ; d'autres substituent ἐλαφρός (agile).

Ses bienfaits, et toujours et partout amassant,
Car même l'ennemi lui devra des subsides !
Il saura la magie et dans ses antres sombres
Il descendra ! Il fera dieu un jeune enfant !
Et par lui les lieux saints transformés en décombres
Seront tous spoliés...

Carmina Sibyllina, V, VIII.

ORACLE DE SÉRAPIS

Écoutez-moi, regardez-moi, car je suis dieu !
L'océan est mon ventre et mes os sont la terre,
Et mon crâne est le ciel, et le vibrant éther
Mon ouïe, et mon œil est le soleil en feu.

Cité dans Macrobe,
Saturnales, I, xx, 17.

RÉPONSE FAITE PAR L'ORACLE
DE DELPHES À ORIBASE,
MÉDECIN DE JULIEN L'APOSTAT
(Vers 361 de notre ère)

Dites à l'Empereur : « Le temple est en ruine.
Phébus ne parle plus. Les lauriers sont flétris.
Et les flots de la source à jamais sont taris. »

Cité dans Cédrénus,
Résumé des Histoires, 352.

ORACLE REÇU PAR
JULIEN L'APOSTAT
SUR SON LIT DE MORT
(363 de notre ère)

Quand le peuple persan fuyant vers Séleucie,
Chassé par ton épée et ton sceptre vainqueur,
Reconnaîtra ta force et ta suprématie,
Un char de feu t'emportera, prince au grand cœur,
Secoué par les vents de mort et de ténèbre,
Hors de ta chair qui souffre et de ton lit funèbre.
Franchis la région où règnent les tempêtes !
Va vers le calme Olympe et le lieu paternel !
Âme errante, égarée en un cachot charnel,
Tu les quittas jadis, ces indicibles faîtes
Où dans le pur éther roulent les feux divins :
Tu rentres aujourd'hui au pays dont tu vins.

Cité dans Eunapius, Fr. 17.

Oppien

(Fin du IIe siècle et IIIe siècle de notre ère)

Nous avons sous le nom d'Oppien deux longs poèmes didactiques, *La Chasse*, et *La Pêche*. La critique
moderne postule deux Oppien, le premier, qui dédia *La
Pêche* à Marc Aurèle et à son fils Commode, était probablement Cilicien ; le second, l'auteur de *La Chasse*, dédiée à Caracalla, natif d'Apamée sur l'Oronte. Les deux
ouvrages contiennent de longues listes et descriptions
d'animaux sauvages ou de bêtes marines et des divers
engins de mort employés par l'homme. *La Chasse* offre
en outre un catalogue des meilleures races de chiens et
de chevaux dont le chasseur aura à faire choix, et un
sommaire des meilleures méthodes de dressage. Dans
les deux cas, le but des auteurs semble avoir été de ver-
sifier avec élégance les informations zoologiques ou
sportives dont ils disposaient, plutôt que de faire acte
de poète au sens où nous entendons aujourd'hui ce
mot. Nous sommes néanmoins très loin des *Bestiaires*
médiévaux et de leurs imaginations fabuleuses : en dépit d'on-dit erronés qui se glissent dans leurs poèmes, le
point de vue des Oppien est à un modeste degré scientifique : leur classification suit d'assez près celle d'Aristote, qui allait continuer à s'imposer aux naturalistes
pendant près de quinze siècles.

La Chasse mérite d'autant plus l'attention que les descriptions cynégétiques se rencontrent rarement dans la poésie grecque hors du contexte mythologique. Des épigrammes de l'*Anthologie Palatine*, il est vrai, et certaines allusions des poètes comiques, prouvent que la chasse fut toujours pour les petites gens un passe-temps et un appoint nutritif ; les traités techniques de Xénophon et d'Arrien indiquent que les grands propriétaires se livraient avec fougue à la chasse à courre. L'Asie Mineure, toutefois, plutôt que la Grèce, fut le lieu d'élection de ces carnages somptueux et organisés. Il est significatif, à ce point de vue, que l'auteur de *La Chasse* ait été syrien[1]. C'est à partir de la fin du IIᵉ siècle, dans un monde de plus en plus orientalisé d'une part, barbarisé de l'autre, s'étendant aux quatre points cardinaux jusqu'aux déserts et aux forêts dont les réserves animales semblaient inépuisables, que le plaisir de la mise à mort devint un luxe et jouit d'une vogue : Commode et Caracalla, sous le patronage desquels furent placés ces livres, ne furent pas moins enragés chasseurs que plus tard les Habsbourg et les Bourbons. Avant eux, Hadrien avait été le premier empereur à se faire représenter dans l'exercice de ce sport, et s'était entouré, non moins autant que de poètes et de lettrés, de veneurs et de piqueurs barbares.

Quant à la pêche, aux allures moins fougueuses, et dédaignée des héros homériques qui ne s'y livraient qu'à leur corps défendant, elle fut toujours en Grèce une industrie alimentaire, mais l'anecdote bien connue de Cléopâtre s'arrangeant pour faire pêcher un hareng saur à Antoine montre que les princes ne faisaient pas fi des plaisirs bourgeois de la pêche à la ligne. Contempo-

---

1. Notons que c'est également en Asie Mineure, et à une époque proche de celle des Oppien, que se place une des rares légendes chrétiennes de pitié envers les animaux persécutés : l'admirable histoire de Saint Blaise, évêque de Sébaste, martyrisé sous Dioclétien.

rains des pêches au harpon et des chasses aux grands
fauves qui se déroulent sur les mosaïques gréco-romaines, les poèmes des Oppien ont quelque chose de ce
puissant naturalisme décoratif. Des deux auteurs, celui
de *La Pêche*, littérairement le plus doué, semble aussi le
plus épris des aspects variés du monde animal ; il évoque avec force, avec tendresse, parfois même avec pitié,
la vie âpre ou joyeuse des créatures marines, et leur
muette agonie aux mains de l'homme. Sa description
d'une nappe d'eau empoisonnée et des poissons morts
flottant à la surface anticipe les horreurs de la nature
polluée qui nous entoure. L'auteur de *La Chasse* est plus
livresque : fort imité, directement ou indirectement, par
les rédacteurs des *Véneries* du Moyen Âge et de la
Renaissance, il a légué à ceux-ci quelques belles histoires, fabuleuses ou non, concernant les merveilles du
monde animal. Comme presque toutes les œuvres traitant de ces sujets, celle des Oppien trahit l'habituel
mélange de sympathie et de brutale insensibilité,
d'ignorance barbare et de curiosité intelligente, qui
caractérise l'homme en présence de ce qui vit et de ce
qu'il tue.

LA PÊCHE

L'amour des animaux pour leurs jeunes

... Avec délice, voyageur, lorsque la proue
Glisse sur une eau calme où nul vent ne se joue,
Par un beau jour d'été aimé des matelots,
Tu verras, bande heureuse, amours des vastes flots,
Les dauphins vagabonds, leurs jeunes bondissant
En tête du cortège, écoliers de la mer,

Suivis de leurs parents attentifs, et dansant
En cercle, et explorant le labyrinthe amer ;
Et les progéniteurs, grands et nobles, surveillent
Leurs jeux, tout comme aux champs les pastoureaux
                                         prudents
Veillent sur leurs agneaux...
                    ... Mais les phoques grondants
Pour leurs petits ont des attentions pareilles.
La mère phoque aussi a de douces mamelles
Pleines de lait. Non sur la mer, mais sur la rive,
Elle met bas. Douze jours, avec sa portée,
Elle reste sur terre. Et enfin l'heure arrive :
Mère fière, elle prend dans ses bras ses petits,
Les conduit au pays de l'eau illimitée,
À la patrie, aux lieux ancestraux, départis
À sa race, et l'enfant regarde de ses yeux
Neufs ; le bonheur, l'orgueil, la prudence se mêlent
Au cœur de l'inculte bête, qui initie
Ses petits aux travaux de l'océan.

                    Ô dieux !
Les nouveau-nés partout sont chers à leurs parents
Et non pas seulement chez l'homme. Au ciel errants
Les oiseaux, les poissons dévorant les cadavres
Dans l'eau ; dans la forêt par le temps épaissie,
Les rudes animaux que poursuivent et navrent
Les chasseurs, tous toujours possèdent de nature
Ce merveilleux amour pour leur progéniture,
Inné, inexplicable. Et les parents, pour eux,
Pour leurs petits, toujours acceptent la torture,
Et meurent pour sauver la jeune créature.
La lionne sanglante et de fer transpercée,
Faisant front jusqu'au bout, haletante, harassée,
Recouvre de son corps ses faibles lionceaux,
Et préfère la mort à l'horreur de les voir
Mis en cage et soumis à notre humain pouvoir.

Et le berger ami hésite à s'approcher
Du réduit où sa chienne est venue accoucher,
Car la bonne nourrice alors devient farouche.
Les jeunes veaux qu'aux tendres vaches le boucher
Enlève, gémissants s'en vont ; et sur sa couche
D'herbages, la mère mugissante se plaint
Comme une femme, et les bouviers même partagent
Son chagrin. À l'aurore, au fond des noirs feuillages,
Au printemps, quelquefois le rossignol s'épand
En lamentations, et l'aiguë hirondelle
Pleure sur ses petits disparus, ses berceaux
Vides, quand un cruel homme ou quelque serpent
A pris leur couvée...

I, v. 670-755.

Mort de poissons dans une crique
aux eaux empoisonnées

... L'odeur néfaste du poison les inquiète
Dans leurs liquides maisons ; et troublés, la tête
Lourde, l'œil tout vitreux, à grands efforts ils sortent
De leurs rochers, et remontent vers la mer libre.
Mais leur destin pèse sur eux. Les eaux les portent
Vers de marines régions plus infectées
Encore, et la mort se mêle à l'onde. Hébétées,
Ivres comme d'un vin fatal, les créatures
Muettes vont et viennent ; leur flanc palpitant
Se soulève, et la convulsion qui les tord
Tout entiers est leur façon devant la mort
De sangloter. Désorientés, se jetant
Dans les filets, cherchant une impossible passe
Vers le salut, coincés, ils expirent en masse
Dans l'eau salie, et le dur pêcheur, de sa barque,
Les regarde mourir, puis, joyeux, dans sa nasse,

Les hisse à soi. Ainsi un stratège, un monarque
Guerrier, habilement dévaste les ressources
De l'ennemi, empoisonnant les puits, les sources,
Et les assiégés, assoiffés, empestés
Par l'eau méphitique, râlant dans leurs cités
Charniers, meurent sur leurs morts. De même, la mer
Contaminée est pour les poissons piège amer,
Horrible, lieu d'épouvantes et de tortures,
Et tristement, imprévisiblement, ils succombent,
Exterminés par l'humaine ruse...

IV, v. 663-693.

LA CHASSE

Langage et sagesse prophétique des éléphants

.... On assure que, remuant leurs grandes bouches,
Les éléphants parlent entre eux, en de puissants
Murmures voisins du langage humain. Le sens
De ce parler échappe au vulgaire, et le son
Même n'en est pas perçu par lui. Seul, le sage
Cornac, par qui la bête fut apprivoisée,
La comprend. Un on-dit, assuré authentique,
Veut que le quadrupède, en son cœur prophétique,
Sait le moment où vient sa mort, et ce présage
Attriste l'animal sublime. Ce ne sont
Pas seulement les purs cygnes qui, aux apprêts
De la mort, et tout pleins d'harmonieux regrets,
Font entendre une mélodie improvisée,
Un chant de deuil, car l'éléphant, dans ses forêts,
Barrit, solennisant sa propre fin...

II, v. 540-551.

Rufin

(Date incertaine. Peut-être IIIe siècle de notre ère)

Les quelque trente-six épigrammes de Rufin, toutes du genre érotique, sont difficiles à dater, mais évidemment tardives. Le raffinement un peu grossier de ce Grec à nom latin s'accorde mal avec les grâces néo-attiques du IIe siècle ; on le voit mieux cinquante ans plus tôt à la cour des Flaviens, ou cinquante ans plus tard à celle des Sévères ; ce serait, dans ce dernier cas, le seul épigrammatiste grec qui ait survécu du turbulent IIIe siècle. Quelques vers déplorant l'absence des sculpteurs et des modeleurs d'autrefois sembleraient dater d'une époque où la sculpture antique était au sens fort du mot un art du passé, comme c'était le cas dans la Byzance du Ve ou du VIe siècle, plutôt que d'un temps où d'habiles praticiens copiant les anciens chefs-d'œuvre faisaient illusion sur la survie de l'art grec. Rufin serait alors un contemporain d'Agathias ou de Paul le Silentiaire, continuant comme eux *sub rosa* l'hédonisme antique. Toutefois, un aveu pédérastique, commun aux siècles précédents, et fait comme en passant par ce grand amateur de filles, n'est guère de ceux qu'on eût risqués, même au prétérit, à l'époque où Justinien faisait régner l'orthodoxie sexuelle par le feu et par la torture.

Rien n'important moins que la date exacte de ces épigrammes, de telles remarques seraient oiseuses, si elles ne servaient à montrer combien l'expression écrite de l'érotisme a peu varié pendant plusieurs siècles. Les poèmes de Rufin pourraient aider à établir une liste des thèmes : la belle vieille, dont le prototype remonte à Platon, sinon plus haut, et qui était destiné à un éclatant avenir ; la laide vieille, poncif de la sculpture alexandrine, assuré lui aussi d'une extrême longévité ; le fiasco amoureux ; l'agrément des amours ancillaires, autre lieu commun à vie dure (« Pour avoir ses ébats, il faut aimer bas », disait naguère encore le Barnabooth de Valery Larbaud) ; le thème du « Jugement de Pâris », repris à un niveau de maison close dans deux épigrammes où le poète se représente servant d'arbitre à d'aimables callipyges, ou présidant ce que Diderot eût appelé « un concours de bijoux » ; enfin, les thèmes de la fille mise à mal ou de la femme adultère, dont la poésie plus ancienne avait usé avec restreinte, sauf dans le cadre rassurant des amours mythologiques ou légendaires. C'est surtout dans les poèmes, en eux-mêmes banals, inspirés par des courtisanes, que Rufin innove par le ton, ce ton tout ensemble badin et brutal, très éloigné de celui d'un Asclépiade ou d'un Méléagre, qui durera à peu près jusqu'à nos jours dans la poésie traitant de filles, ou adressée aux filles.

Çà et là, une vignette populaire se détache, rappelant les vivacités du mime alexandrin. L'épigramme intitulée ici *Le refus de Prodiké* plaît par exception pour sa grâce chaste.

Le lieu d'origine de Rufin est aussi incertain que sa date. On sait toutefois qu'il habitait Éphèse.

LA LAIDE VIEILLE

Où donc est passé l'or de ton brillant matin ?
Ton cou mince embrasé de joyaux qui scintillent,
Tes yeux vifs, ton teint blanc, ton sourire hautain,
Et ces riches anneaux qui chargeaient tes chevilles ?
Un vieux front tout ridé sur un regard éteint.
Un toupet gris et gras, une robe en guenilles.
        Ainsi finit l'orgueil des filles.

Anth. Pal., V, 27.

REGRETS DU PASSÉ

Où donc est Polyclète ? Où donc est Praxitèle ?
Où sont les modeleurs, les sculpteurs d'autrefois ?
Qui fondra dans l'airain ton cou, tes minces doigts,
Qui gravera la pierre dure ou bien la stèle ?
Tu méritais, ô Mélité, d'être immortelle.

Anth. Pal., V, 15.

LA FILLE MISE À MAL

Je m'enflammai d'amour pour ma tendre voisine.
Elle était jeune et vierge ; elle aimait plaisanter.
J'osai, mais je la vis rougir et protester.
Elle y passa pourtant. On la dit en gésine.
Que vais-je devenir dans un cas si funeste ?
Faut-il que je m'en aille ou faut-il que je reste ?

Anth. Pal., V, 75.

TOUT CHANGE

Moi, l'ami des garçons, j'aime aujourd'hui les filles.
Au beau teint naturel je préfère un beau fard.
Je joue à d'autres jeux et j'exerce un autre art.
On verra les dauphins paître sous les charmilles,
Et les grands cerfs, quittant leurs antiques foulées,
Se loger dans la mer sous les vagues salées.

Anth. Pal., V, 19.

LA BELLE MALTRAITÉE

Quoi ? Tu sanglotes ? Tu trembles de froid ? Il t'a mise
À la porte, et à demi nue ? Il t'a surprise
Profitant de ton mieux de ses courtes absences ?
Son malheur est commun. Ma chère, il est sans yeux,
Sans cœur. Laisse passer son stupide courroux.
Mais la prochaine fois, tu feras beaucoup mieux,
Avant de te livrer aux tendres jouissances,
D'aller discrètement pousser tous les verrous.

Anth. Pal., V, 41.

LES CALLIPYGES

Trois filles m'ont montré leurs ravissantes croupes.
Les fesses de Myrto sont deux exquises coupes
Au galbe sans défaut ; Cléo, roses et lys,
À de tendres rondeurs et d'aimables replis.
Mais celles de Rhéa, séductrices, ondoient
Comme de calmes flots, ô frissonnantes joies !

Et je fus leur arbitre, et l'antique Pâris
À de moindres beautés a décerné le prix.

Anth. Pal. V, 35.

LE REFUS DE PRODIKÉ

Nous étions seul à seule, heureuse et rare aubaine !
J'embrassai ses genoux sous le lin parfumé,
Et je lui dis : « Je t'aime ! ô toi qui m'as charmé,
Pitié ! Épargne-moi ! Je t'implore et me traîne
À tes pieds ! Et je meurs, brûlé de mille feux ! »
Et je la vis pleurer et s'essuyer les yeux
Et de ses tendres mains me repousser sans haine.

Anth. Pal., V, 66.

LA VIEILLESSE DE PRODIKÉ

Je te l'avais bien dit, l'âge arrive, ma chère.
Qui s'avise aujourd'hui de te mettre à l'enchère ?
Finis les temps heureux et ton galant trafic.
On te frôle aujourd'hui sans songer aux amours,
Et tu n'es plus, toi qui charmais dans tes beaux jours,
Qu'un ancien monument sur le chemin public.

Anth. Pal., V, 21.

Libanius

(ɪᴠᵉ siècle de notre ère)

Libanius d'Antioche, né en 314, mort après 387, fut l'un des bons rhéteurs et lettrés du siècle. C'est à Nicomédie qu'il rencontra le jeune Julien, futur Apostat, qui devint clandestinement son élève, les cours d'un professeur païen étant interdits au prince par ses éducateurs chrétiens.

Libanius semble s'être attaché sincèrement à ce défenseur passionné de l'hellénisme, qui, durant son court règne, le combla d'honneurs. Après la mort de Julien, tué par une flèche persane en 363, l'homme de lettres, qui avait lutté de son mieux pour mitiger les effets de l'intolérance antichrétienne de Julien, fut néanmoins quelque temps en danger durant l'inévitable réaction qui suivit. Il composa pour l'empereur apostat une brève épitaphe, seuls vers qu'on connaisse de lui, hommage à un homme destiné à être insulté pendant près de quinze siècles.

ÉPITAPHE DE JULIEN L'APOSTAT

Julien repose ici. Près du Tigre aux eaux fauves,
Il périt. Grand soldat, il fut aussi grand prince.

Anth. Pal., VII, 746.

Nonnos

(ɪvᵉ et vᵉ siècle de notre ère)

Grec, Syrien, ou Égyptien hellénisé, Nonnos naquit à
Pannopolis en Thébaïde, à l'époque où déjà les moines
peuplaient le désert de leurs visions et de leurs proues-
ses ascétiques. C'est à Alexandrie, puis à Beyrouth, dans
des cercles lettrés de culture païenne, que Nonnos composa son immense épopée mythologique, *Les Dionysiaques,* d'une longueur égale à celle de *L'Iliade* et de
L'Odyssée mises bout à bout. Le poème s'ouvre sur le
Chaos et la guerre des Titans, avance lentement jusqu'à
la naissance de Bacchus dans les éclairs et la foudre,
relate les amours du dieu pour le bel enfant Ampélos,
symbole de l'esprit de la vigne, et pour de gracieuses
Nymphes rencontrées dans les forêts, ses voyages civili-
sateurs en pays barbares, sa sanglante conquête des
Indes, et enfin son entrée dans l'Olympe de pair avec
les autres immortels. C'est du moins le tronc principal
de l'œuvre qui se dégage mal d'une jungle d'épisodes
mythologiques, les uns connus, et même ressassés, les
autres choisis parmi les plus obscurs et les plus bizarres.
Une pensée traverse de temps à autre cette sylve d'images : l'idée vaguement présente de l'épreuve de la mort
qui mène à la métamorphose et à l'immortalité, un res-
souvenir des conquêtes indiques d'Alexandre, des cal-
culs astrologiques souvent erronés, qui montrent que

Nonnos n'était de première main ni astronome ni astrologue, un goût très vif pour les poétiques traditions païennes déjà moribondes, le rêve enfin d'un âge d'or né du retour à l'harmonie divine.

Mais c'est nous, plutôt que Nonnos, qui nous efforçons de dégager ces grands thèmes. Un poète, certes, n'est pas obligé de s'exprimer en clair : rien toutefois n'indique dans cette longue fresque décorative la présence d'une méditation religieuse ou d'un secret ésotérique caché sous la fable. Loin d'être « le testament intangible des religions qui ont bâti Memphis, Tyr, Athènes et Rome », comme le disait avec un enthousiasme peut-être excessif l'érudit Mario Meunier, *Les Dionysiaques* semblent surtout un fastueux roman d'aventures, bourré d'allusions littéraires et savantes, magnifiquement enflé par une torrentielle abondance verbale. L'œuvre de Nonnos peut servir à mesurer la distance qui sépare des arts visuels la littérature : ces fauves et ces éléphants, ces nudités couchées sur des lits de pampres, ces satyres dansants et ces Zodiaques nous séduiraient d'emblée sur des mosaïques gréco-romaines ou dans les médaillons pourpre et or des tapisseries coptes ; dans l'œuvre écrite, cette profuse imagerie étalée sur vingt-trois mille hexamètres dépend, pour retrouver couleur et contour, des seuls pouvoirs figuratifs du lecteur dont l'attention forcément s'émousse. Comme la plupart des longues narrations descriptives de type mi-onirique, mi-romanesque (et le roman contemporain n'est pas une exception à la règle), la lecture des *Dionysiaques* tend à produire une sorte d'hébétude hypnotique, quand ce n'est pas un morne ennui.

On s'attendrait à ce qu'une œuvre dont une bonne partie se situe aux bords du Gange témoignât d'une certaine connaissance des choses de l'Inde, ou du moins d'un certain goût pour celle-ci. En fait, Nonnos en sait moins qu'Arrien, qui, deux siècles plus tôt, notait dans son ouvrage *Sur l'Inde* la ressemblance entre Shiva et Dionysos : son Bacchus voluptueux et conquérant n'emprunte rien au divin Ascète qui danse couvert de cendres. Le terme brahmane ne figure que trois fois au cours de l'immense poème. La connaissance de la géographie ou des peuples de l'Inde est à peu près nulle : Nonnos semble confondre ces derniers avec des peuplades africaines ; son exotisme à bon marché diffère peu de celui du roman populaire et du film d'aujourd'hui. On aurait peine à trouver un meilleur exemple d'une certaine futilité souvent inhérente à la littérature.

Les rapports avec le christianisme sont également vagues. Les analogies parfois soulignées entre *Les Diony-siaques* et l'*Apocalypse*[1] consistent surtout en lieux communs eschatologiques courants à l'époque : catastrophes et batailles cosmiques, âge d'or suivant de près la venue au monde d'un enfant divin, thème devenu presque traditionnel depuis l'exquise églogue de Virgile pour le fils nouveau-né du consul Pollion, mais qui concerne assez pédantesquement chez Nonnos la naissance de la nymphe Bérita, patronne de la cité de Beyrouth. Un monde sépare la prolixe rêverie érudite de Nonnos de l'hallucination du voyant de Patmos, écrite en un grec barbare dans des caractères d'éclairs. Le fait que Nonnos, devenu chrétien, versifia sur le tard un quelconque commentaire de l'Évangile selon Saint Jean, peut-être pour plaire à la très pieuse impératrice Eudoxie, ne suffit pas à prouver rétroactivement sur *Les Dionysiaques* une influence chrétienne. On aurait presque

1. Simone Weil, *La Connaissance surnaturelle* et *Lettre à un religieux*. Dans ces deux textes, composés à la fin de sa vie, le besoin passionné de retrouver partout la révélation spirituelle plonge souvent cette femme admirable dans une sorte de délire d'interprétation, comparable à celui de certains érudits du Moyen Âge s'acharnant à retrouver des préfigurations christiques dans la Fable de l'Antiquité. Elle trouve dans Nonnos surtout ce qu'elle y met.

autant de mal à faire de ce luxuriant poème une œuvre de propagande païenne, l'exaltation d'un jeune dieu effréné dispensant l'ivresse des sens et du cœur, destinée à faire pièce à un christianisme ascétique. L'heure des Zarathoustras et des Antéchrists nietzschéens n'était pas encore venue. Celle du syncrétisme n'avait pas davantage sonné. Les allusions à la vie de Jésus, s'il en est dans *Les Dionysiaques*, s'y bornent à quelques faibles ironies[1]. D'autre part, l'influence de l'antique Égypte est nulle chez ce poète né à Pannopolis en Thébaïde. Ce sont les incultes moines du désert, objets du mépris des lettrés païens, qui, fidèles sans le savoir à la foi de leurs ancêtres, peuplaient leurs saintes visions des monstres de l'Amenti, du Jugement des morts, et d'un Sauveur tout proche de l'Osiris sacrifié. Nonnos reste au contraire captif d'une mythologie livresque.

Et cependant, son énorme roman versifié s'impose par sa masse elle-même, mine d'informations pour les mythographes, mais aussi suprême et fastueux effort d'une littérature qui finit. À défaut d'intentions ésotériques débattables, ou de l'émotion humaine notoirement absente, une sorte de puissant naturalisme cosmique enfle çà et là ces grandes vagues de mots. Naturalisme à coup sûr inhérent jadis aux mythes grecs eux-mêmes, mais appauvri et anémié depuis des siècles, et également étranger au jeune dogmatisme chrétien. Dans ce domaine au moins, cet imitateur est un réanimateur. Un autre mérite de ce poète si imbu de rhétorique traditionnelle est l'innovation en matière prosodique : Nonnos cherche à concilier la quantité antique, qu'il respecte encore, avec une métrique basée sur l'accent qui allait s'imposer à presque toutes les langues modernes.

---

1. Voir par exemple XLVIII, v. 833-836, l'allusion moqueuse à une vierge mère. Mais l'intention antichrétienne, si elle existe, est bien peu visible.

MORT D'AMPÉLOS,
BIEN-AIMÉ DE BACCHUS,
ET SA TRANSFORMATION
EN ESPRIT DE LA VIGNE

... Et Bacchus, qu'a navré le sort de son ami,
Ne sait point où trouver les simples qui raniment ;
Le dieu ne bondit plus en ses danses sublimes
Et saintes, ne fait plus sonner son tympanon
Ni sa cithare, et tout occupé d'un seul nom,
Il se lamente et crie. Et les fleuves puissants,
L'Hermos aux vastes eaux, et les flots rugissants
Du fort Sangarios, interrompent leur cours.

Et le Pactole étoilé d'or porte le deuil.
Niobé en sa pierre ainsi qu'en un linceul
Verse des doubles pleurs qui détrempent la terre,
Non plus sur ses seuls maux, mais sur le noir mystère
Du dieu meurtri et désolé dans ses amours.
Et le sapin s'unit, en doux gémissements,
Avec son compagnon, le pin ; cher aux amants,
Le laurier d'Apollon échevelé se penche
Et s'abandonne à sa douleur d'arbre ; et la branche
De l'olivier sacré, jamais touché du fer,
Laisse choir sur le sol son beau feuillage clair,
Lui, l'arbre protégé par la grande Athéné.
Mais quand enfin le dieu autrefois couronné
De joie eut sangloté, les Parques au cœur dur
S'attendrirent. Le fil coupé d'un geste sûr
Par Atropos fut renoué ; dans sa nuit noire,
Bacchus vit s'approcher de lui la grande Moire,
Et celle-ci lui dit, consolant ses douleurs :
« Ô grand Dionysos ! L'onde aux sombres couleurs,
Le Styx n'a pas laissé ton bel ami perdu
Passer sur l'autre rive, et l'enfant t'est rendu.

Le voici qui devient plante et nectar divin,
Tu goûteras par lui aux délices du vin,
Et ceindras ton front blanc de pampres amoureux.
Un torrent de jus pourpre, odorant, chaleureux,
Coulera au pays de ton éphèbe agreste,
Pays fier de son or, mais qui hait et déteste
L'horrible fer guerrier ! Ampélos, ô victime !
Sur toi pleurait le dieu qui jamais ne pleura.
Ton vin-miel désormais partout ruissellera,
Lustration, doux cru, chaude et capiteuse onde,
Et les pleurs de Bacchus font le bonheur du monde ! »

Ayant ainsi parlé, Atropos le quitta.
Et le prodige eut lieu ; le beau mort palpita,
Et s'allongea, rampa ainsi qu'un vert reptile,
Et le corps serpentant devint plante fertile.

Et bientôt le pur torse est un tronc ; les chers doigts
Sont des vrilles ; les pâles pieds sont des racines.
Le coude replié n'est qu'un noueux sarment.
En festons verdoyants les bras frais se dessinent ;
Le front aux noirs rinceaux s'incline sous le poids
Des grappes ; l'enfant mort s'enlace au dieu charmant ;
Ce qui fut son ami devient son doux ombrage.
Bacchus mord le raisin, goûte au brûlant breuvage,
Et le sang d'Ampélos rosit ses blanches mains...

XII. v. 117-172, 193-205.

PHAÉTON MET EN DANGER
L'ORDRE DU MONDE

... L'étoile du matin cria :
                    « Ô Phaéton !

Que fais-tu ? Insensé, imprudent rejeton
D'Apollon, ne va pas, fouettant ton quadrige,
Incendier là-haut les planètes errantes
Et les astres fixés à la voûte des cieux !
Crains Boötès et son épieu ! Crains Orion
Et son épée ! Et crains, enfant audacieux,
Que la Baleine en ses mâchoires dévorantes
Te broie, ou que les dents du flamboyant Lion
Te déchirent ! Et crains, cocher pris de vertige,
Que le Taureau te foule aux pieds ! Le Sagittaire
Te percera ! Crains que par toi, ô fol aurige,
Ne s'écroule à jamais tout l'ordre élémentaire,
Et qu'une fois de plus le Chaos recommence !
Crains que fuyant, perdue au fond du ciel immense,
L'Aube ne se mélange avec le Crépuscule,
Rencontrant à midi la Lune à l'horizon ! »

Mais Phaéton lancé, de Maison en Maison
Fonçait, poussant tantôt son brûlant véhicule
Vers le Nord, et tantôt vers le sombre Occident,
Puis de nouveau vers le Midi. Et le ciel fut
Secoué dans ses profondeurs. L'axe du monde,
Plia, lui, l'immuable. Et, grinçant et grondant,
Les astres déviaient de leur orbe. Et le fût
Du firmament, Atlas, le soutien des étoiles,
Sentit fléchir ses grands genoux, et jusqu'aux moelles
Trembla. Et le Serpent, quittant l'Ourse polaire,
Se traîna, en sa reptation vagabonde,
Le long de l'Équateur, sifflant et menaçant
Le céleste Taureau ; le Lion rugissant
Attaqua Sirius qui aboyait des flammes
Et le Cancer avec ses huit pinces ; sa queue
Flambante flagella la Vierge des Moissons
Qui s'enfuit, rencontrant, loin de sa piste bleue,

L'Aurige. L'aube errait. L'étoile du matin
Chassait l'astre du soir. Le Cygne fut atteint
Dans son vol par Pégase au galop. Les Poissons
Jaillirent du fond de leur crique, et le stellaire
Dauphin bondit jusqu'au Capricorne. La lune
Noircit, ne faisant plus face au soleil. Chacune
Des Pléiades cria, et leurs sept voix de femmes
Percèrent le zénith. Les deux Ourses dansantes
Dont les girations sans fin recommençantes
Ne s'écartent jamais du Pôle, dans leur chute
Touchèrent l'horizon, et leur fourrure hirsute
Trempa dans l'Océan inconnu d'elles...

XXXVIII, v. 333-405.

Musée

(ive siècle de notre ère)

Musée, fabuleux poète thrace dont, bien entendu, nous ne possédons rien, sert ici de prête-nom à l'élégant lettré alexandrin qui nous a laissé un bref roman en vers, *Héro et Léandre*, l'un des plus lus jadis parmi les textes de l'Antiquité. Son style fluide, agréable, relativement peu chargé d'embellissements mythologiques, sert à merveille une touchante histoire d'amour. Nul n'ignore que Léandre, séparé d'Héro par la largeur du Bosphore, et davantage encore par l'hostilité des parents de la jeune fille, traversait chaque nuit le détroit à la nage pour rejoindre sa belle. Il se noya par gros temps, et Héro éplorée se précipita dans les flots. Héro et Léandre, couple bien-aimant, préfigurent déjà dans l'Orient du Bas-Empire les Aucassins et les Nicolettes du Moyen Âge et les Roméos et les Juliettes de la Renaissance. Le fait que les érudits du xve et du xvie siècle acceptèrent ce petit roman comme provenant du lointain et mystérieux Musée accrut encore pour eux le charme de cette tendre histoire. Aucune anedocte romanesque n'a été plus souvent illustrée par des miniatures, des tapisseries, des peintures et des émaux. Christopher Marlowe, l'aventurier poète qui, s'il n'eût succombé jeune dans une rixe ou un règlement de comptes au fond d'une taverne, eût peut-être égalé Shakes-

peare, fit de ce poème une libre traduction qui, par sa
vigueur et sa splendeur sensuelle, laisse bien derrière
soi l'œuvre amène et un peu molle de Musée. Plus tard,
Voltaire résume en un quatrain l'attendrissante aventure, avec cette grâce incisive qui est caractéristique du
XVIIIe siècle.

> Léandre, guidé par l'Amour,
> En nageant disait à l'orage :
> « Laissez-moi gagner le rivage ;
> Ne me noyez qu'à mon retour ! »

MORT DE LÉANDRE ET D'HÉRO

... Mais frappé, ballotté, rejeté par les vagues,
Il s'épuise, il faiblit, sa vigoureuse brasse
S'exténue, et le flot qui l'étouffe et l'embrasse
Dans sa gorge répand tout l'océan amer.
Il périt, abreuvé de mort, et dans la mer
S'éteint, comme là-haut, au sommet de la tour,
Cette lampe qu'Héro, pour guider son retour,
Faisait briller, soufflé comme elle par le vent.
L'amour, et la chaleur, et la vie elle-même,
Le quittent...
                    Maudissant l'océan débordé
Et l'orage, Héro, qui veut croire vivant,
Malgré les flots tempétueux, celui qu'elle aime,
Cherche des yeux dans la nuit noire et dans le creux
Des lames son Léandre à jamais retardé
Par la mort, mais bientôt le jour point, et l'affreux
Spectacle se révèle ; elle voit, étendu,
Brisé sur les écueils, l'ami qu'elle a perdu.

Alors, elle rejette, en brisant d'un seul coup
Le fermoir, la mante agrafée à son cou,
Et s'élance d'en haut sur les rochers hideux,
Et l'écume et les flots les recouvrent tous deux.

Héro et Léandre, 223-243.

Palladas

(Ve siècle de notre ère)

Palladas, né à Alexandrie vers la fin du IVe siècle, est une curieuse figure de cette époque entre chien et loup qui vit la fin du monde antique et le triomphe du christianisme officiel.

Sur les cent cinquante épigrammes qu'a conservées de lui l'*Anthologie Palatine*, les trois quarts sont à peu près négligeables, ou intéressent seulement comme portrait du peintre. Le reste amuse, étonne ou bouleverse.

Il était païen, comme la plupart des lettrés de son temps qui tenaient par toutes leurs fibres à la culture antique, et, subséquemment, aux dieux d'Homère. Il enseignait les lettres à Alexandrie, et eut dans ce métier des déboires, ayant été remercié par le grammairien Dosithéus qui l'employait. Impécunieux, il se montre « vendant du Callimaque et du Pindare » pour faire vivre sa femme, qu'il n'aimait pas, et soutenir son indigent ménage. Il nous confie quelque part qu'il était las des colères conjugales, et las aussi de faire ânonner à longueur d'année par ses écoliers « la colère d'Achille », ce premier chant de *L'Iliade* d'où les Anciens tiraient leurs exemples et déduisaient leurs règles de grammaire. Ce pauvre hère a des défauts de pauvre hère ; ce cuistre a des défauts de cuistre. De lourdes gaietés de

449

maître d'école ; une avidité de parasite pour les dîners en ville ; des récriminations quand il s'aperçoit qu'on n'a pas servi de grands crus à la table où il se trouve, ou que la chère est moins bonne que la belle argenterie ne l'eût fait croire. D'autre part, ce petit bourgeois d'Alexandrie jouit encore des bribes de luxe intellectuel d'une grande civilisation finissante. Il va voir au théâtre des pièces classiques ou des pantomimes, et goûte l'aigre plaisir de se moquer des acteurs. La noble épigramme qui le montre assistant au cours d'Hypatie, mathématicienne et philosophe célèbre, lynchée en 415 dans les rues d'Alexandrie par la populace chrétienne, date sans doute authentiquement de ses années d'étude ; écrite après le meurtre de cette femme illustre, l'amertume et l'horreur s'y seraient à coup sûr glissées.

Par ailleurs, ce Grec qui a assisté à la persécution des païens par Théodose, puis à l'interdiction du culte païen par Arcadius, enregistre ce changement de régime comme la plupart des contemporains voient les faits, par leur petit côté anecdotique et en des notations en apparence futiles, alternant toutefois chez lui avec de courts poèmes navrés dont il sera question plus loin. Il a des plaisanteries qu'on sent accompagnées d'une amère grimace sur les dieux de bronze qu'on envoie à la fonte ou qu'on camoufle en saints chrétiens, sur une prostituée qui, si elle ne peut plus jurer par les douze Olympiens, jurera par les douze Apôtres. Il hait les moines du désert, faux « solitaires » dont les bandes armées descendaient sur Alexandrie, ameutant la racaille ; il déteste, comme sans doute nous l'eussions fait à sa place, le dogmatisme agressif qui était pour les non-chrétiens l'aspect le plus immédiatement visible de la doctrine nouvelle. Ses vers sur « les Grecs », c'est à dire les païens (et que le même mot ait pour un temps signifié les deux choses est déjà une indication) survivant avec stupeur dans un monde où tout ce qu'ils prisaient semblait mort, sont l'un des plus amers constats que nous ayons d'une fin de monde.

De même que les petits déboires personnels de Palladas passent au second plan (pour nous du moins) comparés à cette tragi-comédie d'une religion et d'une société qui changent, de même l'amertume en présence d'une civilisation moribonde se subordonne chez lui au sens désespéré de toute condition humaine. Certes, l'absence d'illusions fut toujours une vertu grecque : on ne définira pas plus fortement que Solon ou Théognis la double horreur de vivre et de mourir. Mais la vie pour eux était noble en même temps qu'atroce. La laideur et l'indignité de notre habitat charnel obsèdent au contraire presque maladivement Palladas. À vrai dire, nouveau chez les poètes, ce dégoût ne l'était pas chez les philosophes : les cyniques et les stoïciens avaient déjà dit tout cela. Ils l'avaient dit surtout pour exhorter et exalter par contraste l'âme humaine. Palladas est moins sûr qu'eux des ressources de l'homme. Il ne songe pourtant pas, comme les moines qu'il persifle, mais auxquels il ressemble par son dédain de la chair, à fuir au désert un monde livré au mal. Les grands rêves néoplatoniciens ou hermétiques, qui consolaient à ce moment le meilleur de la pensée païenne, ne sont pas non plus pour lui. Ce manque d'élan contribue à le faire l'honnête témoin d'une nuit noire. Les vers de ce piètre maître d'école alexandrin préfigurent parfois les soliloques écœurés de l'Hamlet de Shakespeare, l'âcre satire de Swift, la rêverie désolée de Baudelaire. Il est ces jours-là grand poète.

À quoi bon la pompe et l'apprêt ?
Nu je suis né, nu je mourrai.

Anth. Pal., X, 53.

*

La mort est le boucher ; le troupeau lamentable,
C'est nous, et l'univers n'est rien que notre étable.

Anth. Pal., X, 85.

POUR LA MATHÉMATICIENNE HYPATIE

Hypatie, ô grande âme, adepte du savoir
D'en haut, en ces moments où ta voix grave et claire
Nous démontre les cieux et leur divin mouvoir,
Je m'émerveille, ô Vierge sage, et je crois voir
Briller au fond des nuits l'autre Vierge, stellaire.

Anth. Pal., IX, 400.

LA PAUVRETÉ DU LETTRÉ

Couci-couça, tout comme un autre, j'entretiens
Des enfants, une femme, un esclave à tout faire,
Un chien, quelques poulets... Les pique-assiette, frère,
Sont peu tentés, crois-moi, de dévorer mes biens.

Anth. Pal., X, 86.

DEUX PLAISANTERIES AU SORTIR
DU THÉÂTRE

I

À UN MAUVAIS ACTEUR

« Tu massacres mes vers que nul ne vient défendre.
Quel mal t'ai-je donc fait ? » dit tristement Ménandre.

Anth. Pal., **XI**, 263.

II

À UN MAUVAIS PANTOMIME

Quand il est Niobé, il est lourd comme un marbre.
Et en Daphné, il est aussi roide qu'un arbre.

Anth. Pal., **XI**, 255.

LES DEUX JOIES DU MARIAGE

Le mariage a deux jours exquis seulement :
La noce, et quand le veuf conduit l'enterrement.

Anth. Pal., **XI**, 381.

TROIS POÈMES SUR LA MORT
DES DIEUX GRECS

I

À PROPOS D'HERCULE

J'ai vu Hercule en rêve. « Ah ! lui dis-je, déchus,
Tes honneurs ! — Peu ! dit-il, apprends que même un
dieu
S'arrange comme il peut en ces siècles fichus. »

Anth. Pal., IX, 441.

II

SUR UN ÉROS DE BRONZE
DEVENU POÊLE À FRIRE

Un chaudronnier du bel Éros fit une poêle :
Soit ! Puisqu'Éros nous frit et qu'il fond notre moelle.

Anth. Pal., IX, 773.

III

LES DIEUX CAMOUFLÉS EN SAINTS

Chez Marina, les dieux anciens restent debout,
Chrétiens, sauvés du creuset qui épure tout.

Anth. Pal., IX, 528.

CONTRE LES MOINES DU DÉSERT

« Qu'est-ce que cette bande ? — Eh bien, des solitaires.
— Comment ? Par milliers ? Bons dieux ! Les mots s'al-
tèrent. »

Anth. Pal., XI, 384.

PROBABLEMENT ÉCRIT PENDANT
LA PERSÉCUTION
DES PAÏENS SOUS THÉODOSE

Les dieux sont las de nous, nous Grecs, et tout s'en-
fonce
Chaque jour un peu plus. La Rumeur, étant femme
Et déesse, nous trompe aussi. Quand, troublant l'âme,
Quelque bruit redoutable est dans toutes les bouches,
Il est vrai. Attends-toi aux lendemains farouches.
Mais le pire, qui vient, viendra sans qu'on l'annonce.

Anth. Pal., X, 89.

LE SANGLOT LONG

Je naquis dans les pleurs ; je mourrai dans les pleurs,
Et la vie entre deux fut un torrent d'alarmes ;
Pauvre race dissoute en regrets, en douleurs,
Pauvre race qui coule ainsi qu'un flot de larmes...

Anth. Pal., X, 84.

LE TRISTE JEU

Rappelle-toi le jeu obscur qui t'a produit,
Toi, l'œuvre d'un sursaut et d'une triste goutte !
« Fils du ciel étoilé », « divin », es-tu séduit
Par ce rêve immortel sous la céleste voûte,
Ce songe de Platon ? Rentre en toi-même et doute.
Regarde de plus près. Une glaire dissoute
Dans de la chair humide en un lascif déduit,
C'est tout. Fils du drap moite et du douteux minuit...

Anth. Pal., X, 45.

LE THÉÂTRE DU MONDE

Notre vie ? Un spectacle. Apprends donc, mon vieux
                                        frère,
Hilarant, à jouer la farce, ou, au contraire,
À vivre, héros tragique, et jusqu'au dénouement,
En plein danger, en plein malheur, en plein tourment.

Anth. Pal., X, 72.

LE TEMPS ET L'INSTANT

Nous naissons tous chaque matin dans l'aube grise,
Survivant nos hiers et le passé défunt.
Ne dis pas : « J'ai beaucoup vécu... » Vaine méprise !
De tant de jours passés il ne t'en reste aucun.
Ta vie, ou, mieux, ce qui en reste, part d'ici.
Ce qui précède est détritus, tison noirci.

Anth. Pal., X, 79.

LA VAGUE DU TEMPS

Hélas ! Ô sort de l'homme ! Inexorable temps !
Nous dormons, nous mangeons, attristés ou contents,
Travaillant dur ou batifolant sur la berge :
Le flot s'enfle derrière nous et nous submerge.

Anth. Pal., X, 81.

LA VIE ET LE SOUFFLE

Nous voyons le soleil et nous respirons l'air ;
Car notre vie ainsi subsiste, ô pauvres hommes !
Et nous recevons l'être, organes que nous sommes,
Grâce à ce va-et-vient d'une haleine fragile,
Par nos narines absorbant ce pur éther.
Mais qu'une main presse un instant l'isthme de chair,
Le cou, étroit conduit, et ce souffle vivant
S'interrompt, et nous étouffons, vidés de vent,
Néants faits d'un peu d'air dans un soufflet d'argile...

Anth. Pal., X, 75.

LES DERNIERS GRECS

Sommes-nous morts, nous Grecs, en une ombre pro-
                                                fonde
Entraînés, croyant vivre, et flottant dans un songe ?
Ou sommes-nous les seuls vivants, lorsque tout plonge
Au gouffre, et que la vie est morte, et mort le
                                                monde ?

Anth. Pal., X, 82.

Glycon

(Date incertaine)

On n'a qu'une épigramme de ce Glycon totalement inconnu mais d'époque assurément tardive. Le ton et la pensée en sont analogues à ceux de Palladas ; on l'a donc arbitrairement placé à la suite de ce dernier.

*

Tout est rien, tout est vide, et tout farce grossière.
Nous sortons du chaos pour devenir poussière.

Anth. Pal., X, 124.

Épigramme mystique anonyme

(Date incertaine)

Cette très belle épigramme de ton nullement classique, et de date évidemment tardive, exprime avec une violence hallucinée l'angoisse de l'âme enfermée dans la chair et le rêve du retour à l'unité divine. Très proche par le contenu des *Hymnes* de Proclus, elle fut peut-être l'œuvre d'un mystique néo-platonicien, d'un disciple de Plotin ou de Porphyre. Il est plus que douteux, étant donné la nuance particulière de l'expression, qu'elle puisse émaner d'un chrétien. Il est aussi fort improbable qu'elle soit de Palladas, à qui l'*Anthologie Palatine* la prête.

LA PRISON DU CORPS

Corps, mal de l'âme, faix, nécessité, Enfer,
Destinée, et carcan, et bourreau notre maître !
Mais quitte-le, ce corps, romps cet anneau de fer,
Et fuis vers le divin et l'impérissable Être.

Anth. Pal., X, 88.

Proclus

(ve siècle de notre ère)

Né à Byzance d'une noble famille d'Asie Mineure, Proclus est l'un des derniers philosophes de la grande lignée païenne. Cet homme studieux étudia d'abord à Alexandrie, puis à Byzance, et finalement consacra sa vie à l'école philosophique d'Athènes, dernier retranchement de la pensée religieuse antique. Durant une persécution, il se réfugia en Lydie, puis revint diriger l'École. Il mourut à Athènes vers 487, âgé de soixante-quinze ans. On l'enterra sur la colline du Lycabette, près de son maître Syrianus, son prédécesseur à l'École, dans un tombeau pour lequel il avait composé lui-même une pieuse inscription. Comme nombre de philosophes de l'Antiquité, Pythagore, Socrate, Épicure lui-même, et en particulier son maître néo-platonicien Plotin, il fut un saint autant qu'un sage. Ses disciples crurent souvent voir autour de sa tête le halo considéré de tout temps comme le signe distinctif d'une âme inspirée.

Avec lui, comme avec Jamblique, Porphyre et Julien, le néo-platonisme passe la frontière qui sépare une philosophie d'une foi. Toute l'histoire de ce dernier grand mouvement mystique au sein du paganisme expirant reste à faire, non seulement parce que le christianisme triomphant a longtemps accablé ses adversaires de son mépris, mais surtout parce que, même à notre époque, ces doctrines ont trop souvent été commentées par des érudits pour lesquels, même non croyants, les seules formes de pensée religieuse connues et acceptables appartenaient à la tradition judéo-chrétienne. Faute de replacer le néo-platonisme quasi théurgique des derniers « Grecs » dans le grand courant de l'expérience religieuse orientale, auquel il appartient, on n'y a vu qu'élucubrations mort-nées de philosophes de plus en plus à l'écart de la réalité de leur temps. En fait, ces derniers néo-platoniciens innovaient au moins autant qu'ils conservaient : pour la première fois, ils s'efforçaient de réunir en un corps de doctrine les mythes éclatants et obscurs de l'ancien paganisme, de transformer en enseignements accessibles à tous des explications symboliques confinées jusque là à de petits cénacles initiatiques. Avec eux, sans qu'on puisse bien voir par quels chenaux se faisait cette nouvelle prise de contact avec l'Orient, le paganisme s'hindouisait. Les vues d'un Proclus sur le devenir, les cycles de vies successives, le retour à l'unité divine sont très proches des méditations d'un brahmane ; il n'est pas jusqu'à son pieux dévotionalisme qui ne fasse songer à la *bhakti*, la mystique effusion du cœur, qui allait, et précisément vers la même époque, se développer de plus en plus au sein de l'hindouisme. On rêve en lisant Proclus à ce qui fût advenu si le monde avait adopté cette forme de rénovation religieuse au lieu de se christianiser, ou du moins si ces deux aspects du sacré avaient pu coexister[1].

1. Que ces vues eussent pu se concilier avec celles du christianisme est d'ailleurs prouvé par le fait que l'*Hymne à Dieu*, de Proclus, a été parfois attribué, sans grande vraisemblance pourtant, à Saint Grégoire de Nazianze. Pour le reste, les vues néo-platoniciennes ont surtout reparu au sein du christianisme sous forme de notions mystiques toujours suspectes et parfois d'hérésies violemment persécutées.

Proclus avait beaucoup écrit. Outre les huit ou neuf *Hymnes* qui nous restent de lui, nous possédons encore des *Éléments de Théologie* et plusieurs commentaires sur des dialogues de Platon.

Un apologiste chrétien nous a conservé, dans la réplique qu'il y fit, une petite partie de ses *Objections au Christianisme*.

HYMNE AUX MUSES

Ô clartés ramenant à la source première,
Ô voix, filles de Zeus ! Ô les neuf instructrices,
Par qui tous les humains, grâce aux choses écrites,
Peuvent s'initier et revoir la lumière !
Aidez-nous, malheureux errant en plein abîme,
À retrouver en nous la vérité sublime,
À regagner les hauts sentiers, à ressaisir
Ce dont nous sépara le vain flot du désir !
Vierges, préservez-moi des vertiges indignes !
Que les livres des anciens sages, et les signes
Laissés par eux, m'illuminent et m'affranchissent.
Que les mortels bornés, qui de loin craignent Dieu[1],
Ne m'intimident pas, Muses, ni n'infléchissent
L'élan qui m'a porté vers ce juste chemin,
Hors du tumulte vil et du désordre humain,
Et de l'erreur où nous plonge le fait de vivre.
Instruit par vos conseils, permettez-moi de suivre
Votre exemple ; en mon sein allumez le pur feu
De l'esprit, et donnez-moi ce don divin,
La voix qui persuade et le mot qui convainc.

1. Semble une allusion aux Chrétiens.

HYMNE À TOUS LES DIEUX

Ô pilotes divins ! Inspirateurs du sage !
Vous qui nous conseillez dans notre âpre passage
Hors de cet antre obscur dont nous voulons sortir !
Exaucez-moi, ô dieux ! Et faites-moi connaître
L'incorruptible Dieu qui réside en mon être !
Que de votre clarté je sache me vêtir !
Que les livres divins par vous me soient ouverts !
Percez l'obscurité dont nos sorts sont couverts !
Et qu'un mauvais pouvoir ne nous retienne pas,
Sous les flots du Léthé, dans le pays d'en bas !
Que nous cessions, liés, expiant tous nos torts,
De peiner tristement dans la prison des corps,
Enfermés dans la chair de naissance en naissance !
Ramenez-moi vers vous, ô dieux, claire puissance !
Et que je trouve enfin le chemin du retour,
Sauvé, baigné par vous, guidé par votre jour...

HYMNE À DIEU

Comment te célébrer, ô toi plus loin que tout ?
Par quel mot, sous quel nom ? Innommable, innom-
                                               mé,
De toi vient chaque mot que nous avons formé ;
Inconnaissable, aucun esprit ne te contient ;
Tout ce que nous pensons cependant t'appartient.
Tous nos maux, nos bonheurs, et nos désirs dépen-
                                               dent
De toi, Être inouï, que nos âmes entendent,
Psalmodiant pour toi un hymne de silence.
Tout vient de toi, mais toi, tu ne nais pas, tu es.
Tu restes immobile, et vers toi tout s'élance.

Tu es le centre et le début, tu es le bout
Et le but, tu es l'Un, et cependant divers,
Et ni divers, ni un. Comment donc t'appeler,
Toi le seul être dont on ne puisse parler ?
Toi recouvert de feux par d'autres feux couverts,
Caché par ta clarté. Et quelle intelligence
T'atteindrait au delà de toute contingence ?
Sois-moi propice, ô toi devant qui tout s'abîme,
Toi qu'on ne peut nommer ni définir sans crime.

Abel, *Orphica*, Leipzig, 1885.

464

Odelettes anacréontiques

(Du 1ᵉʳ siècle avant notre ère au vɪᵉ siècle environ de notre ère)

Ces odelettes mises sous le nom d'Anacréon datent de l'époque gréco-romaine, voire byzantine. C'est toujours avec surprise qu'on constate que les érudits de la Renaissance, si passionnés de grec, ont pu prendre pour des productions du poète de Téos, dont les fragments qui nous restent ont les formes à la fois souples et vigoureuses des *kouroi* archaïques, ces versiculets vifs et légers, mais monotones, à peu près comme sont vives et monotones les chansons à boire et à aimer de notre xvɪɪɪᵉ siècle, et composés dans ce grec déjà tardif connu sous le nom de « langue commune ». Ils s'y trompèrent par une erreur analogue qui leur fit prendre l'aimable poète d'*Héro* et *Léandre* pour un précurseur d'Homère : ces confusions étaient chez eux un effet de l'amour.

Non que les auteurs de ces gracieux petits riens aient été le moins du monde des faussaires : ils tournaient des odelettes sur des thèmes chers au vieil Anacréon, du moins tel qu'ils se le représentaient, à peu près comme en France on a écrit des poésies marotiques bien après Clément Marot, sans la moindre intention de tromper personne. Par réaction contre l'enthousiasme confiant d'un Henri Estienne ou d'une Madame Dacier, nous dédaignons trop aujourd'hui ces gentils témoignages de la « dolce vita » antique. Outre leurs légers mérites, ils nous touchent parce qu'on a continué à les aimer, et quelquefois à en produire, en des temps qu'on eût crus réfractaires à ce genre de bagatelles. Des magistrats du VIᵉ siècle, qui envoyaient au bûcher les bougres et au couvent les filles repenties, se sont délectés à lire, et parfois à écrire, de petits vers en l'honneur de « mon hétaïre » ou du beau Bathylle. Des courtisans qui félicitaient le très saint et très auguste Basileus d'avoir fait renvoyer dans leur pays dix mille prisonniers bulgares, préalablement aveuglés, chaque peloton conduit par un homme à qui on s'était contenté de crever un œil, s'ébattaient encore poétiquement, vers l'an mil, parmi les colombes et les zéphyrs de l'Antiquité. Des gens qui contemplaient, sur les mosaïques de Sainte-Sophie, les majestueux chœurs des anges émulés par la voix des chantres, se laissaient éventer en pensée par les petites ailes des Éros de cire. Il n'est pas exclu que le jour de l'assaut de Constantinople par Mahomet II, un lettré incorrigible se soit surpris à fredonner l'odelette « aux femmes » ou « à l'hirondelle ».

Un genre littéraire ne reste pas si longtemps en vogue sans d'imperceptibles changements. Parmi ces poncifs du plaisir à l'antique se glissent çà et là les signes d'une sensibilité différente. L'odelette XIX, « le buveur justifié », est presque digne des puissants buveurs chinois T'ang et Sung, accordés eux aussi, à les en croire, à la nature des choses[1]. L'odelette XX, basée, comme quelques autres fragments d'inspiration analogue, sur la notion de la métamorphose amoureuse, devance dans l'emploi des mêmes thèmes le folklore des langues romanes[2], avant d'être consciemment imi-

1. « Puisque le ciel et la terre aiment le vin, pourquoi un buveur serait-il méprisé ? » Li Taï-Po, LXXXI.
2. Où ils prennent, toutefois, une sombre intensité, qui n'est pas grecque. L'amant du *Cante hondo* et celui de la chanson provençale souhaitent être la tombe qui enfermera leur belle. L'amour hellénique ne semble pas avoir connu cette flamme noire.

tée par Corneille dans *Psyché*. L'ode « à la cigale », unique par sa grâce quasi incorporelle et par sa tendre sympathie pour l'insecte frêle et pur, aurait paradoxalement pu naître sur les lèvres d'un fils de marchand d'Assise. Sur ces Bacchus un peu veules et ces Amours destinés à batifoler un jour chez Boucher, passe de temps en temps un souffle frais de Moyen Âge.

La chute de Byzance fit essaimer ces légères babioles en même temps que d'autres et sévères chefs-d'œuvre. Les poètes de la Pléiade les imitent en y mettant la verte vigueur de leur siècle ; les poètes cavaliers de l'Angleterre y versent la gouttelette irisée en suspens dans toute poésie anglaise. L'Américain Thoreau lui-même, plongé dans la contemplation d'une nature quasi vierge, s'est essayé à traduire librement des « anacréontiques ». Ainsi du pépiement des oiseaux, renouvelé, mais toujours pareil à lui-même, tant qu'il y aura des printemps et des oiseaux.

LE BUVEUR JUSTIFIÉ

La terre boit la pluie
Et les arbres la terre ;
La mer se désaltère
Au passage des brises ;
Le soleil boit la mer,
La lune le soleil.
Pourquoi donc, camarades,
Me défendre de boire ?

Anacr., XIX.

467

LES MÉTAMORPHOSES

Niobé devint un rocher
Et Progné une hirondelle.
Ah ! Que je me change en miroir,
Ô belle, où tu pourras te voir,
Ou en robe par toi portée !
Que je sois l'eau qui te lave,
La myrrhe dont tu te parfumes,
Ou la perle entre tes deux seins,
Ou plutôt la mince sandale
Que tu foules de tes beaux pieds !

Anacr., XX.

POUVOIR DES FEMMES

La nature aux taureaux
Donne leurs grandes cornes,
Aux chevaux des sabots,
Aux lièvres la vitesse,
Aux lions leur mâchoire,
Leur nageoire aux poissons,
Leurs ailes aux oiseaux,
Aux hommes leur esprit.
N'a-t-elle rien donné
Aux femmes ? — La beauté,
Plus forte que les piques,
Et que les boucliers.
Car la beauté triomphe
Et du fer et du feu.

Anacr., II.

À LA CIGALE

Ô cigale bienheureuse,
Perchée au sommet des arbres,
D'un peu de rosée abreuvée,
Tu chantes, pareille à un Roi.
Tout ce que tu vois dans les champs,
Tous les produits des saisons
T'appartiennent, inoffensive
Cigale chère aux laboureurs.
Chacun ici-bas t'honore,
Doux prophète du printemps !
Chère aux Muses, et d'Apollon
Aimée, ayant reçu de lui
Ta voix pleine d'harmonie,
La vieillesse ne t'atteint pas,
Ô sage fille de la terre,
Ô cigale musicienne !
Sans maux, quasi incorporelle,
Tu es presque semblable aux dieux !

Anacr., XLIII.

À L'HIRONDELLE

Ah ! babillarde hirondelle,
Comme jadis le roi Térée,
Vais-je m'en prendre à ton aile,
Ou à ta langue, ô volubile ?
Aujourd'hui, tes cris matinaux,
Ô stridente, ont fait s'envoler,
D'entre mes bras, mon Bathylle !
Tu m'as arraché mon beau songe !
Aronde, comment te punir ?

Anacr., XII.

À BATHYLLE

Assieds-toi, mon Bathylle,
Au pied de ce bel arbre ;
Sa chevelure ondoie
Avec un doux murmure ;
Au pied coule une source
Invitant au sommeil.
Qui peut, dans ce beau lieu,
Passer sans s'attarder ?

Anacr., XXII.

SUR SOI-MÊME

Mes cheveux sont tout blancs ;
Adieu, douce jeunesse !
Mes dents même vieillissent.
Je n'ai que peu de temps
Pour jouir de la vie.
C'est pourquoi je gémis,
Craignant l'affreux Hadès,
Et son chemin en pente
Qu'on ne peut remonter.

Anacr., LVIII.

Agathias le Scolastique

(Fin du Vᵉ et VIᵉ siècle de notre ère)

Agathias le Scolastique (c'est à dire l'avocat), poète, chroniqueur et compilateur, vécut à Byzance sous Justinien, et y mourut, semble-t-il, peu après 558, date à laquelle s'arrête son *Histoire* des événements contemporains, que nous avons encore, destinée dans sa pensée à continuer celle de Procope. L'ouvrage couvre une période assez brève pour laquelle on n'a pas d'autre annaliste.

L'*Anthologie* d'Agathias contenait, outre des vers de poètes de la génération précédente (ceux de Palladas, entre autres), ses propres épigrammes et celles de versificateurs de son temps, les uns riches amateurs, consuls, préfets, chambellans, d'autres appartenant comme Agathias lui-même aux professions libérales, avocats, grammairiens, ou archivistes du palais. Tous ces gens étaient, il va sans dire, chrétiens, et probablement chrétiens convaincus, car peu d'individus, où qu'ils soient, résistent aux idéologies de leur siècle. Tous écrivaient en grec, comme d'ailleurs tous les lettrés byzantins de l'époque, quoique la langue officielle de l'empire fût le latin et l'allât rester pendant près de deux cents ans. Tous étaient imprégnés de culture classique et tournaient agréablement l'épigramme « à l'antique ». De ces auteurs distingués, deux seulement, Agathias, qui suit, et Paul le Silentiaire, qu'on lira plus loin, étaient à quelque degré poètes.

De la centaine de pièces qui restent d'Agathias, ce qui domine est, bien entendu, l'imitation. Épitaphes écrites sur le mode de l'Antiquité païenne, bien que sur ces morts eût été récitée la liturgie de Saint Basile, offrandes à Pan ou à Bacchus, descriptions d'œuvres d'art de la belle époque, dans le style fignolé des grands petits maîtres d'autrefois, sans compter, de plus, un poème en neuf livres traitant d'amours mythologiques, aujourd'hui perdu. Les réalités quotidiennes d'une existence d'homme de loi percent çà et là sous la rengaine érudite : des vers de jeunesse le montrent regrettant d'avoir à rester en ville faire son droit au lieu d'aller aux champs parler littérature avec un camarade et courtiser une tendre amie. Il fait l'éloge des condisciples morts jeunes ; il fabrique de bons mots au sujet d'un légiste arrogant, d'un magistrat révoqué ou d'une sentence embrouillée. Ce milieu de bourgeois lettrés semble avoir encouragé les études des femmes : une épigramme pour sa sœur nous apprend que celle-ci était versée en jurisprudence.

Deux poèmes sur une perdrix apprivoisée, un aimable huitain accompagnant un envoi de bijoux à sa fiancée rendent sympathique cet homme sérieux. En fait d'érotisme, il chante volontiers les femmes mûres et la conquête des adolescentes bien gardées : la pièce qui le montre profitant du pesant sommeil d'une servante pour se glisser au lit de sa belle est déjà du Boccace. D'autre part, ses vers sur les inconvénients de l'amour et les sanctions, légales ou autres, auxquelles l'amoureux s'expose, prouvent qu'en ce domaine Byzance ressemblait point pour point à n'importe quelle ville à n'importe quel siècle de l'ère chrétienne.

Enfin, quatre poèmes destinés à être gravés sur la porte de latrines publiques d'un faubourg de Smyrne, qu'il avait, semble-t-il, rénovées à ses frais, ont le mérite de l'originalité, aucun épigrammatiste avant lui n'ayant, sauf erreur, composé d'inscription pour un édicule de ce genre. Ces quatre pièces moralisantes dénoncent avec vigueur la gloutonnerie humaine, mais l'insistance d'Agathias à décrire en détail les efforts d'un homme accroupi ferait supposer qu'il souffrait lui-même d'un échauffement d'entrailles.

Agathias avait de plus rédigé un certain nombre de distiques pieux destinés à des murs d'église. On les trouvera au chapitre traitant des inscriptions chrétiennes.

À PAUL LE SILENTIAIRE

Donc, la campagne est vert et or. Les hauts cyprès
Abritent tous des nids, et la mésange auprès
De ses nouveaux petits gazouille et s'égosille.
La colombe gémit sous la dense charmille.
Moi seul, je sèche ici. J'avais tant souhaité
T'écouter murmurer tes vers au soir d'été...
Plus encor qu'Apollon, j'aurais aimé t'entendre.
J'ai deux amours : toi, cher, et la génisse tendre,
La charmante maîtresse à qui mon cœur se doit,
Mais il faut cependant que je fasse mon droit.

Anth. Pal., V, 292.

À SA FIANCÉE

Cette résille d'or est tissue avec art !
Ô ma tendre promise, ornes-en tes cheveux.

Enroule cette écharpe à ton cou... Si tu veux,
Serres-en tes beaux seins, fais-t'en une ceinture...
Aux vierges ces doux riens conviennent. Mais plus
tard,
Tu seras mère, heureuse en ta progéniture,
Et je te ferai faire un lourd bandeau d'argent
Et de joyaux, au vif éclat clair et changeant.

Anth. Pal., V, 276.

PLAINTE DES FILLES BIEN GARDÉES

Nos frères sont heureux plus que nous, pauvres filles.
Un garçon peut sortir avec ses camarades,
Et jouer avec eux, et leur dit les vétilles
Qui l'affligent, et va se distraire aux parades
De la rue, où toujours on peut voir du nouveau.
Mais nous, l'on nous confine ainsi qu'en un caveau,
Dans notre chambre sombre, en proie au triste ennui,
Et c'est à peine si pour nous le soleil luit.

Anth. Pal., V, 297.

L'AMOUR À BYZANCE

Comment trouver l'amour ? Cherche-le dans la rue,
Chez les filles, et tu seras bientôt grugé.
Aime une vierge ? Hélas ! Ta tendresse incongrue
Mène en prison ou bien aux justes noces. J'ai
Peu d'appétit pour le badinage obligé,
L'ivresse de rigueur qu'une épouse nous verse.
Un garçon ? C'est un crime. Et l'adultère aussi.

N'en parlons pas. La belle veuve ? Elle est perverse,
Avide, et plus rusée encor qu'une putain.
Mettons qu'elle soit chaste. Est-ce un plaisant destin
Qu'avoir une maîtresse à la honte, au souci
En proie, et, quand l'affaire a enfin réussi,
De peur de racontars te donnant ton congé ?
Ton esclave ? D'accord, mais si le jeu te plaît,
Résigne-toi d'emblée à être son valet.
L'esclave du voisin ? Tu seras arrêté
Et puni pour enfreinte à la propriété.
Que faire ? Dédaignant les Laïs d'autrefois,
Diogène eut raison de préférer ses doigts.

Anth. Pal., V, 302.

SUR LA PORTE DE LATRINES

C'est en ce lieu qu'il faut que s'achève et se perde
Le trésor des gloutons et des savants gourmets.
Le faisan, le poisson et les complexes mets
D'illustres maîtres queux n'y sont plus rien que merde.
Le ventre a déchargé le faix dont l'alourdirent
La langue qui goûta et les dents qui mordirent,
Et le prodigue ici péniblement avoue
Qu'un or mal dépensé s'est transmuté en boue.

Anth. Pal., IX, 642.

Paul le Silentiaire

(VIe siècle de notre ère)

Paul le Silentiaire, qui faisait partie du groupe de chambellans chargés d'imposer silence durant les audiences impériales, fut l'ami d'Agathias et appartint au même cercle de gens de lettres. Mais si Agathias fait figure de grand bourgeois adonné à une profession libérale, Paul a des caractéristiques d'homme de cour. Riche amateur, il semble avoir consacré ses loisirs à la poésie et aux femmes.

Sur les quatrevingts épigrammes environ qu'on a de lui, il faut en défalquer une moitié, que leur érudite banalité rend interchangeables avec celles de tous les lettrés de l'époque. Le reste est parfois d'une surprenante originalité. Paul est sensible, presque à l'excès, à la grâce féminine ; plus encore que les femmes, il semble bien, chose assez rare de son temps, avoir surtout aimé la femme. Cet amant ligoté par un cheveu de sa maîtresse a des vers qui font parfois songer aux pâmoisons de la poésie arabe et persane, et parfois aux « jouissances », tantôt brutales, tantôt alambiquées, des poètes français du XVIIe siècle.

C'est ainsi dans l'expression du plaisir que Paul le Silentiaire a dit son meilleur mot, mais ses pièces de circonstance portent aussi la marque de ce parfait homme du monde, qu'il s'agisse d'une épître aimablement moqueuse à Agathias le Scolastique, d'un éloge d'un mime ou d'une musicienne, du souhait pour sa chère fille d'un heureux mariage, ou de deux épigrammes laudatives au sujet du portrait d'une certaine Théodora qu'on suppose parfois avoir été l'impératrice. Si c'est bien le cas, ces deux madrigaux furent assurément composés à l'époque où la future femme de Justinien n'était encore qu'une fille fort en vogue. Enfin, une mention écœurée des viandes ensanglantées et des arêtes de poisson encombrant la desserte au cours d'un banquet nous renseigne sur les dégoûts de ce raffiné.

Il reste en outre de Paul le Silentiaire deux pièces de vers assez longues sur l'église de Sainte-Sophie, sujet quasi obligatoire pour un poète en vue vers 535. Une épigramme ironique qu'on lira plus loin, imitée de Callimaque, mais d'un scepticisme infiniment plus insidieux, fait douter de la profondeur de ses sentiments chrétiens.

À AGATHIAS LE SCOLASTIQUE
RESTÉ À CONSTANTINOPLE
POUR ÉTUDIER LE DROIT

Non ! Le farouche amour ne connaît pas de loi.
Il ne se laisse pas supplanter par le code,
Et l'on choisit de faire ou l'amour ou le droit.
Tu n'aimes pas, si ton faible cœur s'accommode
De l'absence, et redoute un Bosphore orageux.
Léandre pour Héro, amant plus courageux,
Le bravait dans la nuit. Sans craindre le ressac,
Tu pourrais aujourd'hui le traverser en bac.

Mais la loi pour l'amour n'a que vagues mépris :
On ne peut embrasser et Pallas et Cypris.

Anth. Pal., V, 293.

LE CHEVEU D'OR

Doris s'est arraché l'un de ses cheveux d'or
Et m'en lia les mains ; et j'en fus le captif.
De ce faible lien je riais tout d'abord,
Mais ma force n'a pu le briser, et, plaintif,
Me résignant comme un forçat chargé d'entraves,
Où qu'elle aille, je vais, l'âme et les sens esclaves.

Anth. Pal., V, 230.

LE SPECTACLE DE L'AMOUR

Je les ai vus, ces deux amants : leur long baiser
Les enivrait, mais sans pourtant les apaiser.
Pour s'unir davantage, ô chimère charmante !
L'amant voulait porter la robe de l'amante,
Et l'amante à son tour lui prit ses habits d'homme.
Ainsi Achille errait parmi les filles, comme
Une fille lui-même ; ainsi, pareils aux plantes,
Ils s'enlaçaient, liant leurs bras, leurs mains brûlantes,
Et leurs deux corps fondus en cette ardeur intense...
Hélas ! mon pauvre amour, nous brûlons à distance !

Anth. Pal., V, 255.

SUR UNE JOUISSANCE

La fureur du plaisir s'empare de nos corps,
Et nous sombrons tous deux dans la mer de délices.
Quelle terreur, quelle honte, quelles rumeurs
De batailles, quelle menace de supplices
Pourraient nous dénouer ? Puissé-je, moi qui meurs
De joie, être lié sur ton corps pour jamais
Comme le fut Arès dans des bras bien-aimés !
Peu m'importe qui me surprend contre ton sein,
Et me voit t'enlacer et de toi me repaître ;
Qui que ce soit, un étranger, ou un voisin,
Ou bien (grands dieux !) ma propre femme, ou bien un
                                                    prêtre.

Anth. Pal., V, 286.

LES DERNIERS VOILES

Rejetons ces minces vêtements, ma charmante,
Et soyons nus, l'amant sur le cœur de l'amante.
Nul tissu entre nous ! Cette fragile gaze
Sépare autant que le rempart de Babylone.
Joignons nos bras, joignons nos bouches dans l'extase,
Puis silence ! J'ai horreur du bavard qui jase
Impudemment des biens secrets que l'amour donne.

Anth. Pal., V, 252.

À UNE FEMME AIMÉE
EN LUI ENVOYANT
UNE PERLE DE GRAND PRIX

Même si tu t'en vas au bout des grands déserts,
L'amour (il est ailé) te suivra dans les airs ;
Et si tu t'es cachée au pays de l'aurore
(Aussi rose que toi), j'y parviendrai encore.
Je t'envoie aujourd'hui ce fruit des flots amers.
Ne m'en veux pas. Ce don t'est fait par Aphrodite :
La déesse à ta vue, hésitante, interdite,
Met à tes pieds charmants une perle des mers.

Anth. Pal., V, 301.

DÉCLARATION
D'UNE BELLE INCONSTANTE

Quand j'embrasse Hippomène, il me faudrait Léandre,
Si Léandre à son tour dans ses bras vient me prendre,
C'est Xanthus qu'il me faut, et quand Xanthus m'en-
traîne
Vers l'amour, de nouveau je voudrais Hippomène.
Ainsi toujours mon corps recherche une autre étreinte
Et vers d'autres trésors je me tourne sans crainte.
Vous osez me blâmer dans mes divers plaisirs :
Je vous laisse à la pauvreté de vos désirs.

Anth. Pal., V, 232.

LES LARMES

Bien doux est son sourire, et ses larmes aussi
    (Long pleur au bord d'un cil qui tremble) ;
Elle appuyait la tête à mon épaule ; ensemble,
    Nous rêvions ; soudain, ses lèvres
Soupirèrent ; je les baisai, mais son souci
    Persista ; glaçant nos deux fièvres,
Des larmes, source pure et triste, coulaient d'elle.
    Et je lui dis : « Mon tendre amour,
Pourquoi ? » Elle : « J'ai peur. Tu t'en iras un jour.
    Tout amant est un infidèle. »

Anth. Pal., V, 250.

SUR LA MORT D'UN MIME

Tu fus un mime, ami, et ton art gracieux
Nous rendait des héros la vive ressemblance ;
Ceux qu'exaltaient tes seuls gestes silencieux,
Les voilà consternés par ton total silence.

Anth. Pal., VII, 563.

À SA FILLE, ÉCRIT SUR L'ORLE
D'UNE COUPE

Sur ce hanap, enfant, ta lèvre s'est posée :
Puisses-tu le vider un jour, jeune épousée !

Anth. Pal., IX, 770.

DIALOGUE ENTRE UN TOMBEAU
ET UN PASSANT

— Mon nom fut...
        — Que me fait ?
                — Et mon pays...
                        — Qu'importe ?
— J'étais bien né.
            — Si tu étais d'ignoble sorte,
Ce serait tout pareil.
                — Mes vertus, mes services
Ont fait parler de moi.
                — Et si c'étaient tes vices ?
Et puis après ?
            — Je dors, couché sur cette terre.
— Mais qui parle ? Et à qui ? Autant vaudrait nous
                                taire.

Anth. Pal., VII, 307.

Damascius

(VIᵉ siècle de notre ère)

Damascius, qui fut le dernier chef de l'école néo-platonicienne d'Athènes, avait écrit plusieurs ouvrages aujourd'hui perdus. Il reste pourtant un traité intitulé *Dou-
tes et solutions au sujet des premiers principes* qui atteste des
qualités d'intelligence rares à cette époque de pensée
confuse et d'étroit dogmatisme.

En 526, Justinien fit fermer l'École. Les philosophes
réduits au silence, et Damascius à leur tête, acceptèrent
une invitation à se rendre en Perse émanant de ce
prince lettré et frotté d'hellénisme qu'était Khosroès.
Toutefois, les exilés s'aperçurent sans doute que l'intolérance des mages valait celle des moines, car ils semblent avoir vite manifesté le désir de rentrer au pays. Ils
étaient cependant l'objet d'une sollicitude toute spéciale
de la part de Khosroès, puisque celui-ci stipula dans son
traité de 535 avec Justinien que les philosophes de
retour en territoire « romain » n'auraient pas à être
molestés pour leurs croyances. Ce n'est pas l'une des
moindres ironies de l'histoire que cette protection ac-
cordée par le fabuleux prince sassanide à des philosophes grecs, mille ans après les guerres médiques, huit
cents ans environ après l'écroulement momentané de
l'empire perse sous les coups d'Alexandre : c'est à la
cour d'un potentat que les Grecs classiques eussent qua-

lifié de « barbare » que la philosophie néo-platonicienne fut enseignée librement pour la dernière fois avant la Renaissance.

Il semble que Damascius et ses collègues rentrèrent effectivement en Grèce. Certains, entre autres Ammonius et Philoponus, continuèrent à écrire, sinon à professer, et, croit-on, sans particulières vexations. Quant à Damascius, on perd sa trace.

L'épigramme suivante, seul poème qu'on connaisse de lui, nous est donnée par l'*Anthologie Palatine* comme une épitaphe, mais pourrait aussi bien être un poème de manumission.

À SON ESCLAVE ZOZIMA

Ton corps est affranchi après les maux soufferts :
Déjà, et de tout temps, ton âme était sans fers.

Anth. Pal., VII, 553.

En guise d'épilogue

Quelques épigrammes chrétiennes d'époque byzantine

(Du Vᵉ au IXᵉ siècle de notre ère)

La poésie byzantine chrétienne est en dehors des limites de cet ouvrage. Néanmoins, la présentation des derniers poèmes grecs d'inspiration ou de tradition païenne donnerait des Byzantins qui les composèrent une image par trop biaisée, si l'on ne plaçait à côté de ces vers « à l'antique » quelques poèmes chrétiens parfois écrits à la même époque et par les mêmes poètes, parfois, au contraire, quelques siècles plus tard, mais dans le même style et dans la même forme que ceux de ces contemporains de Justinien. Par exception, ces courts textes donnés à titre d'exemples sont classés ici, non par auteurs, mais par sujets, et suivent les phases successives de la vie du Christ.

Ces pièces fort brèves sont des épigrammes au sens le plus littéral du mot, c'est à dire des inscriptions : la plupart, sinon toutes, étaient destinées à être gravées au bas d'une icône ou sur un mur d'église. Certaines, et non des moins belles, sont l'œuvre d'Agathias le Scolastique, dont on a vu plus haut les produits profanes ; Paul le Silentiaire, on s'en souvient, eut lui aussi son quota de poèmes religieux, mais trop longs et d'intérêt littérairement trop limité pour figurer ici. Le moine Sophronios de Damas, dont on trouvera ci-dessous une offrande de pierres semi-précieuses consacrées au

Christ, passe pour avoir écrit, sans doute avant son entrée dans les ordres, des odelettes anacréontiques. Au IXe siècle, en plein Moyen Âge byzantin, le poète Ignace, Maître des Secrétaires, coule encore ses dévots poèmes dans les moules quelque peu érodés de la poésie antique, et il en sera ainsi jusqu'à la prise de Constantinople par Mahomet II. Le vin nouveau avait été versé dans de vieux vases.

Car c'est bien de vin nouveau qu'il s'agit, et l'identité, ou la quasi-identité, de la prosodie et du style rend plus frappant encore le contraste entre deux vues du monde. Cette poésie dogmatique, empreinte d'un mysticisme hiératique très différent à la fois de la simplicité des Évangiles et de ce que sera plus tard la douceur franciscaine, n'a plus rien de commun avec l'hédonisme et l'intellectualisme alexandrins, et moins encore si possible avec le grand naturalisme mythologique de la lyrique grecque plus ancienne. Pour la première fois, une rigide volonté d'historicité se soude à des abstractions métaphysiques et théologiques : l'image divine est tout ensemble située très spécifiquement à un point de l'histoire humaine (si bien que ne pas croire à sa vérité littérale mènerait au bûcher) et hors du monde terrestre et du temps. Les formes du bas-relief rentrent pour ainsi dire à l'intérieur de la surface plane ; un miroitement d'or entoure des visages habités par une vérité unique et exclusive. Le rêve byzantin a succédé à l'ancien rêve grec.

SUR LA DIVINE INCARNATION

Enfant, Vieillard, Aîné des jours, uni au Père.

Claudien d'Alexandrie, Ve siècle.
Anth. Pal., I, 21.

SUR LA MÊME

Sonnez, trompettes ! Tremble, terre ! Et vous, éclairs,
                                   fendez les cieux !
Mais au sein de sa mère, il s'est glissé, silencieux.

> Agathias le Scolastique, vi[e] siècle.
> *Anth. Pal.*, I, 37.

SUR LA MÊME

Dansez, chantez ensemble, anges au ciel, sur terre
Hommes ! Car homme et dieu ne font qu'un seul mys-
                                                tère.

> Agathias le Scolastique, vi[e] siècle.
> *Anth. Pal.*, I, 39.

SUR LES MAGES

Mages adorateurs du soleil et du feu,
Ce nouveau-né créa le feu et le soleil, adorez-le !

> Agathias le Scolastique, vi[e] siècle.
> *Anth. Pal.*, I, 41.

SUR LA CRÈCHE

La crèche où dort l'Enfant est la voûte céleste.
Elle est plus grande encor, car ce petit a fait le ciel et
                                             tout le reste.

> Agathias le Scolastique, vi[e] siècle.
> *Anth. Pal.*, I, 38.

SUR LA PRÉSENTATION AU TEMPLE

Ce nouveau-né qu'un vieillard porte, adorez-le tous,
stupéfaits !
C'est l'Ancien des Jours : le Temps, les siècles, Il les a
faits.

Ignace, Maître des Secrétaires,
ixe siècle.
Anth. Pal., I, 113.

SUR NOTRE-SEIGNEUR JÉSUS-CHRIST
FILS DE DIEU

Ô toi plus loin que tout, comment t'appellerai-je ?
Comment dire ton nom, à toi plus haut que tout ?
Toi au delà des mots, par quels mots te louerai-je ?

Ménandre le Garde du Corps, ve siècle.
Anth. Pal., I, 102.

OFFRANDE AU CHRIST

Ô Bienheureux ! ô Lumineux ! Fils du Très-Haut !
Reçois ce pur cristal et ces sardoines claires !
Immaculé, né d'une vierge sans défaut,
Reçois ce clair cristal et ces sardoines pures !

Ignace, Maître des Secrétaires,
ixe siècle.
Anth. Pal., I, 116.

SUR L'AVEUGLE-NÉ

L'aveugle-né, ses yeux enfin s'ouvrent au jour,
Car Jésus vint. Il est le Jour ; Il est l'Amour.

Ignace, Maître des Secrétaires,
IXe siècle.
Anth. Pal., I, 117.

SUR LAZARE

Il dit : « Viens ! » Et Lazare émergea de la nuit
Et sentit l'air vivant qui s'insufflait en lui.

Agathias le Scolastique, VIe siècle.
Anth. Pal., I, 49.

SUR LE CALVAIRE

Rocher, heureux rocher, lavé du sang de Dieu,
Sur toi veille une cohorte d'anges de feu,
Et les rois de la terre honorent ton saint lieu.

Sophronius de Damas, VIIe siècle.
Anth. Pal., I, 123.

SUR LA DESCENTE AUX ENFERS

L'Enfer est mort, ayant vomi ses morts.
Il a été purgé, ô Seigneur, par ton corps.

Ignace, Maître des Secrétaires,
IXe siècle.
Anth. Pal., I, 111.

HÉSIODE

Le fragment sur les âges de la vie comporte en grec un seul hexamètre et se termine sur le mot *prière*.

Le passage sur les Muses se compose en grec de deux hexamètres. La traduction est donc métriquement très libre.

TYRTÉE

Traduction légèrement abrégée.

ARCHILOQUE

Le dernier fragment est quelque peu abrégé.

ALCMAN

Aux jeunes filles de Sparte. Quatre vers en grec. Une glose explicative d'Antigone de Caryste, qui nous a conservé ce fragment, a été amalgamée à la traduction.

Chœur de jeunes filles pour la fête d'Artémis Orthia. Cinquante-deux vers dans l'original. La place de certaines lignes a été modifiée par le traducteur, qui s'est efforcé de rendre l'élan du poème, et ses principales métaphores, plutôt que de tenter un exercice de littéralité.

ALCÉE

Sur la légende du retour d'Apollon à Delphes. Vingt-quatre lignes en grec. Traduction considérablement abrégée.

À son frère, mercenaire en Asie. Le nom de ce frère était Antiménidas. Les deux ou trois derniers vers, ou tronçons de vers, qui mentionnent la victoire de ce dernier sur un adversaire de taille gigantesque, ont été omis.

Écrit en exil. Légèrement abrégé.

SAPPHO

Ode à Aphrodite. Vingt-quatre vers en grec. Les épithètes descriptives sont plus nombreuses dans l'original ; le char de la déesse y est traîné par des cygnes.

« *Il est pareil...* » Assez fortement abrégé. Comme pour le fragment précédent, le mètre français imite celui de la « strophe sapphique » traditionnelle, trois vers longs, un vers court.

« *Et je ne reverrai jamais...* » Abrégé d'un tiers. L'original mentionne deux espèces de baumes, et parmi les fleurs la violette (remplacée ici par l'hyacinthe). La verveine ne figure pas dans le poème grec.

« *Rien n'est plus beau...* » Abrégé d'un tiers. L'allusion à Hélène de Troie est plus développée dans l'original.

« *La lune au ciel...* » En fait de constellations, l'original ne mentionne que les Pléiades.

« *La pomme...* » Trois vers grecs, traduits par six vers français plus courts.

« *En avant...* » Ce fragment de chanson de noces est quelque peu abrégé.

« *Apporte ta cithare...* » La bien-aimée se nommait Gongyla.

« *N'insultez pas, enfants...* » et « *Vous vous cachiez...* », fragments considérablement abrégés.

SOLON

« *Ô Temps, sois mon témoin...* » Très légèrement abrégé.

INSCRIPTIONS VERSIFIÉES DU VIe SIÈCLE

Tombeau de jeune fille. La jeune fille se nommait Prasicléia.

Inscription par deux sculpteurs. Un seul distique en grec.

LA POÉSIE DES ORACLES

Avis à Crésus. Nous ne possédons pas cet oracle sous sa forme poétique originale. Il nous est parvenu dans la prose d'Hérodote.

ANACRÉON

Prière à Dionysos. Quelque peu abrégé.

Accorde-moi... Quelque peu euphémistique.

« Ami, je t'aime... » En grec, le nom trois fois répété est celui de Cléobule.

THÉOGNIS

Plus d'un traducteur, supposant que les courts poèmes de Théognis sont en réalité des fragments d'*Élégies* perdues, a tenté de rapprocher entre eux certains passages sans égard à leur place dans les manuscrits que nous possédons. Comme l'indique le numérotage au bas de chaque morceau, sept ou huit poèmes seulement, sur une cinquantaine, se trouvent ici ressoudés de la sorte.

Enfin, six ou sept poèmes tout au plus ont été traduits du Livre II du recueil de Théognis, dont l'attribution est controversée.

SKOLIA

Skolion de Callistrate. Quatre quatrains de vers d'égale longueur dans l'original. Le calque prosodique, dans la présente traduction, est donc seulement approximatif.

PINDARE

Le système prosodique adopté ici pour les traductions de Pindare et pour les fragments de lyrique chorale dans la Tragédie et l'Ancienne Comédie comporte souvent l'emploi de vers syllabiques dépassant en longueur celle de l'alexandrin, et le plus souvent formés par deux vers français de mètre différent accolés l'un à l'autre (12 + 6 ; 9 + 9 ; etc.) ou encore de vers syllabiques de longueur irrégulière, mais rythmés par trois ou quatre accents d'intensité formant césures. Ces tentatives prosodiques ne prétendent en aucune façon offrir un calque exact des schémas métriques du grec, impossibles à rendre exactement en français, mais s'efforcent de donner une idée du mouvement et de la variété de ces formes lyriques destinées à être psalmodiées, chantées et dansées.

ESCHYLE

Prométhée Enchaîné, « La plainte du Titan ». Mêmes remarques que pour la forme prosodique des traductions de Pindare, valables aussi pour Sophocle *(Chant de mort d'Antigone)* et pour Euripide *(Chœur des Bacchantes).*

SOPHOCLE

Antigone, « *L'interrogatoire* ». Légèrement abrégé.

DRAMES SATYRIQUES

Sophocle, *Les Limiers*. Assez fortement abrégé.

L'AUTEUR DE « RHÉSOS »

La relève de la garde. Quelque peu abrégé.

ARISTOPHANE

Lysistrata, « *Un mari déçu* ». Abrégé de quelques vers.

Les Oiseaux. Cette traduction des chœurs des *Oiseaux* est en un sens un montage, en ce qu'elle met bout à bout des passages lyriques séparés dans l'original par des scènes de comédie.
Les longs récitatifs (parabases) ont été rendus en vers de longueur irrégulière, rythmés par des accents d'intensité et coupés de césures comme indiqué plus haut.

PLATON

Pour Aster mort. Le distique original contient par deux fois un verbe de luminosité : *lampein* (resplendir). Les deux vers français doivent se contenter, faute de place, de la double mention de l'étoile du matin et de l'étoile du soir, que les Grecs savaient déjà n'être que les deux positions d'un même astre. Aster, étoile du soir, resplendit sur les morts du même éclat qu'il eut jadis, étoile du matin, parmi les vivants.

Sur le miroir de Laïs. Deux distiques dans l'original.

ARISTOTE

Ode à la vertu. La traduction entremêle à des alexandrins des vers de quatorze à seize syllabes rythmés par des accents d'intensité et divisés par des césures.

POSIDIPPUS

Sur une tombe au bord du rivage. Deux distiques en grec. La traduction omet le nom du noyé : Nicétas.

ASCLÉPIADE DE SAMOS

La cachette des amants. Légèrement paraphrasé. Deux distiques en grec.

494

CALLIMAQUE

Épitaphe d'un enfant. L'enfant dans l'original se nomme Nicotélés.

Les dégoûts d'un raffiné. Traduction assez libre. Les « vers trop connus » sont dans l'original des « poèmes cycliques », c'est à dire ces épopées de cabinet qui agaçaient Callimaque. Les deux derniers vers s'efforcent de rendre par une image de reflet ce qui est en grec une image d'écho. L'ami trop facile se nommait Lysanias.

Sur le suicide de Cléombrotos d'Ambracia. Traduction légèrement paraphrasée. Le grec se contente de dire : « Il avait lu le traité de Platon sur l'âme. »

Sur la tombe d'un noyé. Deux distiques en grec.

Sur un poète mort à l'étranger. Trois distiques en grec.

APOLLONIUS DE RHODES

Médée quitte la maison paternelle. Le passage où Médée, parvenue au bord de la rivière, aperçoit le camp de Jason sur l'autre berge, est assez fortement abrégé.

THÉOCRITE

La Magicienne. La traduction littérale du titre serait *Les philtres magiques.* Mais on s'est ici conformé à l'usage.
Cent soixante-six vers dans l'original. Quelques allusions mythologiques ont été omises, ou du moins considérablement réduites dans la traduction. Des noms de comparses, et quelques détails d'un réalisme qui a son prix ont été, bon gré mal gré, éliminés, pour ne pas alourdir d'incidentes un texte versifié destiné à rendre surtout quelque chose de la fougue et du mouvement de l'original. Au lieu de « ta prêtresse, la jeune Io », le poème grec nous présente une porteuse de corbeilles sacrées, Anaxo, fille d'Eubulos, et l'une des bêtes figurant dans le cortège auquel elle prend part est une lionne. C'est « la nourrice thrace de Theumaridas, morte depuis », et non une quelconque voisine, qui insiste pour que Simétha voie la procession ; l'amie qui lui prête une tunique, anonyme ici, s'appelle en grec Cléarista. C'est près de la maison de Lycon, et non de Mélité (mise pour la rime), que Simétha aperçoit Delphis pour la première fois, et le dandy qui accompagne celui-ci est un certain Eudamippos, et non Philinos, autre camarade dont le nom dans l'original ne viendra que plus tard.

Des propos de Delphis assis sur le lit de Simétha, ont disparu deux ou trois lignes sentencieuses sur le pouvoir de l'amour, surprenantes d'ailleurs chez ce galant si désinvolte. La vieille diseuse de ragots a, dans l'original, deux filles, Mélixo et Philista, et c'est la seconde qui tient l'emploi de flûtiste.

L'Ami. La longue comparaison du début est quelque peu abrégée. La mention de Dioclès a été allongée de deux lignes résumant sa fin héroïque, trop connue sans doute pour que Théocrite s'y soit attardé, mais qui explique le culte rendu à ce personnage par les gens de Mégare.

Les pêcheurs. La description du mobilier de la cabane et des instruments de la pêche est légèrement écourtée.

LÉONIDAS DE TARENTE

La sagesse du pauvre. Huit vers dans l'original.

HÉRONDAS

Le Tenancier de maison close. Assez fortement abrégé.

DIOTIME DE MILET

Tombe de sœurs jumelles. Huit vers dans l'original.

ADDÉE DE MACÉDOINE

Le vieux bœuf de labour. Le bon maître du vieux bœuf se nommait Alcon.

Les relevailles de la chienne. La chienne s'appelait Calathina.

Tombeau de Philippe II. En grec, le roi dit à peu près : « Un seul est plus grand que moi ; c'est qu'il est mon fils » (littéralement « mon sang »). Le nom d'Alexandre s'imposait dans la traduction.
Dans l'original, la tombe du roi est donnée comme située à Aegée en Macédoine.

ALCÉE DE MESSÉNIE

Contre Philippe V, roi de Macédoine, après la bataille de Cynoscéphales. Légèrement paraphrasé. Quatre vers en grec.

DIOSCORIDE

Dernières paroles d'un esclave zoroastrien. L'esclave se nommait Euphrates ; son maître, Philonymus.

TYMNÈS

Tombeau d'un chien. Le maître du chien s'appelait Eumédos. Dans l'original, ce maltais est tout blanc.

ANTIPATER DE SIDON

Profession de foi d'Hipparchie. Huit vers en grec. Les deux derniers vers sont une glose du traducteur, soucieux de souligner la gravité que prend chez Hipparchie la vocation cynique. La comparaison avec Atalante est, par contre, un peu écourtée.

MÉLÉAGRE DE GADARA

Sa propre épitaphe. Reconstruction très libre qui fond en une seule deux des trois épigrammes que Méléagre composa pour sa propre tombe (*Anth. Pal.*, VII, 417, dix vers, et VII, 419, huit vers). On a éliminé de ces textes une bonne partie des éloges que le poète s'adresse à lui-même. Il s'y présente comme « un vieillard loquace », et ces trois épigrammes sont en effet fort prolixes. Mais l'image de la variété des races et des langages dans l'Orient grec valait d'être conservée, et c'est ce qui a fait garder, non sans quelque scrupule, cette tentative de recomposition.

La salutation phénicienne « Haidoni ! » nous est connue par Plaute. La forme qu'en donne l'épigramme 419 est grécisée, et évidemment corrompue.

ZONAS DE SARDES

Aux abeilles. Huit lignes dans l'original.

Pour un enfant mort. Six lignes en grec.

POÈME ANONYME

Tombe de jardinier. Six lignes en grec. Le vieux jardinier s'appelait Amyntichos.

CRINAGORAS DE RHODES

Sur la reconstruction et le repeuplement de Corinthe. Six lignes en grec.

Les Mystères d'Éleusis. Six lignes dans l'original.

BIANOR

Sur un cheval transporté à bord d'un cargo. Six lignes en grec.

La vache maltraitée. Six lignes en grec.

Double épitaphe. Six lignes en grec. La jeune mère se nommait Théonoé.

NICARCHUS

Désinvolture. Dix vers en grec. La jolie fille s'appelait Philomène.

ANTIPHILE DE BYZANCE

La promenade en barque. Huit vers dans l'original.

ALPHÉE DE MYTILÈNE

À la gloire de l'amour. Six vers en grec. Le préféré s'appelait Xénophilos.

PTOLÉMÉE L'ASTRONOME

« *Moi qui passe...* » Quatre vers dans l'original.

STRATON DE SARDES

Jeune esclave. Huit vers dans l'original.

« *Ne t'étends pas ainsi...* » L'adolescent se nommait Cyris.

Jeune boxeur. Cette traduction emprunte une phrase à un poème anonyme sur le même sujet, conservé dans le même recueil en partie composé, en partie compilé par Straton.

« *Trop jeune...* » L'adolescent auquel Straton adresse ces vers « moralisants » s'appelait Moeris.

« *L'amant qui vit sans cesse...* » En grec, simple réflexion d'ordre général sur la constance en amour. Dans la traduction, le poète s'adresse à l'objet aimé.

LUCIEN DE SAMOSATE

Épitaphe d'enfant. L'enfant s'appelait Callimachos.

RUFIN

La laide vieille. Six vers en grec. La beauté déchue se nommait Mélissa.

Regrets du passé. Six vers en grec.

La fille mise à mal. La jeune fille séduite s'appelait Amymone.

La belle maltraitée. Six vers dans l'original.

Les callipyges. Dix vers en grec.

Le refus de Prodiké. Six vers en grec.

498

NONNOS

Mort d'Ampélos. La description du deuil des arbres est quelque peu écourtée.

PALLADAS

Pour la mathématicienne Hypatie. En grec, cinq hexamètres, au lieu des distiques dont se compose habituellement l'épigramme.

« J'ai vu Hercule en rêve... » Quatre vers en grec.

Probablement écrit pendant la persécution des païens... Quatre vers grecs. La traduction s'inspire aussi de l'épigramme du même, *Anth. Pal.*, X, 89.

Le théâtre du monde. Deux vers dans l'original.

La marée du temps. Six vers dans l'original.

La vie et le souffle. Six vers en grec.

AGATHIAS LE SCOLASTIQUE

À Paul le Silentiaire. Douze vers en grec.

À sa fiancée. Dix vers dans l'original.

PAUL LE SILENTIAIRE

À Agathias le Scolastique. Douze vers dans l'original.

Le cheveu d'or. Huit vers en grec.

Le spectacle de l'amour. Dix-huit vers en grec.

Sur une jouissance. Dix vers en grec.

Les derniers voiles. Six vers dans l'original.

Les larmes. Huit vers en grec. Cette amante byzantine reçoit du poète un nom conventionnel de courtisane : Laïs. Par exception, le traducteur ici s'est appliqué à rendre de son mieux la forme prosodique de l'épigramme originale : un hexamètre suivi d'un vers plus bref. Voir aussi Platon, *Sur des soldats érétriens*, p. 305, Straton, p. 410, et Lucien, *Épitaphe d'enfant*, p. 415, pour lesquels des rythmes analogues ont été tentés.

Dialogue entre un tombeau et un passant. Quatre vers en grec.

On s'étonne peut-être des minuties qui précèdent. Néanmoins, l'absence de parité entre les lignes de l'original et celles du poème traduit en vers sont toujours, jusqu'à un certain point, l'indice d'une liberté prise ; et cela bien que la différence entre les deux langues, et les structures de celles-ci, obligent bien entendu, à être ici plus court et là plus long. Mais certaines proportions au moins doivent être obligatoirement gardées. Une épigramme de deux vers supporte à la rigueur d'être traduite par un quatrain, si le sens le rend nécessaire, et il est parfois acceptable de rendre en huit vers un poème qui n'en a que six dans l'original ; quatre ou cinq vers de plus, au contraire, et la boisson se trouve grossièrement épaissie. D'autre part, un bref chef-d'œuvre, comme l'épitaphe des Spartiates aux Thermopyles, perdrait sa valeur du fait d'un vers de plus. Quant aux poèmes longs, de ceux que le traducteur n'aborde qu'en tremblant, comme *La Magicienne* de Théocrite, il semble bien qu'ils puissent et même doivent être quelque peu resserrés dans une traduction poétique, de peur que le traducteur ne s'épuise à emboîter d'insipides chevilles. Mais prenons garde, toutefois : quelques coupures de trop, et l'œuvre traduite risque de prendre les dimensions et l'aspect d'une carte postale en couleurs de quelque fresque antique.

Dans certains cas, et pour des raisons prosodiques ou syntaxiques qui vont sans dire, il semble que le poète traducteur n'ait le choix qu'entre abréger ou délayer, et qu'on sortirait de ces dilemmes par la traduction en prose. Pour juger des appauvrissements qu'apporte souvent celle-ci à la poésie de type classique, le lecteur n'a qu'à « traduire en prose » quelques vers de Racine : « Oui, prince, je souffre, je brûle pour Thésée », ou « Ma sœur Ariane, de quelle passion atteinte... » ; il verra à quel point la grande poésie du passé dépend du rythme.

J'ai parlé ailleurs des ajouts, odieux lorsqu'ils ne sont que redondance ou enjolivements faciles, défendables peut-être, en dernière ressource, quand il s'agit de donner au lecteur moderne l'impression que le lecteur antique extrayait de l'original, et qu'une obscurité ou un manque d'information compromet. C'est ainsi que j'ai cru pouvoir insinuer dans une épigramme de Callimaque un vers expliquant la cause d'un suicide, là où pour l'auteur le seul sous-titre d'un dialogue de Platon suffisait ; ou encore, dans un poème d'Antipater de Sidon, deux lignes destinées à souligner, pour le lecteur habitué à prendre à la légère le mot cynisme, l'austérité passionnée prêtée par le poète à une adepte de cette secte. Dans ces occasions, le traducteur se comporte en interprète, ce qui en un sens va de soi. Il le fait néanmoins à ses risques et périls.

Il reste un mot à dire des titres précédant les poèmes. Sauf de rares exceptions, aucune épigramme de l'*Anthologie Palatine* n'en comporte, et cela d'autant moins que ces courts poèmes sont dans l'original rangés par genre ou par sujet. En traduction, dans la plupart des cas, un titre s'impose, pour permettre au lecteur de se rendre compte où il va. La plupart de ceux qu'on a risqués ici se contentent de résumer succinctement le contenu du poème (*Tombeau de jeune fille* / *Pour Aster vivant* / *Pour Aster mort* / *Contre Philippe V roi de Macédoine, après la bataille de Cynoscéphales*), ou sont tirés du premier vers de celui-ci (*« Moi qui passe... »*). La même remarque vaut pour les fragments qui nous sont parvenus sans titre comme ceux de Sappho ou de Solon (*« Rien n'est plus beau... »* / *Ô Temps, sois mon témoin... »*). Quelques titres plus « littéraires » (*« Les sanglots longs... »*) sont des étiquettes appliquées par le traducteur.

BIBLIOGRAPHIE SOMMAIRE

Le lecteur désireux d'aborder les mêmes textes dans l'original, ou de consulter des éditions donnant en regard textes et traductions, n'a que l'embarras du choix, du moins en ce qui concerne les poètes illustres, tels que Pindare, Eschyle, Sophocle, Euripide, Aristophane, ou encore Théocrite ; ou bien connus, comme Apollonius de Rhodes, Callimaque, Oppien ou Nonnos ; ou enfin un recueil célèbre, comme celui de l'*Anthologie Palatine*.

En ce qui me concerne, je me suis le plus souvent servie, soit des Éditions Guillaume Budé, soit des Éditions Loeb-Heinemann (Heinemann, Londres, et, aux États-Unis, Harvard University Press, Cambridge), surtout peut-être de ces dernières, spécialement abondantes en notes et en variantes, en particulier pour les volumes publiés durant la première moitié du siècle.

Dans le cas des grands poètes lyriques, tels qu'Alcman, Alcée, Sappho, dont nous ne possédons que des fragments, ou des élégiaques tels que Solon ou Théognis, le lecteur pourra les trouver dans les trois volumes de la *Lyra Graeca*, de J. M. Edmunds (Heinemann) et aux deux volumes *Greek Elegy and Iambus*, du même, qui incluent non seulement les textes cités par les auteurs antiques, mais encore la totalité des fragments trouvés en Égypte ou ailleurs depuis près d'un siècle. J'ai également consulté pour Théognis le volume de ce nom paru aux Éditions Guillaume Budé par les soins de J. Carrière, en 1948.

Toutes les éditions modernes des Tragiques, tant françaises qu'anglo-saxonnes ou allemandes, donnent les fragments de tragédies et de drames satyriques perdus, qu'ils soient connus de longue date ou de trouvaille relativement récente. Pour Sophocle, consulter en particulier A. C. Pearson, *The fragments of Sophocles* (Hekkert, Amsterdam, 1963). Critias et Chaerémon figurent dans A. Nauck, *Tragicorum Graecorum Fragmenta* (Leipzig, 1889). Le *Rhésos* a été traditionnellement attribué à Euripide, et se trouve dans les diverses éditions des tragédies de celui-ci.

Pour Ménandre, voir *Menander*, de F. G. Allison (Heinemann, 1959). Pour les mimes d'Hérondas (ou Hérodes), voir *Theophrastus, Herodes, Cercidas and the Greek Choliambic Poets*, par J. M. Edmunds (Heinemann, 1961) et l'*Hérondas* de L. Laloy (Éd. Guillaume Budé, 1928).

Les *Select Papyri*, v. III, *Literary Papyri : Poetry* (Heinemann, 1962), publiés par les soins de D. L. Page, et qui représentent un choix parmi les innombrables, mais souvent décevants, fragments d'œuvres littéraires de grands et de petits poètes, retrouvés entre 1890 et nos jours, sont aussi à consulter.

Pour Empédocle, j'ai utilisé le volume de Kathleen Freeman, *Ancilla to the Presocratic Philosophers* (Harvard University Press, 1948). Pour les vers trouvés sur des lamelles d'or dans des tombes de la Grande-Grèce, A. Dieterich, *Nekyia* (Leipzig, 1913) ; pour L'*Hymne à la Vertu*, d'Aristote, voir l'*Anthologia Lyrica Graeca*, de A. Diehl, Teubner, Leipzig, 1897. Pour Cléanthe, C. Pearson, *The fragments of Zeno and Cleanthes*, Londres, 1891 ; pour Proclus, le volume publié sous le titre *Eudociae Augustae, Proclii Lycii... Reliquae*, par A. Ludwich, Teubner, Leipzig, 1897.

Lycophron est accessible dans le volume de A. W. Mair, *Callimachus* (Heinemann, 1959) ; Musée dans l'édition critique de Dilthey, Bonn, 1877. Bion et Moschus figurent à la suite de presque toutes les éditions de Théocrite.

ŒUVRES DE
MARGUERITE YOURCENAR

Romans et Nouvelles

ALEXIS OU LE TRAITÉ DU VAIN COMBAT. — LE COUP
DE GRÂCE (Gallimard, 1971).

LA NOUVELLE EURYDICE (Grasset, 1931, *épuisé*).

DENIER DU RÊVE (Gallimard, 1971).

NOUVELLES ORIENTALES (Gallimard, 1963).

MÉMOIRES D'HADRIEN (édition illustrée, Gallimard, 1971 ; édition courante, Gallimard, 1974).

L'ŒUVRE AU NOIR (Gallimard, 1968).

ANNA, SOROR... (Gallimard, 1981).

COMME L'EAU QUI COULE (*Anna, soror...* — *Un homme obscur*
— *Une belle matinée*). (Gallimard, 1982).

Essais et Autobiographie

PINDARE (Grasset, 1932, *épuisé*).

LES SONGES ET LES SORTS (Gallimard, édition définitive, *en préparation*).

SOUS BÉNÉFICE D'INVENTAIRE (Gallimard, 1962 ; édition définitive, 1978).

LE LABYRINTHE DU MONDE, I : SOUVENIRS PIEUX
(Gallimard, 1974).

LE LABYRINTHE DU MONDE, II : ARCHIVES DU NORD
(Gallimard, 1977).

MISHIMA OU LA VISION DU VIDE (Gallimard, 1981).

LE TEMPS, CE GRAND SCULPTEUR (Gallimard, 1983).

DISCOURS DE RÉCEPTION DE MARGUERITE YOURCE-
NAR à l'Académie Royale belge de Langue et de Littérature fran-
çaises, précédé du discours de bienvenue de CARLO BRONNE
(Gallimard, 1971).

DISCOURS DE RÉCEPTION À L'ACADÉMIE FRANÇAISE
DE Mme M. YOURCENAR et RÉPONSE DE M. J. D'OR-
MESSON (Gallimard, 1981).

Théâtre

THÉÂTRE I : RENDRE À CÉSAR. — LA PETITE SIRÈNE.
— LE DIALOGUE DANS LE MARÉCAGE (Gallimard,
1971).

THÉÂTRE II : ÉLECTRE OU LA CHUTE DES MASQUES.
— LE MYSTÈRE D'ALCESTE. — QUI N'A PAS SON
MINOTAURE ? (Gallimard, 1971).

Poèmes et Poèmes en prose

FEUX (Gallimard, 1974).

LES CHARITÉS D'ALCIPPE, nouvelle édition.

Traductions

Virginia Woolf : LES VAGUES (Stock, 1974).

Henry James : CE QUE MAISIE SAVAIT (Laffont, 1947).

PRÉSENTATION CRITIQUE DE CONSTANTIN CAVAFY,
suivie d'une traduction intégrale des POÈMES par M. Yourcenar
et C. Dimaras (Gallimard, 1958).

FLEUVE PROFOND, SOMBRE RIVIÈRE, « Negro Spirituals »,
commentaires et traductions (Gallimard, 1964).

PRÉSENTATION CRITIQUE D'HORTENSE FLEXNER,
suivie d'un choix de POÈMES (Gallimard, 1969).

LA COURONNE ET LA LYRE, présentation critique et traductions d'un choix de poètes grecs (Gallimard, 1979).

James Baldwin : LE COIN DES « AMEN » (Gallimard, 1983).

Yukio Mishima : CINQ NÔ MODERNES (Gallimard, 1984).

BLUES ET GOSPELS, textes traduits et présentés par Marguerite Yourcenar, images réunies par Jerry Wilson.

Collection « La Pléiade »

ŒUVRES ROMANESQUES : ALEXIS OU LE TRAITÉ DU VAIN COMBAT — LE COUP DE GRÂCE — DENIER DU RÊVE — MÉMOIRES D'HADRIEN — L'ŒUVRE AU NOIR — COMME L'EAU QUI COULE — FEUX — NOUVELLES ORIENTALES (Gallimard, 1982).

Collection « Folio »

ALEXIS OU LE TRAITÉ DU VAIN COMBAT, suivi de LE COUP DE GRÂCE.

MÉMOIRES D'HADRIEN.

L'ŒUVRE AU NOIR.

SOUVENIRS PIEUX (LE LABYRINTHE DU MONDE, I).

ARCHIVES DU NORD (LE LABYRINTHE DU MONDE, II).

Collection « Poésie/Gallimard »

FLEUVE PROFOND, SOMBRE RIVIÈRE, « Negro Spirituals », commentaires et traductions.

PRÉSENTATION CRITIQUE DE CONSTANTIN CAVAFY, suivie d'une traduction intégrale des POÈMES par M. Yourcenar et C. Dimaras.

LA COURONNE ET LA LYRE.

Collection « L'Imaginaire »

NOUVELLES ORIENTALES.

DENIER DU RÊVE.

Ce volume,
le cent quatre-vingt neuvième de la collection Poésie
composé par SEP 2000,
a été achevé d'imprimer sur les presses
de l'imprimerie Bussière à Saint-Amand (Cher),
le 12 septembre 1984.
Dépôt légal : septembre 1984.
Numéro d'imprimeur : 2125.
ISBN 2-07-032256

34413   Merchant Taylors' School

Catalogue: 00534